宽严相济刑事政策系统论

刘沛谞　著

中国人民公安大学出版社
·北　京·

图书在版编目（CIP）数据

宽严相济刑事政策系统论/刘沛谞著．—北京：中国人民公安大学出版社，2010.4

ISBN 978-7-81139-960-8

Ⅰ.①宽… Ⅱ.①刘… Ⅲ.①刑事政策—研究—中国 Ⅳ.①D924.04

中国版本图书馆 CIP 数据核字（2010）第 023489 号

宽严相济刑事政策系统论

KUANYANXIANGJI XINGSHIZHENGCE XITONGLUN

刘沛谞 著

出版发行：中国人民公安大学出版社
地　　址：北京市西城区木樨地南里
邮政编码：100038
经　　销：新华书店
印　　刷：北京市泰锐印刷厂

版　　次：2010 年 4 月第 1 版
印　　次：2010 年 4 月第 1 次
印　　张：8.5
开　　本：880 毫米×1230 毫米 1/32
字　　数：229 千字

书　　号：ISBN 978-7-81139-960-8/D·783
定　　价：25.00 元

网　　址：www.cppsup.com.cn www.porclub.com.cn
电子邮箱：cpep@public.bta.net.cn zbs@cppsu.edu.cn

营销中心电话（批销）：（010）83903254
警官读者俱乐部电话（邮购）：（010）83903253
读者服务部电话（书店）：（010）83903257
教材分社电话：（010）83903259
公安图书分社电话：（010）83905672
法律图书分社电话：（010）83905637
公安文艺分社电话：（010）83903973
杂志分社电话：（010）83903239
电子音像分社电话：（010）83905727

序 一

陈兴良

刘沛谞的博士论文《宽严相济刑事政策系统论》即将出版，因为我主编过同名的专著，并且参加了刘沛谞的博士论文的答辩，因而刘沛谞盛情地邀我为其博士论文作序，感到十分高兴。

刑事政策在我国当前刑事法学中几成显学，对其关注的学者越来越多。除了对刑事政策一般原理进行研究的著作以外，就司法的层面而言，对宽严相济刑事政策进行研究的成果尤其突出。在这种背景下，刘沛谞选择宽严相济刑事政策作为博士论文的题目，应该说是切合实际的，也是对宽严相济刑事政策的一个很好的理论回应。尤其是刘沛谞还在检察机关挂职，对于司法实践中贯彻宽严相济刑事政策的实际情况十分了解，这为其博士论文的写作提供了实证素材。

对于宽严相济的刑事政策，我也是较早予以关注的。我以为，从“严打”到宽严相济的刑事政策，是我国在刑事政策上的一大调整，这一调整势必在很大程度上影响我国的刑事立法政策与刑事司法政策。在过去20多年里，我国在刑事法领域一直实行依法从重从快惩治严重破坏社会治安和严重破坏经济秩序的犯罪分子的刑事政策。这一刑事政策也就是我们通常所说的“严打”。“严打”刑事政策是我国对改革开放之初出现的犯罪高发态势的一个反应。在当时的历史背景下，对于维护社会治安曾经发挥了重要作用，具有一定的合理性。随着我国社会与法治的发展，尤其是随着建构和谐社会的政治理念的提出，促使我们对“严打”的刑事政策进行反思。“严打”刑事政策与人权保障之间的紧张关系也更加尖锐地凸显出来。在这种情况下，对刑事政策进行调整的必要性与紧迫性日益突出。因此，从“严打”到宽严相济刑事政策的调整，我认为是一个十分重要的决策，也是刑事政策与时俱进的表现，对此我是深以为然的。当然，从目前的情况来看，在宽严相济刑事政策的立法实现和司法贯彻上也都还存在种种问题。就立法而言，把握宽严相济刑事政策对刑法与刑事诉讼法进行重大修改的工作还未展开，因为我国现行的刑法与刑事诉讼法是在 1997 年与 1996 年分别修改的，当时还受到“严打”刑事政策的深刻影响。在宽严相济刑事政策提出以后，我们的刑事立法首先应当积极地加以回应。因此，把握宽严相济的刑事政策精神对刑法与刑事诉讼法进行全面修改乃势在必行。否则，没有立法的保障并提供法律根据，宽严相济刑事政策在司法中的贯彻必然存在法律上的障碍。从司法来说，从“严打”到宽严相济刑事政策的转变，首先涉及司法理念的转变，从片面地强调打击犯罪到把人权保障放在一个重要的位置上，这一转变是十分巨大的，有一个逐步适应的过程。同时，在宽严相济刑事政策的贯彻中也要防止从一个极端走向另一个极端，避免“一刀切”，这对于司法机关以及司法人员的业务素质与工作作风都提出了很高的要求。

刘沛谞的博士论文对宽严相济刑事政策作了全面的研究，这对于正确地领会这一刑事政策是具有参考价值的。通读全书，我感到本书具有以下三个特点：

第一，视野较为开阔。在本书中，刘沛谞将宽严相济刑事政策纳入中外刑事政策的广阔背景中加以考察。其中，历史的纵向考察，勾画了宽严相济刑事政策的流变线索；地域的横向考察，比较了中外类似刑事政策的实际效果。通过这样一种对比性考察，对我国的宽严相济刑事政策取得了全方位的认识，这对于揭示宽严相济刑事政策的社会历史背景是具有积极意义的。

第二，方法较为开放。在本书中，刘沛谞将法理的分析与实证的研究有效地结合起来，这就避免了理论脱离实际，使本书的内容能够与司法实践相契合，这对于在司法实践中贯彻宽严相济刑事政策也是具有参考价值的。

第三，论述较为深入。在本书中，刘沛谞对宽严相济刑事政策的研究，并不是局限于对这一政策的解读，而是力图揭示这一刑事政策的政治社会内容。尤其是侧重于对宽严相济刑事政策的正当性与合理性的追问，使本书对宽严相济刑事政策的理论研究达到了一定的深度。

尽管本书具有以上值得嘉许之处，但本书也存在较为明显的瑕疵，这主要表现在本书第三章对宽严相济刑事政策的理论基础的论述上。其哲学基础部分，从物质决定意识、运动是物质的根本属性、对立统一规律进行了讨论。例如，作者在书中提出：宽严相济政策符合物质决定意识的哲学原理。难道符合物质决定意识原理，原理就是理论基础了吗？这涉及对理论基础的界定。我们说权力制衡原理是罪刑法定主义的理论基础，是指罪刑法定主义是建立在权力制衡原理基础之上的，没有权力制衡原理就不可能实现罪刑法定主义。而物质决定意识原理对于宽严相济刑事政策存在这种关系吗？显然并不存在。作者的本意只是说，宽严相济刑事政策的提出是社会现实所决定的，但这与理论基础是两回事。如果说区别对待是宽严相济刑事政策的理论基础还说得过去，而将物质决定意识说成是宽严相济刑事政策的理论基础则有隔山打牛之效，过于空泛，有失偏颇。在这些方面，都表明作者在理论把握上还欠火候，需要将来进一步提高。

博士论文对于每一位学术新人来说，都是一块通向学术圣殿的敲门砖。我期望着刘沛谞能够以此书敲开刑法的学术之门，并登堂入室，为刑法知识的增长作出个人独特的贡献。

是为序。

谨识于北京依水庄园渡上寓所

2009 年 9 月 20 日

序　二

李永升*

刑事政策是贯穿整个刑事立法的灵魂，是刑事司法的指南，是国家和社会同犯罪作斗争的根本准则。在长期的新民主主义革命和社会主义建设实践中，我们党和国家制定并提出了一系列具有中国特色的刑事政策，这些刑事政策在预防、控制、减少犯罪和维护社会治安的过程中发挥了重要作用。由于刑事政策在刑事法治方面始终处于先导地位，因此这一问题也就始终成为刑事法律工作者研究的热门话题。从20世纪90年代初至2005年，在我国，关于刑事政策方面的研究论著主要有马克昌教授主编的《中国刑事政策学》，杨春洗教授主编的《刑事政策论》，肖扬主编的《中国刑事政策和策略问题》，何秉松教授主编的《刑事政策学》，曲新久教授撰写的《刑事政策的权力分析》，刘仁文教授撰写的《刑事政策初步》，齐文远、周详教授撰写的《刑法、刑事责任、刑事政策研究——哲学、社会学、法律文化的视角》，卢建平教授撰写的《刑事政策与刑法》，陈兴良教授主编的《中国刑事政策检讨——以“严打”刑事政策为视角》，刘远教授撰写的《刑事政策哲学解读》，侯宏林教授撰写的《刑事政策的价值分析》，梁根林教授撰写的《刑事政策：立场与范畴》，等等。这些论著从不同的角度对

* 李永升，男，安徽怀宁人，1964年生。现为西南政法大学法学院刑法教研室主任，刑法学教授，博士生导师。兼任中国犯罪学会理事、未成年人法制教育专业委员会常务委员、重庆市青少年研究会理事、重庆市刑法学研究会理事、重庆市法学会学术委员会委员等职。

刑事政策的基本概念、历史传承、指导思想、基本原则、基本立场和范畴、刑事政策与刑法的关系以及刑事政策的哲学基础、社会学基础、法律文化基础、实践基础等方面都作了十分精辟的研究。但是，囿于历史的原因，这些论著立论的根基仍然是传统的刑事政策。自从2006年《中共中央关于构建社会主义和谐社会若干重大问题的决定》提出宽严相济的刑事司法政策以来，刑事政策这一理论热点问题就备受瞩目。自2006年以来，关于这一方面的论著主要有余捷主编的《和谐社会的构建与刑法改革》、曲伶俐教授主编的《和谐社会中的刑法热点问题研究》和陈兴良教授撰写的《宽严相济刑事政策研究》，等等。这些论著在对我国传统的刑事政策进行反思的基础上，对宽严相济刑事政策的内涵、原则、价值、具体要求等问题进行了较为深入的研究，从而使得刑法学界对这一问题的认识更为清晰。

我的博士生刘沛谞同志自从攻读博士学位以来，就对宽严相济的刑事政策问题产生了浓厚的兴趣，并选定了宽严相济的刑事政策作为自己的博士学位论文题目，在历经两年的艰辛努力下，数易其稿，终于完成了20多万字的博士学位论文，并顺利通过答辩。现其在博士论文的基础上，对之加以修改补充，形成了《宽严相济刑事政策系统论》一书，作为其论文的指导老师和该书稿的第一位读者，本人认为本书有以下几个方面的特点：

第一，紧跟现实，立意高远。本书作为研究宽严相济刑事政策的力作，不仅着眼于宽严相济刑事政策的基本理论和基本要求的研究，而且对和谐社会是宽严相济政策提出、研究、实施的具体语境，对和谐社会的本质、属性、特征进行研究有助于把握刑事法治对于和谐秩序形成的重要性以及构建和谐社会对刑事政策选择的应然要求等方面都进行了具体深入的研究，从而论证了在和谐社会语境中确立宽严相济政策的必要性。该书不仅将宽严相济的刑事政策作为我国的基本刑事政策进行研究，而且将其与和谐社会的构建紧密联系在一起，给人以焕然一新的时代感。此外，本书紧紧围绕宽严相济的刑事政策，从开篇布局到本书终结，都始终以对宽严相济的刑事政策的理论解读为主线，运用这一政策成功地解决了司法实践中存在的诸多难题，因此其立意甚为高远。

第二，打破常规，开拓创新。从现有的研究成果来看，宽严相济刑事政策是当下刑法学界研究的一个热点问题，因此其成果较多，研究的问题也较多，但是本书在现有的理论研究方面独树一帜，突显了其别具一格的新特色。首先，在刑事政策的概念方面，本书提出了刑事政策是国家基于对刑事安全态势的判断，以各类（已然抑或未然）犯罪行为、严重越轨行为及其行为人为主要治理对象，运用刑事权指导刑事立法、刑事司法和刑事执行等刑事法治的基本环节，从而实现人权保障、正义维护与秩序维持等价值诉求的行动过程以及相应的方法、策略与措施的总和。这一观点不仅总结了我国现有的各种刑事政策的基本内涵，而且分析全面、概括周全，表明了作者独具匠心的分析与研究能力。其次，通过对域内外宽严相济政策的研究类型的考察与分析，本书提出了理论型研究、具体型研究、政策史研究、比较型研究、虚置型研究五种类型，对宽严相济刑事政策的研究类型进行了深入的思考与理性分析，这是本书在理论研究上的又一亮点。最后，为与基本刑事政策的地位及其所肩负的构建和谐社会的使命相称，开辟了新的研究路径。本书对宽严相济政策展开更为全面、深入的研究，其目的旨在构建一个新的系统化理论模型。该模型主要涵摄七个要素，分别是政策主体、政策途径、政策基石、政策实质、政策客体、政策界域和政策底线。每一要素分别代表一种研究视角，从不同的视角进行探析，将得出的研究成果整合在一起，就是一个相对系统化的理论研究模型，从而为指导宽严相济政策实践打下了坚实的理论基础。

第三，联系实际，贴近实践。这不仅表现在本书所研究的理论问题绝大多数都是与司法实践相关的问题，而且本书在研究宽严相济刑事政策的过程中也极力奉行“理论联系实际”的精神，对于司法实践中很多疑难问题都作了较好的回答。为进一步研究如何在现实的刑事法治实践中构建具体贯彻、实施宽严相济政策的刑事法律机制，本书分别就犯罪圈、刑罚制度、审判前程序、复合审判程序、定罪与量刑五个子论题进行了具体细致的分析与研究，这些问题不仅是重要的刑事法学理论范畴，也是践行宽严相济政策所依赖的重要制度平台。通过对这些具体问题的研究，不仅解决了刑事法治实践中所存在的各种疑难问题，而且为本书提供了弥足珍贵的实践价值。

第四，结构严谨，写作规范。全书以我国现有的宽严相济刑事政策为基础，在结构体例上基本涵盖了宽严相济刑事政策的主要研究内容，从和谐社会语境中的刑事政策选择到宽严相济刑事政策的实践机制，向我们较为全面地展示了宽严相济刑事政策的基本内容，在结构上非常紧凑，给人以整体感。全书从篇章结构、体系安排、引文注释到参考文献均符合写作要求，从中不难看出作者在治学方面的严谨态度和务实作风。

综上所述，刘沛谞同志所写的这本书可以说是其从事刑法理论研究的一部杰作，体现了作者深厚、扎实的理论功底与严谨、求实的学术品格。当然，如同所有的论著都存在着自己的缺陷与不足一样，本书之中也难免有其不足之处。比如，有的论点还有待于商榷，某些论证还缺乏说服力等。但瑕不掩瑜，总的说来，本书不失为一本较为系统地研究宽严相济刑事政策问题的好书，对于全面理解和正确适用我国刑法中的宽严相济刑事政策问题具有非常重要的参考价值。有鉴于此，本人愿意向刑法学界的同人推荐本书，并乐为作序！

2009 年 9 月

目 录

绪 论

一、研究目的与范围

构建和谐社会是一项庞大的系统工程，正如有学者所指出的，“从某种意义上说，建设和谐社会的起点就是‘问题社会’。在一个利益分化和利益主体多元化的社会中，一个好的制度往往并不是表现为其中没有或很少有矛盾和冲突，而是表现为它能够容纳矛盾与冲突，在矛盾和冲突面前不至于显得束手无策或过于脆弱，同时能够表现出很强的解决冲突与纠纷的能力”①。可见，和谐、有序的社会状态不是自然形成的，定纷止争是构建和谐社会不可或缺的重要方面。与自然状态下的人类主要依靠风俗习惯、宗教道德、乡规民约等调适相互间的关系不同，进入商品经济和现代社会之后，各类矛盾、纠纷的化解主要倚赖一系列基于主体理性人为建构的制度设计，其中法治居于首要地位。从部门法的视角看，法治由宪政、刑事法治、行政法治、民事法治等多维界面构成，各部门法规范系统均以相应的违法行为为专属调整对象，规制对象的交叉、重叠属例外情形。各类违法行为作为社会矛盾的集中影射，于不同角度、程度构成对社会秩序的侵害。因此，为捍卫共同体利益、实现社会和谐，各部门法对所调整界域的社会关系主体提出特定的行为模式作为其行动导向，对违法、失范行为确立明确的以各类法律责

① 顾丽梅等：《和谐在党——上海浦东新区潍坊街道创建和谐社区的实证研究》，上海人民出版社 2006 年版，导论第 3 页。

任为核心的法律后果，且通过国家强制力加以保障，以强化法律规范在社会生活中的实施效果。可见，法治对于维系社会稳定、促成有序发展意义重大。

在不同类型的违法行为中，犯罪乃藐视社会秩序、与全体公民的基本人权对立之最极端失范行为，对社会和谐的侵害尤为严重。法国学者卡斯东·斯特法尼就曾指出："犯罪现象是'个人对抗社会'的表露。"[①] 这表明犯罪的社会危害性非一般的违法行为、反道德行为可以相提并论。从实证情况看，根据最高人民法院的统计，2003～2007 年 5 年来，最高人民法院审理刑事案件 4802 件，监督指导地方各级人民法院审结一审刑事案件 338.5 万件，总数比前 5 年上升 19.61%。其中，判处 5 年以上有期徒刑、无期徒刑和死刑的 76 万人，占判处罪犯总数的 18.18%。就严重刑事犯罪而言，共审结爆炸、杀人、绑架、抢劫等犯罪案件 120 万件，同比上升 10.09%；审结生产、销售伪劣产品，走私，破坏金融管理秩序等犯罪案件 8 万余件，同比上升 11.76%；审结侵犯知识产权犯罪案件 2962 件，同比上升 1.33 倍；审结贪污、贿赂、渎职犯罪案件 12 万件，同比上升 12.15%。[②] 德国刑事法学者曾指出："刑法的任务是保护人类社会的共同生活秩序。"[③] 可见，刑法对于构建和谐社会具有重要价值。但是，这样的定位尚不够全面，因为除了刑法之外，刑事诉讼法、监狱法等刑事法律规范同样是以刑事犯罪及其行为人为主要规制对象的，同样具有秩序维持机能。由此，应当完整地认为，鉴于涵盖各类刑事法律规范与各种刑事法律关系的整

① ［法］卡斯东·斯特法尼：《法国刑法总论精义》，罗结珍译，中国政法大学出版社 1998 年版，导言第 2 页。

② 参见最高人民法院原院长肖扬同志于 2008 年 3 月 10 日在第十一届全国人民代表大会第一次会议上向大会所作的《最高人民法院工作报告》。

③ ［德］汉斯·海因里希·耶塞克、托马斯·魏根特著：《德国刑法教科书》，徐久生译，中国法制出版社 2001 年版，序论第 1 页。

个刑事法治以刑事犯罪及犯罪人为主要调整对象，因而对于社会秩序之维系意义重大，是社会防卫的最后一道闸门。

刑事政策是刑事法治的灵魂与导向，刑事政策的类型、模式不同，意味着“社会整体据以组织对犯罪现象的反应”（米海依尔·戴尔玛斯-马蒂教授语）的总体理念与指导思想的不同，由此也带来了具体方法、策略、措施及实施机制上的不同，进而影响到刑事法治的客观实效。因此，以刑事法治为中介，刑事政策与构建和谐社会之间就产生了紧密关联，正如有学者所指出的，“建设和谐社会要把社会最不和谐的领域——犯罪领域的治理放在首位，要明白用什么刑事政策来治理犯罪现象”①。在一个特定的历史时期，一国用来治理刑事犯罪及其行为人的刑事政策往往不拘囿于一种具体形态。例如，惩办与宽大相结合政策与“严打”政策就在过去20多年里同时并存。但是，一国所奉行的若干刑事政策在位序、功能上并不是等量齐观的，其中居于主导地位、发挥基础功能的是基本刑事政策。更进一步讲，在一个相对确定的时空环境中，虽然可以同时并存多种刑事政策，然而其中应当有也只能有一个属于基本刑事政策，其决定了一国刑事政策系统的基本格局和总体价值趋向，并将直接影响刑事法治的模式与成效。因此，与其说刑事政策是刑事法治的灵魂与导向，不如说以基本刑事政策为支撑的整个刑事政策系统才是刑事法治的灵魂与导向。对基本刑事政策展开研究，不仅对于确定刑事法治的总体价值取向，厘清刑事法治内部诸范畴、诸环节之间的关系，合理配置各种刑事法律资源具有重要意义，而且与国家治理各类刑事犯罪以及矫治犯罪人群体的总体成效密切相关，进而对于和谐社会秩序之形成价值重大。

文章的研究对象并不是一般意义的基本刑事政策，而是属于已然层面的宽严相济刑事政策。目前，学界关于宽严相济刑事政策的

① 曾小滨、刘宏：《宽严相济刑事政策与监狱刑罚执行》，载《中国监狱学刊》2007年第3期，第36页。

类型划分（即属于基本刑事政策抑或刑事司法政策）尚未有确切定论，这也是宽严相济研究中的一个热点问题。笔者主张将宽严相济政策明确定位于基本刑事政策，为与这一定位相称，研究所涉及的范围相对广泛、深入，主要子论题如下：宽严相济政策的概念界定及其基本刑事政策的定位论证；宽严相济观念的历史流变；域外类似刑事政策实践介评；确立宽严相济政策的必要性论证；惩办与宽大相结合政策、“严打”政策与宽严相济政策的关系梳理；发掘宽严相济政策的理论基础，从而论证其存在的合理性；对学界的研究现状进行全面述评，并在借鉴的基础上通过开辟新的研究路径，确立一个由政策主体、政策途径、政策基石、政策实质、政策客体、政策界域和政策底线七大要素组成的新的系统化理论模型；将新理论模型所得出的研究成果运用于刑事法治实践，研究如何在刑事法治的各个基本环节、阶段建立贯彻宽严相济政策的基础性刑事法律机制。

二、域内外研究现状

站在比较法的视角，西方法治发达国家的“轻轻重重”政策与宽严相济政策在价值基础与具体策略方面具有某些相似之处。①20 世纪六七十年代以来，西方国家日益高涨的犯罪浪潮挑战了以新社会防卫论为基础的轻缓化刑事政策，并为“轻轻重重”政策之缘起提供了时代契机。目前，“轻轻重重”政策业已成为西方某些发达国家的主要刑事政策形态，并形成了相对完善的理论体系和富有成效的实施机制。所谓“轻轻”，就是对轻微犯罪，包括偶犯、初犯、过失犯等主观恶性与客观实害不大的犯罪，处罚较以往更轻，基本策略是刑事立法上的非犯罪化，刑事司法上的非刑罚化、程序简易化，刑事执行上的非机构化、非监禁化；“重重”就是对严重的犯罪，如暴力犯罪、有组织犯罪、毒品犯罪、累犯等，

① “轻轻重重”政策也叫两极化政策，区别主要在于译法的不同。

处罚较以往更重，基本策略是刑事立法上的入罪化、刑事司法上的从重量刑、特别程序、证据规则和刑事执行上的隔离与长期监禁。①

"轻轻重重"政策包括"轻轻"与"重重"两种具体刑事政策，在一定程度上改变了既往刑事政策形态的单一性、片面性局限，从而在复杂的犯罪态势面前具备了较好的张力，通过"轻轻"，提升了刑事法治的谦抑宽容，经由"重重"，有利于集中有限的法律资源抗制较为严重的犯罪，因而具有一定的合理性。西方国家的"轻轻重重"政策实践还具有如下特点：其一，政策内涵较为丰富，关于如何轻、如何重，具体的对策、措施多种多样，覆盖了立法、司法、行刑等刑事法治的主要环节，政策应对面较广；其二，对于某些类型犯罪或者某些类型犯罪人的态度调整（主要是由轻趋重）往往取决于某些震荡性大案或者政治形势的现实需要，比如，"9·11"恐怖事件后美国当局对于恐怖主义犯罪及犯罪嫌疑人在实体和程序等方面采取了一系列更为严厉乃至极端的举措。②

我国台湾地区学界对于刑事政策的研究有着较长的历史和较好的积累。过去的50年中，台湾社会经济的发展引起了社会结构的剧变，由此引起价值观念紊乱、道德沦丧，个人主义流行等社会问题。其中，又因其"草根"的民主态势产生了严重的黑金政治问题，使得原本牵涉甚广的黑社会问题更是变本加厉，治安不断恶化，犯罪增加，监狱拥挤，政府形象受损，民众安全感严重缺失，等等。诸如此类的刑事问题的解决，迫切需要对抗犯罪的策略调整。20世纪末以来，席卷西方工业发达国家的"轻轻重重"政策

① 孙力、刘中发：《轻轻重重刑事政策与我国刑事检察工作》，载《中国司法》2004年第4期，第35页。

② 参见胡铭：《价值抉择：反恐措施与刑事诉讼——以美国法为范例的检讨与反思》，载《政法论坛》2006年第6期，第129～143页。

理论与实践经学者许福生教授等人引介并冠以“两极化刑事政策”之谓。后由于“法务部”担心“两极化”之名易被人误解进而走向两个极端，因此在1999年的《“法务部”检讨暨改进当前刑事政策研究小组研究资料汇编》中将其正名为“宽严并进的刑事政策”。台湾地区学人认为，所谓“宽严并进的刑事政策”，由严厉刑事政策与和缓刑事政策所构成。所谓严厉刑事政策，其适用对象为重大犯罪、帮派分子、药物滥用者、累犯、精神病患者与恐怖主义分子，其策略为刑事立法的入罪化、刑事司法的从重量刑及刑事执行的隔离无害，其目的在于强化刑法/刑罚作为社会防卫之机能；而所谓和缓刑事政策，其适用对象为轻微犯罪、无被害人犯罪及偶发犯等，其策略为刑事立法的除罪化、刑事司法的除刑罚化以及刑事执行的除机构化，其目的就是减轻刑事司法体系之负担，以便集中心神在重大犯罪案件上。①2002年，“行政院”通过台湾“刑法”修正草案，其中诸多内容修正契合了宽严并进刑事政策的基本精神，这表明台湾当局未来正式推行该刑事政策的决心。支持实行宽严并进刑事政策的官方理由主要有三点，即刑事司法资源有限，符合填补犯罪被害者的新潮流以及与国际最新潮流相接轨的时代趋势。宽严并进刑事政策的基本思路是以“重刑化的实体法”配合“微罪转介的程序法”。宽严并进现已成为台湾地区当代犯罪控制策略的主要形态。2005年台湾地区“刑法”的大幅修改全面

① 参见谢煜伟：《二分论刑事政策之考察与批判——从我国“宽严并进的刑事政策”谈起》，国立台湾大学法律学研究所硕士论文，第37页。

贯彻了宽严并进刑事政策的要求。①

在大陆地区，宽严相济刑事政策乃当下刑事法治领域之热门话题，理论界与实务界人士仁智互见、聚讼不休。经过对相关资料的搜集、整理，笔者总结出目前主要存在的五种宽严相济政策的研究路径：

（1）理论型研究。这种研究视角的基本思路在于将普通刑事政策的基本理论、原理、观点与实然层面的宽严相济政策相结合，认为宽严相济在符合应然层面一般刑事政策的理论基础、价值基石、特征及规律的基础上，还应具备某些自身所独有的个殊性。有些著述还结合和谐社会这一宽严相济政策的特殊语境进行研究。②

（2）具体型研究。这种研究思路的切入点在于将宽严相济政策与某些具体的刑事法问题或者刑事司法的某些环节相联系，如某

① 据台湾地区媒体报道，这次修正的内容中有两个重点：宽严并进与达成渐进式废除死刑的目标。在宽严并进方面，强调重罪重刑、轻罪轻罚；对于短期自由刑的受刑人，不再以传统的刑罚处罚，以易科罚金、缓刑、缓起诉等方式，并鼓励被告自新，减轻监所负荷；而在重罪及累犯方面，则加重其刑，对于同一被告犯两案以上的罪者，也将数罪并刑，加重罚刑二分之一以上，甚至一倍，以惩处累犯。而在达成渐进式死刑方式方面，现行未满18岁与年满80岁以上杀害直系血亲者，应处死刑的规定，将予以废除。在其他配套措施方面则是提高假释门鉴与有期徒刑服刑年限；无期徒刑门鉴由现在的15~20年延长至25年，而有期徒刑的服刑上限维持在20年，但累犯则提高至30年。http://www.chinanews.com.cn/news/2005/2005-01-04/26/524241.shtml，2008年12月15日访问。

② 相关论文参见陈兴良：《宽严相济刑事政策研究》，载《法学杂志》2006年第1、2期；黄京平：《宽严相济刑事政策的时代含义及实现方式》，载《法学杂志》2006年第4期，第10~13页；储槐植、赵合理：《构建和谐社会与宽严相济刑事政策之实现》，载《法学杂志》2007年第1期，第5~9页；赵秉志：《和谐社会构建与宽严相济刑事政策的贯彻》，载《吉林大学社会科学学报》2008年第1期，第5~21页；刘仁文：《宽严相济的刑事政策研究》，载《当代法学》2008年第1期，第24~31页。

些犯罪类型、刑种结构、量刑、刑事强制措施、审前程序、行刑程序等，力图于微观层面阐释如何具体贯彻宽严相济政策。[①]

（3）政策史研究。这种研究路径着力于发掘与作为宽严相济政策观念基础的宽严相济精神相类似的宽猛相济、刚柔并济思想之发端与流变，从而揭示宽严相济政策背后的政治、历史与法律文化传承。[②]

（4）比较型研究。该研究路径可进一步细分为两种亚类型，一是于比较法的横向视角比较宽严相济政策与西方法治发达国家的“轻轻重重”政策之间的共性与殊异；二是于历史的纵向纬度比对宽严相济政策与新中国成立以来先后出台的其他刑事政策形态，如

---

① 相关论文参见高铭暄：《宽严相济刑事政策与酌定量刑情节的适用》，载《法学杂志》2007年第1期，第2~5页；马克昌：《“宽严相济”刑事政策与刑罚立法的完善》，载《法商研究》2007年第1期，第3~8页；刘家琛：《宽严相济逐步实现刑罚轻刑化》，载《法学杂志》2007年第1期，第2~5页；赵秉志：《宽严相济刑事政策视野中的中国刑事司法》，载《南昌大学学报》（人文社会科学版）2007年第1期，第38~45页；樊凤林、刘东根：《宽严相济刑事政策与我国刑法立法的完善》，载《公安研究》2006年第10期，第49~54页；莫洪宪、高锋志：《宽严相济刑事政策运用实践考察——以检察机关相对不起诉为切入点》，载《人民检察》2007年第4期，第13~16页；樊崇义、吴光升：《宽严相济刑事司法政策与刑事侦查程序》，载《中国人民公安大学学报》（社会科学版）2007年第3期，第42~47页。

② 相关论文参见马克昌：《宽严相济刑事政策的演进》，载《法学家》2008年第5期，第67~70页；周玉华、秦秀春：《“宽严相济”刑事政策的历史与哲学基础》，载《山东审判》2006年第4期，第4~7页；程鸿勤：《“宽严相济”法律文化的思考》，载《北京政法职业学院学报》2006年第1期，第57~61页。

惩办与宽大相结合政策、“严打”政策，并阐述各自的优劣。①

(5) 虚置型研究。划归这一类型的著述在实质内容上与宽严相济政策并无关联或者无明显关联，论者只是在研讨了某些具体的刑事法问题之后，在标题或者文中提及宽严相济政策的字眼。实际上，这类研究对于真正推进宽严相济政策的相关研究助益不大。

综上，我国大陆宽严相济政策之提出略晚于台湾地区的“宽严并进的刑事政策”，二者与欧美国家盛行的“轻轻重重”政策具有某些相似之处，且在语词的使用上较为接近。法治文明的优秀成果乃全人类的共同财富，对于域外刑事政策理论研究与实务践行的动态应及时关注，并对其合理成分加以移植、借鉴，但主要还是应当坚持自己的理论与实践创新。

三、理论意义与实践价值

1997 年刑法与 1996 年刑事诉讼法颁行十余年来，我国刑事法理论研究与实务践行取得了长足发展。其间，许多热点、重点相继进入我们的视野，令人目不暇接，其中一个值得关注的趋势是，近年来以宽严相济刑事政策之提出为契机，刑事法学界出现了新一轮刑事政策研究的高潮。截至目前，围绕宽严相济政策的学术论文已

① 相关论文参见贾宇：《从“严打”到“宽严相济”》，载《国家检察官学院学报》2008 年第 2 期，第 150 ~ 159 页；王顺安、刘艳萍：《论宽严相济与三个刑事政策的关系》，载《河北学刊》2008 年第 2 期，第 174 ~ 178 页。

达数百篇之多，专著亦不鲜见，各类学术研讨会也相继召开。① 宽严相济政策已经引起理论界、实务界及社会各界的广泛关注，大量的法律资源也投入该领域，形成了多种研究路径，并结出了初步成果。但是，也应当清醒地看到，在宽严相济政策渐成刑事法治领域强势话语的表象之下，亦潜藏着某些隐忧：

首先，当前的研究存在一定程度的误区，主要表现在三个方面：一是"泛化"倾向，即把宽严相济政策当做一个"框"，当做包治百病的灵丹妙药，什么都往里面装；二是"非宽即严"倾向，即认为在处理每一起案件、每一个犯罪人时，不是宽缓，就是严厉。实际上，在宽缓与严厉这两种相反的处遇之间，还存在适中的情形，三者之间形成宽缓—适中—严厉的关系格局，共同应对所有类型的犯罪与犯罪人。三是绝对化倾向，即从总体上划定应当从宽处理或者从严处置的犯罪与犯罪人类型，认为处于相关范围的案件应当无一例外地被从宽处理或者从严处置。实际上，这是没有真正领会区别对待、宽严相济的真谛。案件的具体情况是千差万别的，妥当的处理方法是宽中有严，严中有宽，区别对待。

其次，尚有一些重大理论与实践问题有待进一步深入，如宽严相济政策究竟是一项刑事司法政策，还是基本刑事政策；惩办与宽

---

① 代表性的著作如陈兴良主编：《宽严相济刑事政策研究》，中国人民大学出版社 2007 年版；朱立恒：《宽严相济视野下的刑事诉讼程序改革》，中国法制出版社 2008 年版；余捷主编：《宽严相济刑事政策与检察实践论坛》，中国检察出版社 2007 年版；董新建主编：《检察机关适用宽严相济刑事司法政策实务》，中国检察出版社 2007 年版。影响力较大的学术研讨会有：由北京市法学会、西南科技大学法学院主办，于 2006 年 5 月在四川绵阳举行的"宽严相济的刑事政策与和谐社会构建"学术研讨会；由北京市法学会、重庆市法学会、西南政法大学主办，于 2006 年 11 月在重庆举行的"刑事政策与和谐社会构建"学术研讨会等。此外，宽严相济政策还被列为中国法学会刑法学研究会 2006 年学术研讨会、中国犯罪学研究会第四届会员代表大会暨第十六届学术研讨会（2007 年 8 月于井冈山）的主要议题。

大相结合政策、“严打”政策与宽严相济政策的关系如何梳理；提出并确立宽严相济政策的必要性何在；宽缓与严厉两大价值诉求在宽严相济政策内部的关系格局如何；从哪些视角、路径展开研究能够形成一个相对系统化的理论模型；如何在刑事法治实践中构建贯彻宽严相济政策的刑事法律机制……对这些问题若不及时回应，正确回答，将有可能导致宽严相济政策重蹈既往某些研究热点的覆辙，在一番热炒之后又被迅速弃置，结果不仅理论没有明晰，问题没有解决，反而浪费了稀缺的法律资源。立足于现有成果展开进一步研究，不仅有助于提升宽严相济政策的理论品格，也有利于充分释放其指导和谐社会语境下刑事法治建设的效能。

以宽严相济政策为选题具有一定的挑战性，论题要求理论与实践相结合，涉及学科较多，文献资料丰富，驾驭难度较大。在撰写过程中，笔者时有力有不逮之感，但是对刑事政策科学的浓厚兴趣以及它自身的独特魅力让自己坚持了下来。选题决定了本书的研究范围是较为广泛的，涉及概念、定位、历史源流、理论基础、理论模型、实践机制等众多范畴，为避免行文散乱，文章安排的论证脉络如下：

和谐社会是宽严相济政策提出的特定时代背景，将二者结合进行论证是当下研究的一大特色。在本书第一章中，笔者在分析和谐社会本质与特征的基础上，深入阐释了刑事法治与社会和谐状态之间的紧密联系。刑事犯罪是最为极端的失序行为，也是社会矛盾的集中影射，因此犯罪领域乃社会最不和谐的领域。如果社会能够富有成效地治理犯罪，那么对于达致和谐的秩序状态无疑是一个有力促进。刑事法治以良好的刑事安全态势为努力目标，因而与和谐社会联系紧密。基本刑事政策是刑事法治的灵魂与导向，由此以刑事法治为桥隧，基本刑事政策与和谐社会的密切联系就跃然而出了。在人类历史步入阶级社会之后，任何社会形态的治理都离不开刑事政策的功能与效用，同时社会的具体形态和治理目标不同，所需要的刑事政策模式也有所区别。和谐社会这一特殊的社会形态对其语境中的刑事政策选择也提出了特殊要求，一是契合以人为本的价值诉求，二是有利于实现各刑事法律关系主体之间的关系和谐，三是体现恢复性正义的要求，采取国家与社会双本位。①

从历史的纵向看，我国古代曾出现过的宽猛相济、刚柔并济等治国理念与作为宽严相济政策观念基础的宽严相济精神具有某种传承关系。它们之中包含着对朴素的辩证法思想以及人性的初步认知，这些元素在宽严相济政策那里得到了历史性的承继。应当区别的是，古代的宽猛相济、刚柔并济主要是施政的策略，当然也包括治理犯罪，但宽严相济在当下则特指和谐社会语境中的一项基本刑事政策。从空间的横向看，当代西方国家的“轻轻重重”的刑事政策与我国台湾地区“宽严并进的刑事政策”具有某些相似之处，但更多的是不同，因此不应盲目地移植，而应有选择地借鉴，更主要的是坚持自己的价值方向和策略选择。

同惩办与宽大相结合政策相比，宽严相济政策在语词的使用上更加周延，内涵更加完整，同时正确回答了在新的社会条件下宽缓与严厉两种价值诉求谁先谁后、孰轻孰重的问题，因此并非新瓶装旧酒。与“严打”政策比较，宽严相济政策有利于克服其单一性、非理性、政治化及某种程度的非法治性等缺欠，因而宽严相济之“严”不能等置于“严打”之“严”，前者是对后者理性反思的产物。通过上述比较，提出并确立宽严相济政策的必要性得以全面显现，细言之，它有助于形成和谐的社会氛围，体现了对犯罪规律的科学认知，符合法律经济学的基本原理以及契合世界刑事法治的潮流指向。有观点认为，宽严相济政策并非基本刑事政策，而是一项具体刑事政策，一个重要理由就是在标志其正式确立的《中共中央关于构建社会主义和谐社会若干重大问题的决定》这一文件中使用的正是“宽严相济的刑事司法政策”之表述。这导致关于宽

① 参见刘晓梅：《中国构建社会主义和谐社会刑事政策的选择》，载《天津大学学报》（社会科学版）2006 年第 1 期，第 22～26 页。

严相济政策的后继研究很多都是在司法领域展开的，因而实务性、实践性较强。笔者主张将宽严相济政策定位于基本刑事政策加以研究，鉴于当下研究的理论性相对薄弱，故首先有必要深入发掘宽严相济政策的理论基础，这是关涉其合理性的重大学理问题。

宽严相济政策的合理性主要体现在其是建立在哲学基础、价值基石与方法论基础之上的科学的刑事政策系统。宽严相济政策作为上层建筑范畴，建基于宏观的社会政策环境与刑事安全态势，因此它符合物质决定意识的哲学原理。社会形势、刑事安全态势以及主观价值观念并非一成不变，当这些要素发生变化时，宽严相济政策也应适时调整，换言之，我们对待某类犯罪或者犯罪人的态度是变化的，可能由宽趋严，也可能自严向宽。因此，宽严相济政策遵循运动是物质的根本属性这一哲学原理。宽缓与严厉这两种相反的价值诉求并存于宽严相济政策内部，但二者的地位不是等量齐观的。其中，宽缓优于严厉是首选项，而严厉是对宽缓的必要补充。因此，宽严相济政策又体现了对立统一的哲学原理。由此，宽严相济政策是建立在马克思主义哲学基础之上的刑事科学结晶。和谐社会的基本特征是以人为本，而法学具有人文社会科学属性①，这必然要求在刑事法治领域贯彻人本法律观的基本要求。宽严相济政策是一项人本型刑事政策，它把以人为本作为价值基石，将进入刑事法律关系的各种人尤其是犯罪人真正作为人来对待，将其视为目的而

① 沈宗灵先生认为“法学是一门社会科学”（参见沈宗灵主编：《法理学》，高等教育出版社 1994 年版，第 1 页），而美国国会在建立国家人文学科捐赠基金时认为人文学科包括法学（参见尤西林著：《人文学科及其现代意义》，陕西人民教育出版社 1996 年版，第 12 页），我国有学者指出，“法学关注法律现象、法律制度等社会问题，在这个方面无疑具有‘社会科学’的理论特质，然而更为重要的是，法学是一门研究‘法与正义’关系的科学，它以探讨人的法律处境、法律的合理性、法律的价值等为目标，因而更多地属于人文科学的范畴”（参见胡玉鸿著：《法学方法论导论》，山东人民出版社 2002 年版，第 58 ~ 61 页）。

不是手段、工具，尊重其人格，重视其人权，在追究刑事责任的同时关注其人格发展和复归社会。可见，人本主义、人道主义从人性的角度赋予了宽严相济政策存在的合理性。刑事一体化作为刑事法学研究的新范式，旨在打破各刑事子学科之间的藩篱，促成相互间的有效对话与良性互动。宽严相济政策以刑事一体化为方法论基础，有利于链接各刑事子学科，联系刑事法治的各个基本环节，反过来又能够为刑事一体化的研究注入实质性内容。综上，哲学基础的普世性、价值基础的人文性、方法论基础的一体性共同奠定了宽严相济政策的合理性根基。

如前所述，当前学界主要存在五种宽严相济政策的研究路径，即理论型研究、具体型研究、政策史研究、比较型研究及虚置型研究。笔者认为，为与基本刑事政策的地位及其所肩负的构建和谐社会的使命相称，有必要开辟新的研究路径，对宽严相济政策展开更为全面、深入的研究，其目的旨在构建一个新的系统化理论模型。该模型主要涵摄七个要素，分别是政策主体、政策途径、政策基石、政策实质、政策客体、政策界域和政策底线。每一个要素分别代表一种研究视角，从不同的视角进行探析，并将得出的研究成果整合在一起，就是一个相对系统化的理论研究模型，这是指导宽严相济政策实践的理论准备。

政策基石是该理论模型的核心要素，其内容是刑事权，它是宽严相济政策正当性的集中体现。刑事政策与权力联系紧密，这一点早已为中外学者所关注。例如，法国学者认为刑事政策“是以权力配置为基础的社会生活的组织形式，以决定财产的分配保障各类组织的运行，并确立基本价值”①。曲新久教授也指出：“刑事政策是权力支持下的公共政策。任何刑事政策都有赖于组织化、合法化

---

① ［法］米海依尔·戴尔玛斯－马蒂著：《刑事政策的主要体系》，卢建平译，法律出版社2000年版，第26页。

的权力系统支持。"[①] 但是，与刑事政策联系的权力并非一般性权力，它属于法权[②]，是法权体系中的特殊类别，笔者主张将其称为"刑事权"。刑事权是一个较为新颖的提法，学界比较流行的概念是"刑罚权"。例如，有学者认为，"刑罚权是国家基于独立主权对犯罪人实行刑事制裁的权力，是国家权力的外在表现形式之一，是一种国家权力"[③]。不少学者在给刑事政策下定义时都强调了刑罚制裁的重要性，那么逻辑推演的结果，应当是在更深的层面突出刑罚权与刑事政策的紧密联系。刑罚权这一术语虽然实体色彩浓郁，在一定程度上却也为刑事诉讼法学界所接受。例如，有观点认为，"刑事诉讼是行使国家刑罚权的活动"[④]。此外，苏惠渔教授等学者还提出了"刑权力"的概念，并认为这一权力形式与刑事法相联系，是现代社会权力构造中的保障系统，从内容上看包括量刑权、行刑权等。[⑤] 不难看出，尽管称谓不同，但刑权力与刑罚权在内涵上是很接近的，仍然偏重于实体性。笔者认为，虽然刑罚制裁与刑事政策联系紧密，但随着保安处分、司法转处等多种处遇的发展、完善，刑罚不再是刑事责任的唯一实现方式，其重要性正在逐步下降。同时，宽严相济政策是以刑事一体化为指导的基本刑事政策，其所能采取的处遇、措施是丰富多样的，除了实体领域的以外，还包括程序范畴的，如各种刑事强制措施、各种分流转处程序等。上述程序性处遇的设立与变更显然也离不开权力的支撑，但又

---

① 曲新久著：《刑事政策的权力分析》，中国政法大学出版社 2003 年版，内容提要第 2 页。

② 关于法权的概念，详见第四章第四节政策基石部分。

③ 刘树德著：《宪政维度的刑法思考》，法律出版社 2002 年版，第 44 页。

④ 陈光中、徐静村主编：《刑事诉讼法学》，中国政法大学出版社 2002 年版，第 3 页。

⑤ 参见苏惠渔、孙万怀著：《论国家刑权力》，北京大学出版社 2006 年版。

不是实体性的刑罚权所能涵盖的。鉴于此，笔者认为刑事权的提法能够在一定程度上避免刑罚权之不足，兼顾了实体与程序两个方面，符合刑事一体化的要求。

政策基石向前联系着政策主体和政策途径，向后联系着政策实质、政策客体与政策界域。一般认为刑事政策的主体不是单一的，但往往不加区分。笔者认为，宽严相济政策的主体包括制定、调整主体与具体的实施主体两类：前者是中国共产党，而具体负责的专门性机构则是作为其直属机构的中央政法委员会；宽严相济政策的第二类主体是具体的实施主体，即以宽严相济政策为指导，制定、修改、适用、执行各类刑事法律规范的各级各类国家机关，包括刑事立法机关、司法机关与执行机关三类。宽严相济政策主体实施各种政策活动的本质是对刑事权的运用，主体不同，运用的权力形式亦有殊别。细言之，中国共产党运用的是刑事权中的刑事政策权①，具有宏观性，而国家机关运用的则是具体的刑事权，包括立法权、司法权、执行权和法律解释权四个方面。

权力缺乏制约就容易出现膨胀、滥用等非法治情形，因此各类主体运用刑事权实施宽严相济政策的活动不是随意的，而应遵循一定的原则、程式，这是政策途径所要解决的问题。途径之一是科学化与民主化。宽严相济政策属于刑事法治领域的公共政策，关于国家公共政策活动的组织形式有两个基本模型，一是“公众参与模型”，二是“技术理性模型”。两种模型反映出在公共政策过程中对不同的知识——专家知识和大众知识——的态度及如何合理运用的问题。但是，两种模型都存在难以克服的局限性，因而有必要采取将公众和技术理性结合起来的第三条道路，即“复合模型”。②科学化途径对应着技术理性模型，民主化途径对应着公众参与模

① 关于刑事政策权的概念，详见第四章第四节政策基石部分。

② 参见王锡锌：《公众参与、专业知识与政府绩效评估的模式》，载《法制与社会发展》2008 年第 6 期，第 3 ~ 18 页。

型，因此需要将二者结合起来。途径之二是法治化。正如有学者所指出的："在法治的治理模式中，刑事政策是刑事法的先导和补充，刑事法律是刑事政策的升华和边界。"① 法治化途径又包括两种具体形式，即"显性法治化"与"隐性法治化"。前者是指将宽严相济精神转化为刑事法律规范的具体内容，在形式上表现为制定新的刑事法律或者对现行刑事法律进行修改。后者指司法工作人员在个案处理时合理运用刑事法律规范中所包含的自由裁量权以体现宽严相济精神的要求。

从语义上解析，无论宽缓、严厉抑或适中，都体现为法律处遇上的差别，如果忽略差别，对所有刑事犯罪及其行为人都一视同仁，那么就无从体现有宽有严、宽严相济了。要做到区别对待，就要解决区别对待的对象和标准两个问题。一般观点都认为宽严相济政策的作用对象是犯罪及其行为人，如有学者认为，"宽严相济刑事政策只是刑事对策中的一种，它主要体现的是对犯罪的惩治政策。"② 自从奴隶制国家垄断了刑事案件的处置权之后，犯罪被害人的权益长期以来被漠视，成为刑事诉讼中的"弱势群体"。在当代，国际刑事法学及犯罪学发展到一个更加重视犯罪被害人的境遇及其人权保障的新阶段，而刑事和解、恢复性司法的提出都是一些具体表征。③ 为顺应人文精神和人道主义在刑事法治领域日益凸显的时代潮流，有必要将刑事被害人作为区别对待的对象。此外，各

---

① 侯宏林：《刑事政策的价值分析》，中国政法大学出版社 2005 年版，第 98 页。

② 陈兴良：《宽严相济刑事政策研究》，载《法学杂志》2006 年第 1 期，第 20 页。

③ 目前，国内已出版的以刑事被害人及其权利救济为中心的著作主要有：郭建安主编：《犯罪被害人学》，北京大学出版社 1997 年版；汤啸天等编著：《犯罪被害人学》，甘肃人民出版社 1998 年版；赵可等著：《一个被轻视的社会群体——犯罪被害人》，群众出版社 2002 年版；田思源著：《犯罪被害人的权利与救济》，法律出版社 2008 年版。相关论文也越来越多。

类国家机关不仅是宽严相济政策的主体，也应当成为区别对待的对象。因为国家机关掌握着刑事权，其运用对于犯罪人与被害人的刑事权利及义务影响重大。通常而言，刑事权的扩张往往意味着犯罪人刑事权利的限缩或者刑事义务的扩张，而刑事权的让渡往往又意味着犯罪人刑事权利的扩张或者刑事义务的限缩。在宽严相济政策的研究与实践中，我们不仅要关注犯罪人、被害人的处遇，也不能疏漏对其有重大影响的各类国家机关。因此，有必要将国家机关纳入区别对待的对象。当然，在区别对待的诸对象中，刑事犯罪及犯罪人是主要对象，对其区别对待的主要标准是犯罪的社会危害性与犯罪人的人身危险性。此外，宽严相济政策对于被害人的态度主要是趋向宽缓的，对于行使刑事权的国家机关的态度主要是趋向严格的。

明确了区别对待的对象之后，还要进一步研究宽缓与严厉这两种相反的处遇是通过何种方式实现的，这是政策客体所要解决的问题。“一切社会关系的本质都是利益关系，和谐社会的本质也体现为社会利益关系的和谐”①，因此法律对社会关系的规制最终都可以归结为对利益关系的调整。法律对利益的调整主要是借助权利（职权）与义务（职责）这对工具实现的。趋利避害是人的本性，当为其配置新的权利（职权）或者扩张既有权利（职权）范围时，意味着利益的获得，因而会有宽和、轻缓的感受；当为其设定新的义务（职责）或者扩张既有义务（职务）范围时，则意味着利益的丧失，因而会有严厉、严格的感受。可见，以权利（职权）和义务（职务）为介质，得以实现对宽缓抑或严厉价值的追求，它们是政策客体的内容。

政策界域旨在回答宽严相济政策的影响力所及的范围问题。宽

---

① 贺永顺：《和谐社会的本质特征是社会利益关系的和谐》，http://www.chinavalue.net/Article/Archive/2006/7/12/37064.html，2009 年 1 月 5 日访问。

严相济政策作为基本刑事政策，其作用范围不是刑事法治的某一局部、某一环节，而是以整个刑事法治活动的边界为限，具体包括刑事立法、刑事司法、刑事执行和刑事法律解释四个基本环节，四者有机地结合在一起，构织成宽严相济政策的实施界域。从时空维度看，刑事法律解释与刑事立法、刑事司法和刑事执行并不在同一个层面上。其中，抽象解释的本质是一种细化的“立法”，从而与刑事立法具有某些共通属性，而具体解释则内化于刑事司法人员的司法活动之中。之所以将刑事法律解释与刑事立法、刑事司法等并立为刑事法治的基本环节，乃是出于其对于宽严相济政策之贯彻的意义非常重大，因而做了一种写作技术上的特殊安排。①

政策底线是新理论模型的最后一个要素，它关注的是宽严相济政策本身的正当性与合理性问题。其中，正当性是从宏观维度切入的，意指宽严相济政策的主体行使刑事权不能逾越的限度，如果越权行使、违反程序行使，宽严相济政策就难以被认同和接受，进而引起合法性危机。合理性是从微观维度切入的，意指在运用宽严相济政策指导刑事法律的具体实施时不能逾越的限度，合理性缺失，宽严相济政策的目标亦难以实现。

创立新的理论模型并非终极目的，还有必要以其为指导，进一

① 有学者对刑法解释（其实也包括刑事诉讼法解释）的重要性与必要性作了如下概括：首先，改革开放和全球化进程导致我国的社会结构、社会生活发生了迅速变化，刑事立法的滞后性日趋明显；其次，地区之间、城乡之间的巨大差别使我国的司法问题更加复杂，没有发达的解释理论和精致的解释技术，立法与司法之间的断裂将不可避免；再次，构建和谐社会的目标对司法水平、司法技术提出了更高的期待，判决书说理、以理服人的实现离不开法律解释理论与技术；最后，“法律共同体”的初步形成使法律人更加关注精细的法律技术问题，当然也包括法律解释技术（参见王政勋：《刑法解释问题研究现状述评》，载《法商研究》2008 年第 4 期，第 150 ~ 151 页）。笔者认为，不仅刑法需要解释，而且刑事诉讼法同样也需要解释，因此从刑事一体化的视角看，用刑事法律解释的概念较为妥当。

步研究如何在现实的刑事法治实践中构建具体贯彻、实施宽严相济政策的刑事法律机制。从现有成果看，具备贯彻宽严相济政策机能的具体刑事法律制度、机制种类繁多，如刑罚制度、酌定量刑情节、侦查程序、刑事强制措施、酌定不起诉、刑事和解、简易程序等。这既反映出宽严相济政策制度研究的繁荣状况，也表现出一定程度上的零散性、片断性，在各种制度、机制间缺乏一种有机的整合。在本书第五章中，笔者拟研究五个子论题，分别是犯罪圈、刑罚制度、审判前程序、复合审判程序、定罪与量刑，它们不仅是重要的刑事法学理论范畴，也是践行宽严相济精神所倚赖的重要制度平台。这五个子论题的选择具有一定的代表性和典型性，从宏观上讲，刑事立法机关创制了罪名体系和刑罚制度，并搭建了审判前程序和审判程序架构，而各类刑事司法人员则依据实体与程序法律规定，在各类诉讼程序中对刑事案件与犯罪人实现审判前的分流转处或者审判中的定罪、量刑，上述环节构织了刑事法治的基本样态。上述五种刑事法律机制有助于以点缀线，以线带面，构筑一个相对体系化的实施宽严相济政策的基本制度框架。它们贯彻宽严相济政策的方式简述如下：

犯罪圈是刑罚与自由的边界，出罪与入罪的综合作用划定了犯罪圈的基本样态。“刑法是一种不得已的恶”[①]，因此对于立法机关启动刑罚权、设立新罪的犯罪化活动应当彰显宽严相济政策之严格的态度，即审慎动用刑罚权。对立法机关的严格要求，站在潜在犯罪人的一面，则意味着宽缓。对于已然之罪丧失应受刑罚处罚性时，应当及时作非罪处理，站在潜在犯罪人的一面，这同样意味着宽缓。反之，犯罪化对于潜在的犯罪人则意味着严厉。刑法的谦抑性要求非罪化、去刑化居于主导地位，而犯罪化、刑罚化处于从属地位。刑罚制度主要包括刑种结构和执行制度两个方面。严厉的刑

① 陈兴良著：《刑法的价值构造》，中国人民大学出版社 1998 年版，第 10 页。

种和苛酷的执行方法体现了严厉的态度，轻缓的刑种和人道的执行方法彰显了宽和的态度。刑罚轻缓化趋向决定了宽严相济政策在刑罚制度层面的基本态度是以宽为先，辅之以严。审判前程序与审判程序是刑事程序的两种基本类型。[①] 将轻罪、微罪案件或者人身危险性较小的案件经由审判前程序分流转处或者经快捷程序审判，由于诉讼周期较短，犯罪人的讼累较轻，因而彰显了宽严相济政策之宽缓的态度；反之，进入审判程序或者经由普通程序审理则体现了严厉的态度。通过实现刑事犯罪及其行为人在程序处遇上的区别对待，不仅有利于践行宽严相济精神，也符合法律经济学的基本原理。刑事审判活动是人民法院的基本职能之一，除了无罪以及有罪免刑的少数情况外，定罪量刑是刑事审判活动的基本样态，在定罪与量刑的不同环节均存在若干贯彻宽严相济政策的具体机制。

① 参见樊崇义著：《迈向理性刑事诉讼法学》，中国人民公安大学出版社 2006 年版，第 40 ~ 41 页。

第一章　和谐社会语境中的刑事政策选择

第一节　刑事政策与相关范畴之关系梳理

从普遍联系的辩证法原理看，刑事政策绝非一个孤立范畴，不可能脱离作为其存在前提的其他一些重要范畴而独立存在、演化，如国家、社会、权力、公共政策等。从某种意义上说，上述范畴在很大程度上决定了刑事政策的产生，并影响其的存在形式与发展变化。笔者认为，在正式介入对宽严相济政策的阐述之前，有必要将一般意义上的刑事政策置于一个广阔的人文社会背景中，对其与关联范畴之关系略作解析，通过超然于刑事政策之上、之外来获取关于刑事政策的客观认知，进而为后文宽严相济政策的展开做好必要的铺垫。

一、国家与社会——刑事政策的时代背景

古往今来的任何实然刑事政策均生成于特定的国家和社会背景之中。那么，何谓社会、何谓国家，二者的界限何在？国外有学者认为："社会是人们与自然界的关系和人与人之间的关系的总和。社会结构由经济基础和社会上层建筑两个基本领域组成。上层建筑大体分为政治组织（包括国家、法律机构、政治组织等）和社会意识（包括法律、宗教、道德、哲学等）……国家作为上层建筑现象，是社会分裂为对抗性阶级的必然结果。为防止阶级对抗危及社会及其全体成员的生存，便产生了作为各种强制性手段集合的国

家。占有生产资料的优势阶级借助国家和对强制手段的垄断，行使阶级统治和管理社会的职能，其终极目的仍在于维护统治阶级的利益和能够促成这一利益的社会关系。”①

应当肯定，该观点在一定程度上揭示了社会与国家的本质及表现形式，但应当看到，社会的上层建筑并不必然包括国家，因为根据马克思主义唯物史观，国家乃阶级社会的产物，而某些社会形态（如原始社会）是可以先于国家和阶级而存在的。笔者认为，社会是指在特定地域范围内以物质生产活动为基础的一种人类共同体组织形式，它包括一切经济的、文化的、交往的规则、制度和机制。在步入阶级社会之后，国家层面的制度、机制和法律规则与原有的社会机制相互作用、相互整合。从总体上说，阶级社会包括两个相对独立而又相互联系的系统，即市民社会与政治国家，两者之间以多样化的形式进行互动。②

社会与国家作为人类共同体的组织形式，其的出现有历史的必然性，究其实质，乃是因为二者能够为人类共同体输送维持其存在和发展的必需产品——秩序。秩序，以及能够形成秩序的各种制

① 参见［前南斯拉夫］米拉·马尔科维奇：《社会学》，徐坤明等译，社会科学文献出版社1997年版，第88~149页。

② 西塞罗最早提出市民社会的概念，意指单个国家或者业已发达到出现城市的文明政治共同体的生活状态。参见［英］戴维·米勒、韦农·波格丹诺编：《布莱克维尔政治学百科全书》，中国问题研究所等译，中国政法大学出版社1992年版，第125页。及至早期启蒙学者都未能明确区分市民社会、国家等概念。潘恩从概念上较为明确地区分了二者，他指出，单个的人首先组成的是社会，当人们的德性软弱无力协调彼此间的关系时，国家才被创造出来。参见［美］潘恩：《潘恩选集》，马清槐等译，商务印书馆1981年版，第3~5页。黑格尔较为系统地阐述了市民社会的概念，即由私人生活领域及其外部保障构成的整体。其中，具体的特殊的个体是基本要素，个人是权利主体和道德意识主体；自治性团体（如同业公会等）是另一要素，是个体与国家、私人利益与普遍利益联系的中介。参见何增科：《市民社会概念的历史演变》，载《中国社会科学》1994年第5期，第67~81页。

度、规则、机制对于人类共同体的重要性是不言而喻的。众多拥有不同个体特征与利益诉求的人聚集在一起，将大大增加环境的复杂性与相互行为的不可预期性。因此，人们必然产生对制度、规则的强烈需求，并将其作为个体行为与群体行动的标尺，从而形成一种共同体的有序状态，既保障个体利益，又增进群体福祉。

社会产生于国家之前，既然二者均具有秩序供给机能，为何在社会产生之后又出现了国家呢？问题需从原始社会说起。原始人群在血缘连带的基础上自发形成氏族、部落、部落联盟等生活群体，并在部落联盟的基础上产生了人类第一个社会形态——原始社会。原始社会初期的共同体一般规模较小，群体成员间的关系相对单纯，相互间的矛盾、冲突并不尖锐。在漫长的进化历程中，原始人群内部形成的各种习惯、禁忌、原始宗教等规则系统完全能够满足群体生存的需要。原始社会的各种规范之形成主要体现为一种自然、平缓的状态，有意识的能动创制并不多见。至原始社会末期，随着生产力的发展，原始人群数量大幅增长，剩余产品开始出现，进而引发了社会基本结构的裂变。原始人群的组织状态趋于瓦解，共同体呈现融合扩张的态势，以血缘为标准的共同体划分被地域标准所取代，占据剩余产品的氏族成员形成剥削阶级的雏形，并通过各种手段维护优势地位，由此引发了初生阶级之间的激烈对抗，出现了大量失序、失范的行为。此时，原有的规则系统已经无法为变革社会提供充足的秩序产品，而国家——一种全新的制度安排——就在这一背景下应运而生了。①

国家产生的合理性在于其能够运用超越社会层面规范约束力的法律强制力进行社会调控，弥补社会自我调节的不足。并且，国家调节具有某些独特的优势，如对暴力使用权进行垄断的规模优势，公共产品供给方面的效率优势，降低交易成本等。对于因国家出现

① 参见［英］A. R. 拉德克利夫－布朗著：《原始社会的结构与功能》，丁国勇译，九州出版社 2007 年版，第 56～65 页。

所导致的共同体新格局，有学者指出："经过原始社会末期的制度大调整，人类进入阶级社会后，各共同体内部调节个体间关系的制度就包括两种，一是带有暴力性质的国家制度；二是没有暴力色彩的社会制度。国家的职责便是弥补社会自我管理和自我调节机制的不足，和社会制度一起营造群体生活所需的基本秩序。"① 可见，二者之间是相辅相成的补充关系。当国家制度和社会制度以某种方式的结合能够最有效地维系共同体的稳定并促进其良性发展时，就构成了国家与社会的均衡状态，这也是阶级社会的理想状态。

二、权力——刑事政策的支撑性因素

兹如前述，国家对共同体提供秩序的行为具有法律强制性，成员不能随意抵制，否则可能承受不利之后果。而潜隐于强制性背后并确保国家作为一种制度安排之有效性的主导因素是权力。权力是政治哲学和社会科学中一个重要而古老的命题，关于其内涵古往今来一直缠讼不清、难有定论。国内有学者根据解释权力内涵的出发点及侧重点的不同，将关涉权力的各种观点大致归类为如下四种：

"（1）以权力的本源内涵为基础来解读权力：权力是一种能力或力量；

（2）以人性为基础来解读权力：权力是满足人性欲求的工具；

（3）以结构功能主义为基础来解读权力：权力是结构的产物和体现；

（4）以后现代主义为基础来解读权力：权力是多元、分散、非中心化的网络关系。"②

---

① 曾峻著：《公共秩序的制度安排——国家与社会关系的框架及其运用》，学林出版社 2005 年版，第 84 页。

② 赵全军、陈艳艳：《权力概念的多面解读》，载《云南社会科学》2004 年第 4 期，第 18～20 页。

第一类观点最早可以追溯至亚里士多德，他曾在政体理论中对权力作了间接分析，认为权力不仅是某些人统治另一些人的权利，而且是某种实际的力量[①]；洛克将“政治权力”称为“共同体的力量”、“强力”等[②]；马克斯·韦伯则认为作为一种社会关系的权力是在社会交往中一个行为者把自己的意志强加在其他行为者之上的可能性，是哪怕遇到反对也能贯彻自己意志的任何机会，而贯彻的基础则是广泛而难以厘清的，既可以是说服、规劝、操纵，也可以是武力或者欺骗。[③] 马基雅维利的观点可以归入上述第二种类型，他认为人本性为恶，单个个体都处在一个大多数人并非善良的黑暗世界里，统治者要想保住既得利益，在政治上必须不择手段。在他看来，作为强力的指向，权力只是君主运用暴力和欺诈手段获取支配地位、维护自身利益的一种工具。[④] 持第三种观点的学者帕森斯将权力视为一种社会位置及其占据者的属性，即结构的属性，它来源于一种结构——功能模式，是个人凭借其在产生权力的组织中所处的位置而获得的，这种位置就是整个社会为了维持其秩序、实现集体目标所设计的功能性的位置。[⑤] 福柯是第四种观点的代表人物，他采用后现代性的微观政治理念，于边缘性视角观测权力，强调它的分散性、多元性。福柯的权力观可以概括为下列一组命题：一是反对将权力视为统治权与物品的旧有观念，主张权力是一种处

---

① 参见［古希腊］亚里士多德著：《政治学》，姚仁权编译，北京出版社 2007 年版，第 108 页。

② 参见［英］洛克著：《政府论》（二），杨思派译，北京出版社 2007 年版，第 56 页。

③ 参见［德］马克斯·韦伯著：《经济与社会》（下），林荣远译，商务印书馆 1997 年版，第 263 ~ 270 页。

④ 参见［意］尼科洛·马基雅维利著：《君主论》，张志伟等译，陕西人民出版社 2001 年版，第 125 页。

⑤ 参见赵全军、陈艳艳：《权力概念的多面解读》，载《云南社会科学》2004 年第 4 期，第 19 ~ 20 页。

于流动、循环过程中的关系，具有不确定性；二是认为权力并不是一种自上而下的单向性控制的单纯关系，而是一种相互交错的复杂的网络；三是主张权力的无主体性；四是主张权力是非中心化的。福柯还指出国家机构只是权力的一个有限领域，事实上权力无处不在，并不聚集于国家，而是通过许多非正式政治群体和组织加以分散，并与知识之间存在一种固有的关系。①

上述言说触及了权力的本质与某些特征，但西方式话语对于我们存在一些理解习惯上的问题，笔者较为赞同一位国内学者的定义，即“权力是一种迫使他人服从政治命令的政治力量”②。该界定不仅指出权力具有强制性特征，还揭示了权力的一个本质属性，即政治性。笔者认为，权力的概念宜避免泛化，正统意义上的权力概念应当与国家、执政党以及作为其代表的国家机关等政治范畴紧密相连，它是基于统治地位而获取的。某些观点认为一般的社会组织、经济组织内部也广泛存在着权力因素（如前述第四种观点），实际上，与非政治组织相联系的与其说是权力，不如说是权威。权威与权力之间尽管存在某些表象上的相似，但更有本质上的不同。同时，权力所具有的最高程度的强制性（以法律、执行法律的国家机关乃至军事力量为后盾）、单向性、绝对性（不可规避与不可妥协）、自我扩张性等基本特征都是权威无可比拟的，后者通常体现为长辈对晚辈、师长对学生、经济组织对成员的影响力。此外，某些观点将权力、国家权力、政治权力、政府权力不加区分地使用，这一做法值得商榷。权力应当是最上位概念，国家权力处于其下位，同一位序的还有执政党权力。政治性原本就是权力的一个基本属性，因此政治权力的概念没有独立存在的必要性。政府权力即

---

① 参见陈炳辉：《福柯的权力观》，载《厦门大学学报》（哲学社会科学版）2002 年第 4 期，第 84～90 页。

② 杨光斌著：《中国经济转型中的国家权力》，当代世界出版社 2003 年版，第 15 页。

一般所谓的行政权，与立法权、司法权一道居于国家权力的下位。

权力的分类同样是一个令人困惑的问题。作为雅典的自由民主政治实践在理论上的总结和反思，亚里士多德曾提出一切政体都是由三个要素构成的，即议事机能、行政机能和审判机能，并主张建立一种由中产阶级掌权以平衡贵族和平民的混合民主制。① 古希腊思想家波利比阿认为这种混合政体同时有三种权力机构：执政官、元老院和人民，各自分别代表了君主制、贵族制与民主制。② 洛克在 17 世纪提出了政府权力分立与规制的思想，他认为政府主要拥有立法权、执行权和对外权三种权力，它们既相互独立又相互制衡。③ 18 世纪的孟德斯鸠扬弃了洛克的学说，认为权力包括立法权、行政权和司法权，并首倡"以权力制约权力"的重要观点。④ 而马克斯·韦伯则从一个横断面展现了权力网络，他把合法支配的权力区分为三种类型，即传统型、超凡魅力型与法理型。

笔者认为，从行使方向上看，权力首先分为对内权和对外权，前者指向全体国民，后者相对于其他国家或地区，因此对内权又称为统治权，对外权又称为独立权。如果将对内统治权作进一步细分，根据马克思经济基础—上层建筑的二元社会结构分析法，可以区分出经济权（选择所有制模式，进行经济体制改革）、政治权（选择意识形态，进行民主政治改良）、法权（决定宪政模式和法律制度的基本结构）及文化权（决定精神文明建设的相关问题）等。

---

① 参见［古希腊］亚里士多德著：《政治学》，姚仁权编译，北京出版社 2007 年版，第 215 页。

② 参见徐大同主编：《西方政治思想史》（第三卷），天津人民出版社 2006 年版，第 66 ~ 68 页。

③ 参见［英］洛克著：《政府论》（二），杨思派译，北京出版社 2007 年版，第 57 页。

④ 参见［法］孟德斯鸠著：《论法的精神》（上册），孙立坚等译，陕西人民出版社 2001 年版，第 185 ~ 186 页。

三、公共政策——刑事政策的属性

那么，权力如何运行，如何被国家与执政党操控，从而为社会成员提供必要的秩序，以建立符合统治者利益与愿望的社会秩序呢？这首先要从管理的话题切入。在现代社会，管理无所不在，它是人类生产实践中最重要的活动形式之一，大到国家治理，小到社会最小的组织单位——家庭，凡是有人群活动的地方，都离不开管理。何谓管理？西方学者西蒙认为："决策贯穿管理的全过程，管理就是决策，一个组织是由决策者所组成的系统。"① 罗宾斯指出："管理是指同别人一起，或通过别人使活动完成得更有效的过程。"② 我国学者周三多教授认为："管理是社会组织中，为了实现预期目标，以人为中心进行的协调活动。"③ 笔者较为赞同下述定义，即"管理活动是一个主体和客体充分互动的过程，其中既有主体的权利、责任、目的、行动、结果等，也有客体的规律、原则、被控制、被改变、满足主体的目标等。这个过程的顺序是：首先通过授权形成一个明确的主客体关系（确定任务），主体通过对客体自身规律的研究并结合授权者的要求形成一个方案（目标、决策），主体根据这个方案按自己的意志控制并改变客体（实施），客体在自身规律的支配下进行活动（对抗），主体制定一个行为规范将客体的行为控制在一定的范围内（制度），通过一段时间的互动，主体对客体的行为规律有了进一步的了解，客体的行为与主体的意志逐步趋于一致（文化），从而使主体的目标得以实现。简言

① 汪克夷等编著：《MBA 管理学》，大连理工大学出版社 2006 年版，第 3 页。

② ［美］斯蒂芬. P. 罗宾斯著：《管理学》，黄卫伟等译，中国人民大学出版社 1997 年版，第 6 页。

③ 周三多等编著：《管理学——原理与方法》，复旦大学出版社 1999 年版，第 10 ~ 11 页。

之，管理，是主体（人）通过客体（对象）来实现自己的目的的一种活动"①。管理活动主要以各种物质性利益与非物质性利益为目标诉求，通过管理活动的实施和管理事务的开展，主体得以使自身处于平稳运行的态势，并与周围环境良性互动、协调统一，这彰显出管理活动具有目的性、对象性、有序性等自觉理性色彩。

从时空顺序性角度可将管理活动划分为预测、决策、执行、控制、评价等行为过程。在诸环节中，决策发挥着承前启后的功能，具有特殊的重要性，意指主体在目标诉求的导向下，结合对主客观情势的研判，形成宏观的战略抉择、方案，以期指导个体或组织的后续行动。决策在本质上属于一种正式、宏观的决定，决定是决策的上位概念。依据标准的不同，决策具有不同的划分，譬如长远决策与短期决策、集体决策与个人决策、初始决策与追踪决策等。决策并非针对一时一事所发出的指令，而是针对预定范围内的事项作出的一种导向性安排，要求在处理具体事务时符合大致的原则精神要求。能够制定、修正或者实施决策的主体谓为决策主体，决策行为的普遍性决定了决策主体的广泛性，政党、国家机关、政府部门、经济组织及社会团体等都享有自体事务的决策权。

国家、执政党管理社会的活动与一般社会组织、个人管理自体事务的活动存在诸多殊别，其中非常重要的一个方面是前者能够运用权力这一特殊工具。国家与执政党依靠不同类别的权力对不同社会领域的社会关系进行管理，从管理中产生秩序，以实现所预期的理想社会状态。在管理社会的活动中，国家与执政党同样需要作出决策，这样一来，就使决策从制定到实行的全过程都渗透了权力因素，从而具有了政治色彩，具备这种特点的决策谓为政策。可以说，政策是现当代社会最为重要，对社会整体及其成员影响最为深远的一类决策。有一个术语与政策联系非常紧密，即公共政策。关于公共政策，国外学者论述颇多，托马斯·戴伊将其界定为"政

① http://www.mie168.com/htmlcontent.asp,2008 年 12 月 25 日访问。

府选择要做或者不做的事”[①]，埃拉·夏坎斯基则认为“政府的重要活动即为公共政策”[②]。可见，西方话语中的公共政策相当于政治性主体所作的面向公众的决策，即政策，在政策与公共政策之间不作刻意区分，笔者亦认为，二者基本可以在同一意义上使用。根据公共政策所作用的社会关系领域不同，可以分为对内政策与对外政策，前者如经济政策、科技政策、文体政策、国防政策等，后者如新近我国倡导的和平崛起、和谐世界等外交政策主张。上述分类还可以继续推进，如经济政策内部还包括产业政策、财政政策、金融政策、贸易政策等。有学者还从自上而下的纵向纬度划分出元政策、总政策、基本政策和具体政策。[③]

刑事政策与公共政策均借用了“政策”一语，那么二者有何关联呢？通过文献查阅，笔者发现中外政策学者很少在对公共政策的分类中言及刑事政策，而刑事法学者也很少阐述刑事政策与公共政策的关系。[④] 造成这一现象的原因可能是没有从跨一般政策科学与刑事法律科学的复合视角进行审视。笔者认为，刑事政策是人类社会发展到有阶级阶段的产物，在原始社会并不存在刑事政策；它是国家或者执政党运用刑事权，在刑事法治领域制定、实施的重大决策，其目标是治理犯罪与保障人权；刑事政策的直接作用对象主

---

① Thomas R. Dye, Understanding Public Policy (Engle - wood Cliffs, NJ: Prentice - Hall, 1972): 2.

② 宋锦洲编著：《公共政策：概念、模型与应用》，东华大学出版社2005年版，第2页。

③ 参见刘雪明著：《政策运行过程研究》，江西人民出版社2005年版，第19~21页。

④ 陈兴良教授是刑事法学界较早阐述刑事政策与公共政策关系的学者，他指出：“刑事政策并非只是单纯的刑法问题，而是一个社会公共政策的问题。对刑事政策的研究不能局限在法规范的视阈内，而是应当进行超法规的考察。”参见陈兴良主编：《宽严相济刑事政策研究》，中国人民大学出版社2007年版，第1页。

要是各类刑事犯罪及其行为人，鉴于犯罪现象的普遍性以及犯罪行为以整体社会秩序为侵害对象，因此刑事政策也间接影响到全体公众；刑事政策的贯彻、实施离不开刑事法律规范所规定的各种具体的措施、机制，因而其贯彻是以法律强制力为保障的。由此可见，刑事政策完全具备公共政策的本质属性与基本特征，因此属于公共政策的一个亚类型，与经济政策、科技政策、文体政策等是并列关系。只有对刑事政策与国家、社会、权力及公共政策之间的相互关系与共生机制有了正确的认知，才能更好地把握刑事政策在整个宏观社会结构中的位阶及其所发挥的社会机能。

第二节　刑事政策的概念与类型

刑事政策的概念与类型乃刑事政策理论研究的重要课题，对其进行必要的阐述有利于为研究宽严相济这一实然刑事政策形态奠定基础，因为宽严相济毕竟是在刑事政策一般理论、原理的基础上融合了自身的特殊属性而形成的。

一、域内外刑事政策概念梳理

对刑事政策概念的探究，至今已有200多年的历史，其间中外所出现的诸多定义透视出一个由漫长的历史进路与广阔的社会背景交织而成的复杂语境中刑事政策研究的丰富情状与变迁，其中不乏很多真理性认知。

（一）域外学者界定

刑事政策的概念最早由“刑法学之父”——费尔巴哈提出，他认为，刑事政策是“国家据以与犯罪作斗争的惩罚措施的总和”[①]。同时期学者克兰斯洛德认为，刑事政策是“立法者根据各

① 卢建平著：《刑事政策与刑法》，中国人民公安大学出版社2004年版，第3~4页。

个国家的具体情况而采取的预防犯罪、保护公民自然权利的措施"[①]。此后，刑事政策研究步入一个相对沉寂的阶段，直至20世纪初，李斯特教授将刑事政策界定为"国家与社会据以组织反犯罪斗争的原则的总和"[②]，它"是以科学方法，研究犯罪原因及刑罚成效，且以此为基础，而获得各种原理原则。国家依据此原理原则，借刑罚及其相类似制度为手段，以抗制犯罪"[③]。此后，大陆法系国家掀起了一个刑事政策研究的高潮。在法国当代刑事政策学者中具有广泛影响的马克·安塞尔教授将刑事政策视为"观察的科学"与"组织反犯罪斗争的艺术与战略"，他指出："刑事政策是由社会，实际上也就是由立法者和法官在认定法律所要惩罚的犯罪，保护'高尚公民'时所作的选择。"[④] 另一位法国学者克里斯蒂娜·拉塞杰认为："政策，一般地说，就是对城邦事务认识与管理。刑事政策一方面是对犯罪这一城邦内部的特殊事务的认识与分析，另一方面是用来解决犯罪行为或越轨行为所带来的一系列问题的策略。"[⑤] 而米海依尔·戴尔玛斯－马蒂教授将费尔巴哈的定义加以扩展后指出："刑事政策就是社会整体据以组织对犯罪现象的反应的方法的总和，因而是不同社会控制形式的理论和实践。"[⑥]

---

① 卢建平著：《刑事政策与刑法》，中国人民公安大学出版社 2004 年版，第3页。

② 杨春洗主编：《刑事政策论》，北京大学出版社 1994 年版，第4页。

③ [日] 加腾久夫：《刑事政策入门》，转引自许福生编著：《刑事学讲义》，国兴印刷厂 2000 年版，第2页。

④ [法] 马克·安塞尔：《社会防卫思想》，卢建平译，香港天地图书有限公司 1988 年版，第12页。

⑤ [法] 克里斯蒂娜·拉塞杰：《刑事政策学》（法文版），法国大学出版社 1987 年版，第5页。转引自卢建平著：《刑事政策与刑法》，中国人民公安大学出版社 2004 年版，第4页。

⑥ [法] 米海依尔·戴尔玛斯－马蒂著：《刑事政策的主要体系》，卢建平译，法律出版社 2000 年版，译序第2页。

此外，德国学者汉斯·海因里希·耶塞克教授的观点也值得关注，他认为："制裁制度的构筑、适用和改革，鉴于变化着的社会关系，被概括性地描述为刑事政策（狭义）"，"广义的刑事政策还包括处罚的先决条件以及犯罪构成要件适应时代的需要，还有符合目的地构筑刑事程序和刑事追诉"①。鉴于处罚的先决条件与犯罪构成要件属于实体刑法范畴，而刑事追诉程序属于刑事诉讼法范畴，因此耶塞克教授是较早明确从刑事一体化角度阐释刑事政策的学者，在域外刑事政策学说史上具有里程碑意义。

日本学者大谷实教授认为："所谓刑事政策，是国家机关通过预防犯罪、缓和犯罪被害人及社会一般人对于犯罪的愤慨，从而实现维持社会秩序的目的的一切措施政策，包括立法、司法及行政方面的对策。"② 认为刑事政策不应拘囿于立法政策，还应包含司法、行政上的各种措施，是大谷实教授的创新之处。此外，藤木英雄认为："刑事政策系以犯罪之镇压、防止为目的之公私组织之活动。"③ 田中政义认为："刑事政策系国家、自治团体抑或民间团体，藉刑罚或类似刑罚之方法或制度，以直接防止犯罪与矫正犯罪为目的，更且为排除因犯罪所生之社会的恶害，考究其手段与方式，以对犯罪实施斗争之谓。"④ 刑事政策不是公共团体的"专利品"，私人组织、民间团体等亦可成为刑事政策的行动主体，是藤氏与田氏观点的独特之处。

前苏联与俄罗斯学者对刑事政策概念的研究也是富有特色的。Н. И. 扎戈罗德尼科夫和 Н. А. 斯特鲁奇科夫在前苏联较早涉及刑

① ［德］汉斯·海因里希·耶塞克、托马斯·魏根特著：《德国刑法教科书》，徐久生译，中国法制出版社 2001 年版，第 901 页。

② ［日］大谷实著：《刑事政策学》，黎宏译，法律出版社 2000 年版，第 3 ~4 页。

③ 谢瑞智著：《刑事政策原论》，台北文笙书局 1978 年版，第 5 页。

④ 谢瑞智著：《刑事政策原论》，台北文笙书局 1978 年版，第 5 页。

事政策的概念问题，他们认为："刑事政策是苏维埃政策的一个侧面。在刑事政策的范围内，通过拟定和实施广泛的预防措施，创制和适用规定刑事犯罪、罪犯教育和行为非罪化的刑事实体法律、刑事诉讼法律和刑事执行法律的法律规范，以及通过规定反犯罪斗争中允许采取的一系列国家强制措施，形成反犯罪斗争的基本要求。"① 该界定同样采取了刑事一体化视角，并首次明确将刑事执行法律纳入进来。同时，其突破了以往仅单向度关注与犯罪作斗争的问题，认为非罪化也是刑事政策的重要方面，这一立论颇具启示意义。此外，一个研究小组指出："传统意义上的苏维埃刑事政策，是通过制定刑事立法、刑事诉讼立法、劳动改造立法，通过立法的适用，以及通过拟定和实现旨在预防犯罪的措施来确定感化犯罪的基本方针、目标和手段的总路线。"② 笔者认为，前苏联学者强调刑事政策与刑事法律之间紧密关联的立场值得称道，这是刑事政策取得正当性与合法性的必备要素。

俄罗斯著名法学家博斯霍洛夫则独辟蹊径，他认为："对刑事政策的概念而言，最重要的不是用尽可能准确和全面的措辞为刑事政策的对象和内容下定义，而是：第一，通过这一概念可以清楚地看到反犯罪斗争的国家政策、战略和战术；第二，反犯罪斗争最重要的是法，而法是实现法治国家价值的尽善尽美的政策本身；第三，概念应当考虑到刑事政策的综合性、多面性的特点，特别是应当反映刑事政策的构想层面、立法层面和法律适用层面。基于上述

① [前苏联] Н. И. 扎戈罗德尼科夫、Н. А. 斯特鲁奇科夫：《苏维埃刑事法律的研究方针》，载《苏维埃国家与法》1981 年第 7 期，第 4 页。转引自 [俄] 谢尔盖·谢苗诺维奇·博斯霍洛夫著：《刑事政策的基础》，刘向文译，郑州大学出版社 2002 年版，第 14 ~ 15 页。

② [前苏联] А. И. 科罗别耶夫等：《刑事法律政策：趋势和前景》，克拉斯诺雅克斯克 1991 年版，第 7 页。转引自 [俄] 谢尔盖·谢苗诺维奇·博斯霍洛夫著：《刑事政策的基础》，刘向文译，郑州大学出版社 2002 年版，第 16 页。

要求，刑事政策应当被理解为：1. 以相应的必须绝对服从的文件形式（法律、总统令、政府决议）表达出来的国家反犯罪斗争的政策或理论；2. 是相应的政治学、社会学和法学理论的综合；3. 旨在积极地、进攻性地反犯罪和其他违法现象的特殊种类的社会活动。”[①] 博氏在给刑事政策下定义之前首先确立相关原则的做法颇具新意，他不仅同样强调法对政策实现的重要性，亦关注到刑事政策与其他法学分支学科、社会科学门类的互动，这是研究刑事政策的一个重要的方法论。

英美的百科全书和法律辞典中没有“刑事政策”这一词条（这并不意味着英美没有刑事政策）。[②] 但是，英美学者的著作中也常出现“刑事政策”这个术语，其含义大体上相当于词典中“刑事的”加“政策”的合成。在英美少有以刑事政策命名的专著，其基本内容通常被纳入“犯罪学”之中。[③] 但新的趋势值得关注，近年来英美法系国家以刑事政策冠名的著作开始增多，如牛津大学犯罪学研究中心主任罗杰·伍德教授分别于 1989 年和 1999 年主编了《欧洲的犯罪与刑事政策》和《欧洲犯罪和刑事政策的转型状况》两本书。还有的学者开始给刑事政策下定义，如安德鲁·卢瑟福在 1996 年出版的《刑事政策转轨》一书中提出：刑事政策，广义来说，可以被认为是社会整体对由于犯罪现象所引发的问题的

---

① ［俄］谢尔盖·谢苗诺维奇·博斯霍洛夫著：《刑事政策的基础》，刘向文译，郑州大学出版社 2002 年版，第 17 页。

② 20 世纪 80 年代初美国里根政府执政后，国内面临严重的刑事犯罪浪潮，几种严重犯罪的发生率在 1980 年达到了自 1960 年以来的最高峰，对此里根政府迅速出台了下述几项“严打”对策：（1）废除“例外规则”；（2）设立“预防性拘留”措施；（3）限制被州法院判决有罪的人通过人身保护程序向联邦法院上诉的权利；（4）恢复联邦死刑；（5）提高多数犯罪的最高刑期；（6）废除联邦假释。See D. Stanley Eitzen, Doug A. Timmer, Criminology, John Wiley & Sons, Inc, p. 566, 1985.

③ 杨春洗主编；《刑事政策论》，北京大学出版社 1994 年版，第 5 页。

具体反应。其中心内容包括：刑法的界限（包括个人责任的界限）；在刑事诉讼各个阶段与犯罪作斗争的措施；为防止任意搜查和逮捕以及为确保公平、公正和体面对待所提供的保护；在执行刑法时无论性别、阶级、种族，一律不偏不倚；被害人的地位；最后，还有更深更广的犯罪预防领域。①

（二）国内学者立场

1. 台湾地区

学者张甘妹认为："就广义而言，刑事政策得谓为国家以预防及镇压犯罪为目的所为的一切手段或方法……狭义之刑事政策，得谓为国家以预防及镇压犯罪为目的，运用刑罚及具有刑罚类似作用之制度，对于犯罪人及有犯罪危险人所作用之刑事上之诸政策。"②林纪东教授认为："刑事政策的含义，可分为广义和狭义两说。广义说认为刑事政策是探求犯罪的原因，从而树立防止犯罪的对策。狭义说则认为刑事政策是探求犯罪的原因，批判现行的刑罚制度及各种有关制度，从而改善或运用现行刑罚制度，及各种有关制度，以期防止犯罪的对策。"③ 可见，台湾学者普遍认为刑事政策之目的乃预防犯罪与镇压犯罪的二元统一，且特别强调刑罚政策对于整个刑事政策体系的重要性。

2. 大陆地区

根据出版时间的先后，笔者将代表性观点列举如下：

甘雨沛、何鹏教授认为："刑事政策是国家或社会团体对犯罪、犯罪者以及犯罪诸现象，根据以镇压、压制或抑制和预防犯罪

① 刘仁文著：《刑事政策初步》，中国人民公安大学出版社 2004 年版，第23页。

② 张甘妹著：《刑事政策》，台湾三民书局 1997 年版，第 2~3 页。

③ 林纪东著：《刑事政策学》，台湾正中书局 1969 年版，第 3 页。

为目的的原则，采取有效的有指导意义的活动或措施。”①

王学沛先生认为：“我国的刑事政策应该定义为，国家通过专门同犯罪作斗争而制定和运用的策略和手段。”②

《新中国刑法的理论与实践》一书指出：“刑事政策是运用刑法武器同犯罪作斗争的策略、方针和原则，是我国刑事立法和刑事司法工作的灵魂。”③

王牧教授认为：“狭义的刑事政策是国家打击和预防犯罪而运用刑事法律武器与犯罪作斗争的各种手段、方法和对策。它涉及的内容主要是刑事立法、司法和司法机关的刑事惩罚措施。广义的刑事政策是指国家打击和预防犯罪而与犯罪作斗争的各种手段、方法和对策。它不仅包括以直接防止犯罪为目的的各种刑罚政策，还包括能够间接防止犯罪的各种社会政策。”④

马克昌先生认为：“我国的刑事政策是指中国共产党和人民民主政权，为了预防犯罪，减少犯罪，以至消灭犯罪，以马列主义、毛泽东思想为指导，根据我国的国情和一定时期的形势而制定的与犯罪进行有效斗争的指导方针和对策。”⑤

杨春洗教授认为：“刑事政策是国家或执政党依据犯罪态势对犯罪行为和犯罪人运用刑罚和有关措施以期有效地实现惩罚和预防犯罪目的的方略。”⑥

---

①　甘雨沛、何鹏编著：《外国刑法学》（上册），北京大学出版社 1984 年版，第 74 页。

②　王学沛：《刑事政策学刍议》，载《法学季刊》1987 年第 4 期，第 59 页。

③　高铭暄、王作富主编：《新中国刑法理论与实践》，河北人民出版社 1988 年版，第 67 页。

④　王牧著：《犯罪学》，吉林大学出版社 1992 年版，第 379 ~ 380 页。

⑤　马克昌主编：《中国刑事政策学》，武汉大学出版社 1992 年版，第 5 页。

⑥　杨春洗主编：《刑事政策论》，北京大学出版社 1994 年版，第 7 页。

储槐植先生认为："刑事政策是国家和社会依据犯罪态势对犯罪行为和犯罪人运用刑罚和诸多处遇手段以期有效地实现惩罚和预防犯罪目的的方略。"①

何秉松教授认为："刑事政策是指国家基于预防犯罪、控制犯罪以保障自由、维持秩序、实现正义的目的而制定、实施的准则、策略、方针、计划及具体措施的总称。"②

梁根林教授认为："国家和社会整体以合理而有效地组织对犯罪的反应为目标而提出的有组织地反犯罪斗争的战略、方针、策略、方法以及行动的艺术、谋略和智慧的系统整体。"③

严励教授认为："所谓刑事政策，是指国家和社会以打击犯罪、预防犯罪，维护稳定的社会秩序为目的而制定的行为规范和行动准则。"④

《刑法基础理论探索》一书认为："刑事政策是指国家或执政党依照本国犯罪态势制定的，依靠其权威推行的，通过指导刑事立法和刑事司法，对犯罪人和有犯罪危险者运用刑罚和有关措施，以期有效实现预防犯罪目的的方针、策略和行动准则。"⑤

曲新久教授认为："所谓刑事政策，是指国家基于预防犯罪、控制犯罪以保障自由、维持秩序、实现正义的目的而制定并实施的

---

① 储槐植著：《刑事一体化与关系刑法论》，北京大学出版社 1997 年版，第 368 页。

② 何秉松主编：《刑事政策学》，群众出版社 2002 年版，第 39 页。

③ 梁根林：《解读刑事政策》，陈兴良主编：《刑事法评论》（第 11 卷），中国政法大学出版社 2002 年版，第 17 页。

④ 严励：《刑事政策的概念分析》，载《江苏警官学院学报》2003 年第 3 期，第 74 页。

⑤ 赵秉志主编：《刑法基础理论探索》，法律出版社 2003 年版，第 333 页。

准则、策略、方针、计划以及具体措施的总称。”①

陈兴良教授认为：“刑事政策是刑事立法与刑事司法的指导，刑法理论的发展在很大程度上也取决于科学的刑事政策观的确立。刑事政策是一个体系，这个体系包含防范性措施、惩罚性措施和矫正性措施这三个有机联系的内容，从而在实施中形成一个动态的过程。”②

刘仁文教授认为：“刑事政策是指代表国家权力的公共机构为维护社会稳定、实现社会正义，围绕预防、控制和惩治犯罪所采取的策略和措施，以及对因此而牵涉到的犯罪嫌疑人、犯罪人和被害人所采取的态度。”③

……

二、刑事政策概念之我见

域内外学者的定义林林总总，故刑事政策被称为“一个歧义丛生的概念”。那么，应当如何界定刑事政策呢？笔者认为，给刑事政策下定义，除了借鉴前人观点的合理成分之外，还需把握好三个原则，即普世超然性、价值中立性与范围适度性，原因分述如下：

首先，自步入阶级社会之后，人类就开始了刑事政策实践，而理论层面的自觉研究仅有二百多年的历史。在实践的长河中，各个时期、各个国家诞生了丰富的刑事政策思想和实践形态。但是，刑事政策概念不同于具体的刑事政策思想或者实践形态，前者是理论

---

① 曲新久著：《刑事政策的权力分析》，中国政法大学出版社 2003 年版，第 74 页。

② 陈兴良主编：《中国刑事政策检讨——以“严打”刑事政策为视角》，中国检察出版社 2004 年版，第 118 ~ 155 页。

③ 刘仁文著：《刑事政策初步》，中国人民公安大学出版社 2004 年版，第 29 页。

层面的抽象概括，具有一般性，后者是刑事政策在不同国家、不同时期语境中的具体展开。因此，要给刑事政策下定义，必须超越具体的政策思想和实践形态，提炼出刑事政策的一般话语，此即刑事政策概念的普世超然性。

其次，刑事政策概念应当包括对价值问题的说明。[①] 但是，应当避免将一般刑事政策的价值诉求等置于某个历史时期或者某种实然刑事政策的价值目标，前者的外延大于后者，正如有学者所指出的："刑事政策的价值目标包括自由、秩序、正义、效益等内容，不同的政策决策者在其间应有所选择。"[②] 并且，现代民主法治社会的刑事政策已经不再把专制、独裁等作为价值追求，而这些价值在奴隶社会、封建社会则为统治者所推崇。因此，有学者将专制列为一般意义刑事政策的价值目标之一是有道理的。[③] 一般刑事政策的价值目标应当涵盖自阶级社会产生以来所有实然刑事政策的价值追求，而不应拘囿于民主法治社会这一个历史阶段，此即价值中立性。

最后，刑事政策概念应涉及范围问题。国内外学者的界定，归

① 关于刑事政策的价值问题，学界的主要见解有：将刑事政策的价值归纳为自由、正义和秩序（参见何秉松主编：《刑事政策学》，群众出版社2002年版，第211页以下）；认为在当代法治社会，包括刑事政策权力在内的公共权力的合法性基础是自由、正义和人权，因此刑事政策的终极价值便包括自由、正义和人权（参见吕文江、刘军：《论刑事政策的价值》，载《山东警察学院学报》2005年第1期，第99页）；认为在尊重和保护人权已成为全人类共同的价值追求的今天，刑事政策必须坚持以保护人权为最高价值追求（参见程应需：《人权保护与我国刑事政策的价值选择》，载《法学评论》2006年第2期，第47~53页）。

② 严励：《刑事政策价值目标的追问》，载《政法论坛》2003年第5期，第71页。

③ 例如，刘远教授就认为自阶级社会产生以来所有刑事政策形态的价值基础包括专制、自由、平等和人道四种基本类型。参见刘远著：《刑事政策哲学解读》，中国人民公安大学出版社2005年版，第221~252页。

纳起来有最广义说、广义说和狭义说的分野。最广义刑事政策指影响犯罪的所有社会政策，除刑事政策外，还兼及经济政策、教育政策、社会保障政策等。广义刑事政策的外延也比较宽泛，从行为人角度，涉及犯罪人、越轨行为人①、刑事被害人等；从政策目标看，涵盖事前的预防犯罪政策和事后的惩治犯罪政策；从政策措施看，包括刑法、刑事诉讼法等；从政策过程看，统摄刑事立法、刑事司法等环节。狭义刑事政策仅指为防控犯罪而采取的实体刑法方面的措施（主要是刑罚）。在该问题上，笔者认为宜避免宽窄失度，过于狭隘，可能造成一般刑事政策与某种具体刑事政策形态的重合，失之泛泛，又可能导致刑事政策内涵虚无缥缈。因此，从广义角度界定刑事政策是比较妥当的。

综上，笔者认为，刑事政策是国家基于对刑事安全态势的判断，以各类（已然抑或未然）犯罪行为、严重越轨行为②及其行为人为主要治理对象，运用刑事权指导刑事立法、刑事司法和刑事执行等刑事法治的基本环节，从而实现人权保障、正义维护与秩序维持等价值诉求的行动过程以及相应的方法、策略与措施的总和。

---

① 因某些犯罪构成要件欠缺或者社会危害性尚未达到应受刑罚处罚的程度等违法行为的实施主体，如未成年人、精神病人等。

② 越轨行为指性质、社会危害性程度较为严重，已经趋近于刑事犯罪的严重行政违法、经济违法、民事不法行为等。将其纳入刑事政策的作用对象，乃是因为在现代社会，法定犯、行政犯在犯罪目录中占据越来越大的比重，而很多法定犯、行政犯的界限由立法者人为拟制的色彩较为强烈，如数额犯、次数犯等，并无明显的伦理道德因素。在此情形下，如果将危害程度逼近犯罪临界点的越轨行为机械地拒斥在刑事政策的反应对象之外，将人为压缩刑事政策的作用范围，无益于社会治安的综合治理。但是，一般和轻微的越轨行为必须排除在刑事政策的作用对象之外，否则刑事政策就蜕变成了民事政策、行政政策，从而丧失了自身的独立属性。

三、刑事政策的基本类型

“在哲学角度，类型是分类的结果。分门别类地研究是从事科学研究的通则。”① 研究刑事政策的分类是对宽严相济政策正确定位的前提。学界主要存在如下分类：

（1）基本刑事政策与具体刑事政策。该划分是以刑事政策涉及刑事法治环节的多寡、价值目标是否全面、作用对象是否宽泛等为标准的。基本刑事政策往往涉及刑事法治的多个乃至全部环节，同时其价值诉求相对全面，作用对象比较广泛。就实证而言，惩办与宽大相结合的政策、域外的“轻轻重重”政策属于基本刑事政策，而“严打”政策、单向度的轻轻政策抑或重重政策属于具体刑事政策。

（2）立法政策、司法政策与执行政策。这是沿着刑事法治的时空主线，根据刑事政策所影响的刑事法治环节、阶段的不同所作的划分。立法政策、司法政策、执行政策作用的领域组合起来就是刑事法治的基本轮廓。当然，还可以作进一步细分，如刑事司法政策之下还包括侦查政策、检察政策和审判政策等。

（3）严厉型政策、宽缓型政策与并举型政策。该划分的根据在于政策主体基于不同的价值考量，在国家的刑事权与犯罪人的人权之间采取何种比例关系。如果政策主体严密刑事法网，或者对某些罪名加重刑罚量的配置，或者对未决犯的程序性权利予以限缩，那么刑事政策就彰显了严厉的取向，反之则体现为宽缓，如果兼具两种特性，则属于并举型政策。基本刑事政策往往属于并举型政策，如惩办与宽大相结合政策。

（4）针对犯罪人的政策与针对犯罪行为的政策。犯罪行为及其行为人乃刑事政策之主要治理对象，通过对犯罪行为或者犯罪人

① 迟维东：《分类类型探析》，载《烟台师范学院学报》（哲学社会科学版）2000 年第 3 期，第 62 页。

进行细分，可以得到以某种犯罪人类型或者犯罪行为类型为治理对象的具体刑事政策，如黑社会犯罪对策、恐怖主义犯罪对策、职务犯罪对策、暴力犯罪对策等；又如未成年人犯罪对策、女性犯罪对策、白领犯罪对策、公职人员犯罪对策等。

学界还存在其他一些划分。例如，有的学者根据政策制定主体的不同，将刑事政策划分为党的刑事政策与国家刑事政策、中央刑事政策与地方刑事政策[①]；有的学者根据应然—实然二分法将刑事政策分为应然刑事政策与实然刑事政策，前者指应当如此的刑事政策，是人类根据对犯罪现象客观规律的认识而提出的合目的和合理的预防和控制犯罪的准则、方案或措施，后者即实际如此、现实应用的刑事政策[②]；还有学者提出了元刑事政策—基本刑事政策（立法、司法、行刑）—若干具体刑事政策。[③]

第三节　和谐社会与刑事政策选择

一、和谐社会——宽严相济政策的语境分析

自“和谐社会”命题出现以来，其内涵得以不断拓展。2005年2月，胡锦涛同志在中央党校举办的和谐社会相关专题研讨班上，全面阐述了构建社会主义和谐社会的内涵，并将民主法治、公平正义、诚信友爱、充满活力、安定有序、人与自然和谐相处归结为和谐社会的六大特征。2005年9月，胡锦涛在联合国成立60周

---

① 参见杨春洗主编：《刑事政策论》，北京大学出版社1994年版，第172页。

② 参见梁根林：《刑事政策解读》，载陈兴良主编：《中国刑事政策检讨——以“严打”刑事政策为视角》，中国检察出版社2004年版，第124页。

③ 参见刘远、刘军：《刑事政策的界定与体系》，赵秉志主编：《刑事政策专题探讨》，中国人民公安大学出版社2005年版，第57页。

年首脑会议上，进一步倡导建设持久和平、共同繁荣的和谐世界。笔者认为，和谐社会旨在将以人为本作为价值目标，通过遵循科学发展观，促进人与人、人与自然、人与社会的和谐共生，削减各类负面因素对社会良性发展造成的遏阻，不断促进我国经济社会的发展和国民人格的提升。

作为和谐社会观念基础的和谐理念在我国有着深远的人文历史传承。在传统文化中，和谐不仅被视为形式主义的审美追求，并被升华到生理、心理乃至宇宙观的层面加以阐扬。在古代，“和”与“谐”同义，“和谐”之意蕴主要借助“和”的形式体现。中国古代思想史上的诸多流派都不约而同地表达了对“和”的祈望，且形成了较为完善的理论谱系。“和谐”一词在中国古代本用于音乐，在礼乐教化中讲究韵律和谐，如《晋书》所说，“施之金石，则音韵和谐”①，又内化为人心，如《中庸》所说，喜怒哀乐“发而皆中节，谓之和”②，继而泛化为人伦关系，如喻夫妻和悦为“琴瑟和谐”，或如子曰，“君子和而不同”③，最终延伸到社会领域与政治层面。例如，对于社会整体和谐的问题，孔子认为，“有国有家者，不患寡而患不均，不患贫而患不安。盖均无贫，和无寡，安无倾”④，又如《左传·襄公十一年》晋侯所说，“八年之中，九合诸侯，如乐之和，无所不谐”⑤，东汉末年曹操的谋士仲长统说，“和谐则太平之所兴也，违戾则荒乱之所起也”⑥。

语源学的分析可以带给我们如下启示：其一，和谐是多音和鸣，是多样性的协调，而不是孤音自鸣。其二，和谐是一个由人心

---

①《晋书·挚虞传》。

②《中庸·纲领》。

③《论语·子路》。

④《论语·季氏》。

⑤《左传·襄公十一年》。

⑥《后汉书·卷四十六》。

至人伦，再至社会和政治的多层次互动的系统。[①] 有学者概括道："传统和谐思想肇始于远古的巫术礼仪之中，汲取'阴阳五行'和'天人合一'思想的精华得以形成和发展，经儒、道、释等不同哲学体系各有侧重的发挥，逐步深化和不断丰富，最终由宋明理学加以辩证综合，形成了完整的理论体系。"[②] 可见，具有悠久传统的和谐理念不仅折射、传承着中华文明的基本精神，并且通过时代语境下的发掘与承继，也为当下和谐社会之构建提供了可资借鉴的思想资源。

在西方，和谐理念亦植根于其思想源流史的始终。古希腊思想家柏拉图在《理想国》中构想了和谐社会的理想蓝图，其对理想国家的设计由三个等级组成，即统治阶级、武士阶级和劳动者阶级，这三个等级如同人的灵魂有三个部分一样，不同等级之间的关系亦相当于灵魂（理性、意志、情欲）各部分之间的关系，具有不同的天赋职能。这三个等级能各守其美德，各尽其本性，各按其本分行事，便算达到了自然的和谐，即实现了正义理想国。[③] 德国近代哲学家康德认为，和谐社会乃目的国，即由遵守道德的人（理性存在者）所组成的一个人群或一个系统，每一个人都不应当把自己和他人仅仅当做工具，而应当永远看做自身就是目的，这就产生了由共同的客观法则约束起来的体系，即一个王国。因为这些法则所确切指向的只是这些存在者之间作为目的，而不是作为手段

---

① 杨义：《和谐社会和谐文化的人文内涵和历史哲学思考》，http://www.gmw.cn/content/2006-08/05/content_454952.htm，2009年1月6日访问。

② 管向群：《中国传统和谐思想探源》，http://bbs.confucianism.com.cn/dispbbs.asp？boardID=16&ID=307&page=1，2009年1月6日访问。

③ 参见严存生主编：《西方法律思想史》，法律出版社2004年版，第34页。

的关系。[①] 近代西方最早提出和谐社会概念的是法国空想社会主义者傅立叶，他认为：“在自然体系内存在和谐秩序，那么在社会体系内也同样应当有和谐秩序，必须彻底消除资本主义的残酷和不公，构建起工业与农业、家务与教育、生产与消费的联合体，在社会利益与个人利益一致的基础上，建立起社会各阶级的融合。”[②] 马克思扬弃了空想社会主义理论，构想了“自由人联合体”这一未来和谐社会模式，其在《共产党宣言》中明确指出：“代替那存在着阶级和阶级对立的资产阶级旧社会的，将是这样一个联合体，在那里，每个人的自由发展是一切人的自由发展的条件。”马克思关于“自由人联合体”的设想是和谐社会的高级形式。

在追溯了中西方和谐理念与和谐理论流变的基础上，笔者认为，我国当代决策层所提出的构建和谐社会主张是和谐理念的最新发展阶段，也是马克思主义中国化的典范。

二、刑事政策与和谐社会的内在关联

（一）法治与和谐社会

社会作为一个复杂多元的组织系统，乃多种元素、环节的统一体。所谓系统，即由相互联系、相互作用的若干要素组成的具有稳定结构和特定功能的有机整体。在现代社会系统内部，充斥着各种主体及相互间关系的交织与冲突。而一切复杂表象均可还原为各主体间的利益分配关系及在此基础上形成的利益对峙格局。众所周知，当代社会的发展进程不再体现为静态式的缓慢流变，市场机制促使各类资源快速流动重组，对稀缺资源占有的差异导致了社会各阶层的分化对立，而占有资源格局的动态变化又使阶层结构呈现开

① 参见李梅著：《权利与正义：康德政治哲学研究》，社会科学文献出版社 2000 年版，第 116 页。

② 谢立中主编：《西方社会学名著提要》，江西人民出版社 2001 年版，第 165 页。

放流动的特点。我国当下正处于剧烈的变革转型期，社会结构处于深刻调整之中，由于在实现社会的公平正义和改革开放成果的合理分配等方面尚存在严重问题，因而加剧了利益格局的复杂化和利益冲突的尖锐化，从而对构建和谐社会的目标提出了严峻考验。对各种矛盾、冲突若视而不见、放任自流，极易导致社会整体的失范、失序。对此，有学者指出："从某种意义上说，建设和谐社会的起点就是'问题社会'。在一个利益分化和利益主体多元化的社会中，一个好的制度往往并不是表现为其中没有或很少有矛盾和冲突，而是表现为它能够容纳矛盾与冲突，在矛盾和冲突面前不至于显得束手无策或过于脆弱，同时能够表现出很强的解决冲突与纠纷的能力。和谐社会绝不是一个没有利益冲突的社会，相反，和谐社会是一个有能力解决和化解利益冲突，并由此实现利益大体均衡的社会。"①

和谐并非自然达成的社会状态，构建和谐的进程本身就是一个疏导和解决矛盾、纠纷的过程。定纷止争倚赖一系列理性的制度、规则与机制，通过对利益主体的行为进行指引，为利益主体的诉求提供表达渠道，并对业已出现的利益冲突进行疏导，从而形成符合和谐社会要求的利益调节机制。和谐社会所倚赖的制度设计是一项庞大的系统工程，涉及从经济基础到上层建筑诸多界面，如何从众多的制度资源中进行选择，并整合成一套合理的制度架构，这是构建和谐社会的一项重大命题。胡总书记在讲话中将民主法治置于和谐社会的首要特征地位，表明了法治对和谐社会建设的重大意义。站在历史唯物主义的高度回溯世界法治史的源流，自阶级社会以来，法律就自始至终担负着促进社会发展、维护社会秩序的重任，法治状况的好坏直接影响着社会治理的好坏。和谐社会作为经由理性制度调控而形成的社会状态，必须也只能建立在法治的基石之

① 顾丽梅等：《和谐在党——上海浦东新区潍坊街道创建和谐社区的实证研究》，上海人民出版社2006年版，导论第3页。

上。那么，法治何以能够担当构建和谐社会的历史使命，高度的法治水平何以成为和谐社会的重要特征呢？原因分述如下：

首先，法律是追求社会和谐的产物。法律产生的原因与机理是多重复杂的，但非常重要的一点就是为了定纷止争，实现社会关系的稳定和谐。柏拉图就认为法律的重要作用在于使各个社会成员各安本分地生活。春秋时期管子断言："法者所以兴功惧暴也，律者所以定纷止争也，令者所以令人知事也，法律政令者，吏民规矩绳墨也。"[①] 古罗马的民商事法律比较发达，但如果没有民商事纠纷，也就没有必要制定相应的民商事法律。刑事法律在中外早期一直居于优先地位，但如果没有各种刑事犯罪的存在，刑法也就丧失了产生的社会基础。历史反复证明，当某些危害行为发生的时候，仅凭道德、伦理、宗教等社会层面规范的自我调节是无力的，必须有更强有力的法律规范的介入，否则社会秩序就有陷入不可控境地的危险。

其次，法治是和谐社会内在属性的要求。和谐社会是"和而不同"的社会，是承认个体独立的社会。和谐社会的"和"是承认"不同"的"和"，"和"不等于否定个体或者消灭个体差异，相反它首先建立在承认个体与个体差异的基础上。承认不同才强调"和"，建立在不同基础上的"和"才是真正的"和"，才是具有生机活力的"和"。不同的个体要组成一个和谐整体，离不开相应的组织运行规则。人类社会的存续离不开必要的社会规范，以及将各种好的规范予以实施的机制。而法治无疑是一种人类经过千百年共同实践总结出的理想治世理念和秩序形态。

最后，法治是和谐社会外部特征的要求。和谐社会所具有的六大特征无一不与法治具有密切联系：第一，在现代社会，不可能每个公民都直接参与国家管理，必须选择代表组成代议机关，并由其选举产生行政机关、司法机关等来行使国家权力，这就是现代社会

① 《管子·七臣七主》。

民主的主要表现形式。民主的诸多环节必须制度化、程式化，而制度化的最重要形式就是法治化。第二，公正是人类社会的恒久理想，要实现社会公正，就必须用强力铲除种种不平等现象。法律具有最大的明确性和强制性，因而能够成为维护公平正义的最有力手段。第三，道德、宗教等对于诚信友爱虽有积极意义，但对于严重背离诚信友爱进而转化为违法行为的，如民事违约、欺诈，刑事诈骗、侮辱等，单纯的道德谴责是苍白的，必须依靠法律加以规制。第四，没有活力的民族是没有希望的，只能导致生产力停滞不前、民族创新能力倒退等严重后果。某些法律对于科学进步、技术革新和民族创造力的提升具有积极意义，如专利法、著作权法等。第五，安宁祥和是人们对美好生活的向往，法律的定纷止争机能对于化解冲突、调和矛盾具有重要的保障作用。第六，人与自然的和谐相处不是天然形成的，通过颁行自然环境、生态系统、矿产资源等方面的法律法规，对人与自然的关系进行调适，从而在人与自然的和谐统一中实现可持续发展的理念。①

可见，法律或者说法治具有和谐价值，能够“协调不同主体或同一主体之间多种、多样、多变的价值追求，从而促进人们之间的和谐、促进社会和谐”②。

（二）刑事政策与和谐社会

承上所述，法治是和谐社会的重要特征和有力保障，但法治本身就是一个复杂命题，故有必要进一步探究运用法治实现和谐秩序的内在机理。从部门法的视角看，法治由宪政、刑事法治、行政法治、民事法治等多维界面构成，各部门法规范系统均以相应的违法行为为专属调整对象，规制对象的交叉、重叠属例外情形。各类违

① 卓泽渊：《构建和谐社会与法治社会》，http://www.chineseactor.cn/falv/Article/faxuelilun/200605/871639.html，2009 年 1 月 12 日访问。

② 孙国华：《论法的和谐价值》，载《法学家》2008 年第 5 期，第 17 页。

法行为作为社会矛盾的集中影射，于不同角度、程度构成对社会秩序的侵害。因此，为捍卫共同体利益、实现社会和谐，各部门法对所调整界域的社会关系主体提出特定的行为模式作为其行动导向，对违法、失范行为确立明确的以各类法律责任为核心的法律后果，且通过国家强制力加以保障，以强化法律规范在社会生活中的实施效果。

在不同类型的违法行为中，犯罪乃藐视社会秩序、与全体公民的基本人权对立之最极端失范行为，对社会和谐的侵害尤为严重。法国学者卡斯东·斯特法尼就曾指出："犯罪现象是'个人对抗社会'的表露。"① 这表明犯罪的社会危害性非一般的违法行为、反道德行为可以相提并论。从实证情况看，根据最高人民法院的统计，2003 年至 2007 年 5 年来，最高人民法院审理刑事案件 4802 件，监督指导地方各级人民法院审结一审刑事案件 338. 5 万件，总数比前 5 年上升 19. 61%。其中，判处 5 年以上有期徒刑、无期徒刑和死刑的 76 万人，占判处罪犯总数的 18. 18%。就严重刑事犯罪而言，共审结爆炸、杀人、绑架、抢劫等犯罪案件 120 万件，同比上升 10. 09%；审结生产、销售伪劣产品，走私，破坏金融管理秩序等犯罪案件 8 万余件，同比上升 11. 76%；审结侵犯知识产权犯罪案件 2962 件，同比上升 1. 33 倍；审结贪污、贿赂、渎职犯罪案件 12 万件，同比上升 12. 15%。② 德国刑事法学者曾指出："刑法的任务是保护人类社会的共同生活秩序。"③ 可见，刑法对于构

① ［法］卡斯东·斯特法尼：《法国刑法总论精义》，罗结珍译，中国政法大学出版社 1998 年版，导言第 2 页。

② 参见最高人民法院原院长肖扬同志于 2008 年 3 月 10 日在第十一届全国人民代表大会第一次会议上向大会所作的《最高人民法院工作报告》，http://www. china. com. cn/2008lianghui/2008 – 03/22/content _ 13327686. Htm，2008 年 12 月 5 日访问。

③ ［德］汉斯·海因里希·耶塞克、托马斯·魏根特著：《德国刑法教科书》，徐久生译，中国法制出版社 2001 年版，序论第 1 页。

建和谐社会具有重要价值。但是，这样的定位尚不够全面，因为除了刑法之外，刑事诉讼法、监狱法等刑事法律规范同样是以刑事犯罪及其行为人为主要规制对象的，同样具有秩序维持机能。由此，应当完整地认为，鉴于涵盖各类刑事法律规范与各种刑事法律关系的整个刑事法治以刑事犯罪及犯罪人为主要调整对象，因而对社会秩序之维系意义重大，是社会防卫的最后一道闸门。

刑事政策是刑事法治的灵魂与导向，刑事政策的类型、模式不同，意味着"社会整体据以组织对犯罪现象的反应"（米海依尔·戴尔玛斯－马蒂教授语）的总体理念与指导思想不同，由此也带来了具体方法、策略、措施及实施机制上的不同，进而影响到刑事法治的客观实效。因此，以刑事法治为中介，刑事政策与构建和谐社会之间就产生了紧密关联，正如有学者所指出的，"建设和谐社会要把社会最不和谐的领域——犯罪领域的治理放在首位，要明白用什么刑事政策来治理犯罪现象"①。在一个特定的历史时期，一国用来治理刑事犯罪及其行为人的刑事政策往往不拘囿于一种具体形态。例如，惩办与宽大相结合政策与"严打"政策就在过去的20多年里同时并存。但是，一国所奉行的若干刑事政策在位序、功能上并不是等量齐观的，其中居于主导地位、发挥基础功能的乃基本刑事政策。更进一步讲，在一个相对确定的时空环境中，虽然可以同时并存多种刑事政策，然而其中应当有也只能有一个属于基本刑事政策，其决定了一国刑事政策系统的基本格局和总体价值趋向，并将直接影响刑事法治的模式与成效。因此，与其说刑事政策是刑事法治的灵魂与导向，不如说以基本刑事政策为支撑的整个刑事政策系统才是刑事法治的灵魂与导向。综上，以法治和刑事法治为桥隧，刑事政策与和谐社会的紧密联系就得以证成了。

---

① 曾小滨、刘宏：《宽严相济刑事政策与监狱刑罚执行》，载《中国监狱学刊》2007年版第3期，第36页。

（三）和谐社会对刑事政策选择的要求

任何社会并非天然就是和谐的，和谐社会作为一种理想、有序的社会状态，是作为主体的人能动地运用理性和智识进行构建的产物。刑事政策作为国家在犯罪领域实施的一种公共政策，与社会秩序的关系尤为紧密。但是，刑事政策与社会秩序的紧密联系并不意味着任何一种实然刑事政策都有助于建设和谐社会，因为刑事政策毕竟有多种模式、形态，政策选择不同，其效果也可能大异其趣。有学者指出："我国刑事政策距离构建和谐社会的要求尚存一定差距，主要是制定中缺少科学性，执行中具有片面、盲目、消极性，本身不稳定，实施中低效率，内容体系不完整等。"① 因此，要真正实现社会之和谐，势必对刑事政策的模式、形态进行变革。笔者认为，和谐社会语境下的理想刑事政策形态应当符合下述要求：

其一，和谐社会的基本特征是以人为本，这里的"人"应当理解为全体国民，包括社会的各个阶层，既包括社会中上层，也包括下层人士和弱势群体。考虑到现实国情，其重心是广大劳动人民和弱势群体。以人为本的价值诉求应当在各个领域的公共政策中得以体现，每个领域的公共政策影响一部分国民群体，结合起来就覆盖了全体国民。同样，和谐社会语境中的刑事政策要适应建设和谐社会的要求，也应当契合以人为本的价值诉求，这种要求不是空泛的，故有必要明确以人为本中的"人"之外延所指。笔者认为，站在刑事政策视角，这里的"人"不是一般人，而是有所特指的。具体而言，它首先指的是犯罪人，包括犯罪嫌疑人、被告人和正在服刑之人。其次，以人为本中的"人"也应当涵盖被害人，因为在有具体被害人的案件中，被害人是犯罪行为的直接指向者，身心皆受到犯罪行为的直接侵害，理应给予怜悯和关注。概言之，和谐

① 严励：《刑事政策与和谐社会》，载《华东政法学院学报》2006 年第 6 期，第 21 页。

社会语境中的刑事政策选择应当体现以人为本的要求，这里的“人”主要是指犯罪人，同时兼及被害人。根据我国刑法，除自然人以外，单位也可以成为犯罪人或者被害人。笔者认为，就以人为本重视人权、关注人性、倡扬人道的内在要求来看，此处宜限定于自然人。

其二，社会之和谐最终体现为人际关系的和谐，是人与人的相谐和美。因此，符合和谐社会要求的刑事政策应当具备追求人际关系和谐的机能。当然，这里的“人”也不是一般人，而应理解为各种刑事法律关系的主体，那么就不再限于自然人了。刑事法律关系的主体具有多样性，因此就具有了多种关系的组合模式。例如，犯罪人与刑事司法机关，犯罪人与刑事执行机关，犯罪人与被害人（或其近亲属），被害人与刑事司法机关，刑事立法机关与刑事司法机关，各刑事司法机关之间等。只有上述组群的关系和谐了，才能达到各刑事法律关系主体的共同和谐。适应和谐社会要求的刑事政策模式应当具备实现各刑事法律关系主体关系协调、融洽的机能。

其三，和谐社会理念必将引发中国刑事政策理念的更新，其中一个重要的方面就是要转变阶级斗争的思维定式对刑事政策理念的不良影响，树立现代刑事政策观。传统的刑事政策观（尤以“严打”政策为代表）以国家为本位，将刑事政策作为阶级斗争的工具，重秩序维护，轻人权保障，重惩罚犯罪，轻预防犯罪，重隔离犯罪人，轻促使其回归社会。马克·安塞尔教授认为，合理的组织对罪犯的反应之关键在于以人道主义刑事政策为基础，承认犯罪人有复归社会的权利，社会有使犯罪人复归社会的义务，这是真正的最高的人道主义。除极少数被剥夺生命权的犯罪人外，绝大多数犯罪人或早或迟都将回归社会，如果在政策的制定与实施中忽视其人权保障和人格矫正，那么将来一旦重返社会将因为无法再社会化而会再次成为危险因子，甚而沦为累犯、惯犯。因此，适应和谐社会要求的刑事政策应祛除阶级斗争思维，政策目标应由报复性正义过渡到恢复性正义，模式选择应用国家与社会双本位取代单一的国家本位。①

① 参见刘晓梅：《中国构建社会主义和谐社会刑事政策的选择》，载《天津大学学报》（社会科学版）2006年第1期，第22～26页。

第二章　宽严相济刑事政策之确立

第一节　历史纵向考——宽严相济观念之流变

宽严相济政策是近几年由决策层提出的一项新型刑事政策形态，相关的理论研究与实务践行刚刚展开，鉴于其出现时日尚短，故谈不上宽严相济政策史的问题。学界存在“宽严相济精神”之提法，笔者认为，这一提法大概是在两种意义上被使用的，一是等置于宽严相济政策，二是指作为宽严相济政策观念、思想基础的宽严相济精神。笔者认为，宽严相济政策虽是晚近才出现的实然刑事政策，但作为其观念基础的宽严相济精神与我国漫长的政治、法制实践长河中曾经出现的宽猛相济、刚柔并济等思想有着诸多相似，其一脉相承，并经由时事而流变。无论是宽严相济，还是宽猛相济、刚柔并济，均体现了对相辅相成、相得益彰的辩证法原理的运用，即只采取单一举措，往往只能达到预期目的，只有各种措施综合运用，才可能收到良好效果。同时，它们还体现了对人性的深刻洞悉与把握。

早在春秋时期，郑国仅仅是一个地处中原的小国，国君治国无能，外有强敌逼境，国内君令不行，著名政治家子产就是在这种情势下上台执政的。他推行的各种主张、措施中所贯穿的基本精神就是宽猛相济，其中体现宽的举措有：强调治民以宽，与民生息，促进生产力发展和国民富裕；主张为政须“修德”[1]，即统治者应具有德行操守，避免暴戾骄纵；为安内治乱，实现国家内部团结，实行宽厚政策拉拢贵族；重视民意，对于民众议政的舆论甚至恶评采取宽容态度，反对暴力镇压；改变重农抑商政策，重视商业发展，倡导诚实信用。而体现猛的措施主要是主张制定成文法，运用重刑坚决惩治破坏君主专制和阶级统治的行为，即“为刑罚、威狱，使民畏忌”[2]。在子产治国施政的方案中，多数都是宽和、轻缓的，只是对于危及统治秩序的行为方采取严厉打击的态度，确实体现了宽猛相济、以宽为先的趋向。子产的治世经邦策略取得了积极的成效，据《左传》记载，孔子对其如是评价：“善哉！政宽则民慢，慢则纠之以猛；猛则民残，残则施之以宽，宽以济猛，猛以济宽，政是以和。”[3] 这里所说的“政”，虽然指的是施政、治国，但在我国古代，用刑、刑罚是施政的一个非常重要的方面。因此，宽猛相济也有指刑事政策的一面。而“猛”大体相当于“严”，指的是猛烈、苛酷等。

又根据《尚书·吕刑》记载：“上刑适轻，下服。下刑适重，上服。轻重诸罚有权，刑罚世轻世重。”[4] 大意是说，犯重罪而宜减轻的，服减轻的刑罚。犯轻罪而应加重的，服加重的刑罚。刑罚的轻重应根据社会情况的不同有所变通。这里虽然没有直接出现宽严相济的字眼，但轻与重无疑是宽与严的另一种表述。唐朝的长孙无忌曾从反面论证用刑必须宽猛相济：“轻重失序，则系之以存亡。宽猛乖方，则阶之以得丧。”[5] 大意是指，“用刑轻重不按次序，则关系民命的存亡；宽猛不依规则，则由之而有得失。既然违

---

① 《史记·郑世家第十二》。

② 《左传·昭公二十五年》。

③ 《左传·昭公二十年》。

④ 《尚书·吕刑》。

⑤ 《唐律疏议·进律疏表》。

背宽猛相济，必有不利后果，那就只有按照宽猛相济来处理用刑的轻重了”[①]。《明史·刑法志》在评述朱元璋的刑事政策时说：“盖太祖用重典以惩一时，而酌中制以垂后世。故猛烈之制，宽仁之诏，相辅而行，未尝偏废也。”[②] 所谓宽仁与猛烈相辅而行，实际上正是宽猛相济之意。明代学者王夫之更是明确提出了“宽以养民”、“严以治吏”等具体主张，他用“严”取代了以往惯用的“猛”，这一变化更加接近宽严相济的现代表述。

特别值得一提的是元末明初的名士刘基，其卓著之处在于他不仅清醒地意识到法治对于治国的重要性，同时在阐述宽猛相济的主张时，区分了立法与执法的不同阶段。基于对元末黑暗动荡的深刻反思，刘基在《郁离子》的序中言道：“古之君子，学足以开物成务，道足以经纶大经，必思任天下之重而不私以善其身，故其得君措于用也，秩之为礼，宣之为乐，布之为纪纲法度，施之为政刑，文明之治洽乎四海，流泽被于无穷。此奚特假言以自现哉！”[③] 明朝建立后，太祖朱元璋用重典治国，刘基则认为“生民之道，在于宽仁”[④]，主张治理天下首先要加强道德的约束力量，并效仿汉初制定一个宽松的法律体系。他指出：“秦以苛政罔民，汉王入关尽除之而约三章焉，杀人伤人及盗而已，秦民果大悦归汉，汉卒有天下。”[⑤] 汉初以黄老思想及儒家学说为指导，依照德主刑辅的原则治国，取得了很好的效果，即“秦用酷刑、苛法以箝天下，天下苦之，而汉承之以宽大，守之以宁一。其方与证对，其用药也无舛，天下之病有不瘳者鲜矣”[⑥]。刘基认为，在制定法律时宜倾向

---

① 马克昌：《宽严相济刑事政策的演进》，载《法学家》2008 年第 5 期，第 68 页。

② 《明史·刑法志》。

③ 《郁离子》。

④ 《明史纪事本末》。

⑤ 《郁离子·千里马篇》。

⑥ 《郁离子·千里马篇》。

于宽松，而在贯彻法律的时候应做到秉公执法、执法必严。据《明史·刘基传》记载："帝幸汴梁，基与左丞相善长居守，基谓宋元宽纵失天下，今宜肃纪纲，令御史纠劾无所避。宿卫宦侍有过者，皆启皇太子置之法。人惮其严。中书省都事李彬坐贪纵抵罪，善长素昵之，请缓其狱，基不听，弛奏报可。方祈雨，即斩之，由是与善长忤。"为了做到严格执法，维护法治，刘基不惜牺牲与好友的关系。除了执法严格，对于贪官污吏的腐败罪行，刘基更是主张予以严惩，这在其著名的《卖甘者言》中有相应论述。

综上所述，与宽严相济精神相类似的宽猛相济、刚柔并济思想在我国古代的治国理念与施政策略中有着丰富体现，是我国古代政治哲学的重要组成部分。宽严相济精神是宽猛相济、刚柔并济思想在新的时代条件下的承继与发扬，体现了政治文明与法制文化优秀遗产的与时俱进。但是，也应当看到它们之间的差别所在：其一，虽然宽猛相济、刚柔并济也曾被用以指导刑事政策的制定与实施，但从矛盾的主要方面来说，二者主要是一项治国策略，而非单纯的刑事政策，但宽严相济则是在和谐社会语境下提出的一项基本刑事政策；其二，过去的宽猛相济、刚柔并济具有阶级性、工具性局限，而当下的宽严相济则具有鲜明的人民性、目的性的特征。

第二节　地域横向考——域外类似刑事政策实践及启示①

一、欧美国家

站在比较法视角，很多学者认为欧美法治发达国家的"轻轻

① 此处的域外指的是国际法上的法域，不能仅理解为国外，还包括一国以内具有不同法律传统与实施不同法律制度的区域，我国内地与港澳台地区均属于不同的法域。

重重”刑事政策与我国的宽严相济刑事政策在价值基础和具体策略方面具有某些相似之处。20 世纪以来，基于对第二次世界大战中纳粹分子破坏民主、践踏人权的暴行之沉痛反思，人道主义与人权保障再次受到重视。在此背景下，新社会防卫思想应运而生。以菲利普·格拉马蒂卡和马克·安塞尔为代表的思想家在反思传统的建立在报复性、惩罚性观念基础上的刑罚制度以及在扬弃实证学派的社会防卫思想的基础上，开展了一场主导欧洲战后刑事政策走向的人道主义刑事政策运动，即新社会防卫论，其旨在通过对现行制度的科学批判以及与人文科学的合作建立起一个崭新的刑事政策体系：一方面坚决反对传统的报复性惩罚制度；另一方面立志坚决保护权利，保护人类，提高人类价值，即社会防卫运动中的人道主义。① 在新社会防卫论的推动下，刑罚轻缓化、矫正刑运动逐渐成为一种潮流，并影响到刑事政策的制定。但是，20 世纪 70 年代以后，随着社会的发展，西方国家的犯罪率不但没有下降，反而出现了大幅度上扬，不仅出现了许多新犯罪形式，同时犯罪活动日益向组织化、跨国化方向发展。此外，政治犯罪也更多地采取恐怖、暴力的极端形式来追求自己的政治目的。新型暴力犯罪、黑社会集团犯罪、恐怖主义犯罪等犯罪形式对整个社会的安定与秩序构成了严重威胁，面对严峻的犯罪现象，西方发达国家开始对刑事实证学派所倡导的教育刑进行反思，报应刑理论重新得到提倡。在原有刑罚体系与结构对严重犯罪不能有效遏制的情况下，西方国家开始通过加重刑事处罚来遏制这类严重犯罪。② 在新的社会情势下，对轻缓化刑事政策的反思为“轻轻重重”刑事政策之缘起提供了时代契机，正如有学者所指出的，“刑之谦抑的要求与犯罪高压态势之矛

① ［法］马克·安塞尔：《新刑法理论》，卢建平译，香港天地图书有限公司 1990 年版，第 9 ~ 31 页。

② 房绪兴：《“宽严相济”与“轻轻重重”刑事政策》，载《中国人民公安大学学报》（社会科学版）2008 年第 1 期，第 129 页。

盾促成了两极化刑事政策的生成"[①]。

截至当下,"轻轻重重"业已成为西方主流国家的主要刑事政策形态,并形成了相对完备的理论体系和富有成效的实施机制。[②]那么,何谓"轻轻重重"呢?有学者指出:"就是对于重大犯罪及危险犯罪,采取严厉的刑事政策;对于不需要矫治或者有矫治可能的犯罪,采取宽松的刑事政策。宽松的刑事政策以实现恢复性正义为目标,从特别预防和刑罚谦抑主义出发,采取教育刑思想,适用对象是轻微犯罪、无被害人犯罪、偶犯、初犯、过失犯等,基本策略是刑事立法上的'非犯罪化',刑事司法上的'非刑罚化、程序简易化',刑事执行上的'非机构化、非监禁化'。严厉的刑事政策则是从保护社会秩序出发,采取报应刑思想,适用对象是重大犯罪、有组织犯罪、恐怖主义犯罪、累犯等,基本策略是刑事立法上的'入罪化',刑事司法上的'从重量刑、特别程序和证据规则'和刑事执行上的'隔离与长期监禁'。"[③]

"轻轻重重"政策包括"轻轻"与"重重"两种具体刑事政策,在一定程度上改变了既往刑事政策形态的单一性、片面性局限,从而在复杂的犯罪态势面前具备了较好的张力,通过"轻轻",提升了刑事法治的谦抑宽容,经由"重重",有利于集中有限的法律资源抗制较为严重的犯罪,因而具有一定的合理性。西方国家的"轻轻重重"政策实践还具有如下特点:其一,政策内涵较为丰富,关于如何轻、如何重,具体的对策、措施多种多样,覆盖了立法、司法、行刑等刑事法治的主要环节,政策应对面较广;

---

① 钱叶六、郭健:《西方国家"轻轻重重"两极化刑事政策评介》,载《政法论丛》2007 年第 3 期,第 92 页。

② 刘东根:《两极化——我国刑事政策的选择》,载《中国刑事法杂志》2002 年第 6 期,第 4 页。

③ 郑善印:《两极化的刑事政策》,载林东茂等主编:《罪与刑——林山田教授六十岁生日祝贺论文集》,台湾五南图书出版公司 1998 年版,第 574 页。

其二，对于某些类型犯罪或者某些类型犯罪人的态度调整（主要是由轻趋重）往往取决于某些震荡性大案或者政治形势的现实需要。例如，“9·11”恐怖事件后美国当局对于恐怖主义犯罪及犯罪嫌疑人在实体和程序等方面采取了一系列更为严厉乃至极端的举措。①

二、台湾地区

我国台湾地区学界关于刑事政策的研究有着较长的历史和较好的积累。在过去的50年中，台湾社会经济的发展引起了社会结构的剧变，由此引起价值观念紊乱、道德沦丧，个人主义流行等社会问题。其中，又因其草根的民主态势产生了严重的黑金政治问题，使得原本牵涉甚广的黑社会问题变本加厉，治安日益败坏，犯罪增加，监狱拥挤，政府形象受损，民众安全感严重缺失，等等。诸如此类的刑事问题的解决，迫切需要对抗犯罪的策略调整。20世纪末以来，席卷西方工业发达国家的“轻轻重重”刑事政策理论与实践经学者许福生教授等人引介并冠以“两极化刑事政策”之谓。后由于“法务部”担心“两极化”之名易被人误解进而走向两个极端，因此在1999年的《“法务部”检讨暨改进当前刑事政策研究小组研究资料汇编》中将其正名为“宽严并进的刑事政策”。台湾学人认为，所谓宽严并进的刑事政策，由严厉刑事政策与和缓刑事政策所构成。所谓严厉刑事政策，其适用对象为重大犯罪、帮派分子、药物滥用者、累犯、精神病患者与恐怖主义分子，其策略为刑事立法的入罪化、刑事司法的从重量刑及刑事执行的隔离无害，其目的在于强化刑法/刑罚作为社会防卫之机能；而所谓和缓刑事政策，其适用对象为轻微犯罪、无被害人犯罪及偶发犯等，其策略为刑事立法的除罪化、刑事司法的除刑罚化以及刑事执行的除机构

① 参见胡铭：《价值抉择：反恐措施与刑事诉讼——以美国法为范例的检讨与反思》，载《政法论坛》2006年第6期，第129~143页。

化，其目的是减轻刑事司法体系之负担，以便集中心神在重大犯罪案件上。①

2002 年，“行政院”通过台湾“刑法”修正草案，其中诸多内容修正契合了宽严并进政策的基本精神，这表明台湾地区当局未来正式推行该刑事政策的决心。支持实行宽严并进刑事政策的官方理由主要有三点，即刑事司法资源有限，符合填补犯罪被害者的新潮流以及与国际最新潮流相接轨的时代趋势。宽严并进刑事政策的基本思路是以“重刑化的实体法”配合“微罪转介的程序法”。宽严并进现已成为当代台湾地区犯罪控制策略的主要形态。2005 年台湾地区“刑法”的大幅修改全面贯彻了宽严并进刑事政策的要求。② 2005 年 1 月 7 日，台湾地区“立法院”通过了台湾“刑法”及“刑法施行法”部分条文修正案，新修正的“刑法”于 2006 年 7 月 1 日起施行。此次修订涉及“刑法”总则 67 个条文，“刑法”分则 22 个条文，“刑法施行法”5 个条文，其涉及面之广，修正幅度之大，实属 1935 年《中华民国刑法》颁行 70 多年来之最。台湾地区此次“刑法”修订，不仅顺应了世界刑事法治的发展潮流，

① 参见谢煜伟：《二分论刑事政策之考察与批判——从我国“宽严并进的刑事政策”谈起》，国立台湾大学法律学研究所硕士论文，第 37 页。

② 据台湾地区媒体报道，这次修正的内容中有两个重点：宽严并进与达成渐进式废除死刑的目标。在宽严并进方面，强调重罪重罚、轻罪轻罚；对于短期自由刑的受刑人，不再以传统的刑罚处罚，以易科罚金、缓刑、缓起诉等方式，并鼓励被告自新，减轻监所负荷；而在重罪及累犯方面，则加重其刑，对于同一被告犯二案以上的罪者，也将数罪并刑，加重罚刑二分之一以上，甚至一倍，以惩处累犯。而在达成渐进式死刑方式方面，现行未满 18 岁与年满 80 岁以上杀害直系血亲者，应处死刑的规定，将予以废除。在其他配套措施方面则是提高假释门鉴与有期徒刑服刑年限；无期徒刑门鉴由现在的 15 年至 20 年延长至 25 年，而有期徒刑的服刑上限维持 20 年，但累犯则提高至 30 年。http：//www. chinanews. com. cn/news/2005/2005 - 01 - 04/26/524241. shtml，2008 年 12 月 15 日访问。

在立法理念和法律技术上均有进步，并且全面贯彻了宽严并进刑事政策的要旨。

三、评价

笔者认为，宽严相济政策与“轻轻重重”政策（抑或称两极化政策）虽然在对辩证法的运用以及具体措施的选择等方面存在某些相似之处，但更应看到二者之间的区别：

首先，“轻轻重重”政策提出的直接动因在于矫正刑运动的失败。美国学者马丁森通过对美国社会 1945～1967 年再犯罪率统计的分析，得出“复归刑无效”的结论：“除极少数罕见的例外，迄今为止有关致力于重返社会的报告，对于再犯没有给予任何值得评价的影响。”① 矫正刑运动的过度化导致刑罚报应与威慑功能的削弱，面对日益恶化的刑事安全态势和民众严惩严重犯罪的呼声，美国政府不得不重新审视报应主义刑罚观，对严重犯罪适用严厉处罚。同时，基于司法资源稀缺的现实以及维护刑法人道主义的需要，对轻微犯罪、主观恶性及人身危险性不大的犯罪，处罚较既往更轻，大量适用司法转处和社区矫正。② 可见，“轻轻重重”政策是由轻至重的改变，在其内部，“重重”是主导方面，“轻轻”是辅助部分。而宽严相济政策的提出则主要是对过去 20 多年的“严打”政策实践理性反思的结果，在价值和精神上更侧重于宽和、轻缓的一面，是由重至轻的改变。宽严相济政策与“轻轻重重”政策在提出的背景和价值选择的方向上存在重大区别。

其次，“轻轻重重”政策片面强调两个极端，即针对严重犯罪的严厉政策与针对轻微犯罪的轻缓政策，但忽视了最普遍、最常态

---

① ［日］林翰人：《刑罚的目的——以美国的情况为参考》，载《法学译丛》1989 年第 2 期，第 32 页。

② 黄华生：《两极化刑事政策之批判》，载《法律科学》2008 年第 6 期，第 72 页。

的一般程度犯罪，因而在政策的覆盖面上留下了空白，具有难以克服的缺陷，正如有学者所指出的，“二分刑事政策是透过两种截然不同的犯罪处理方法搭配起来的理论，在宽与严两方各自有论证的机制，以说服学术界、实务界以及一般大众相信这是个合理可行的政策方向，同时其论述上的互补性也巧妙地解消了批判二分政策的力道……二分政策将诸种学理选择性地加以切割适用，将会造成体制上严重的矛盾错乱”[①]。正是因为“两极化”之名易被人误解进而走向两个极端，台湾地区“法务部”才将其正名为“宽严并进的刑事政策”。“整部‘刑法’要处理的犯罪主要是居于统计学上多数的中间地带，而非居于两端的重大犯罪与轻微犯罪”[②]。宽严相济政策除了包括宽和与严厉两种具体政策外，还包括适中政策，用以应对在数量上居于多数的普通犯罪。所谓宽严相济，是从中间、中部向宽与严两个相反方向适度延伸，而不是宽与严各自走向极端进而割裂开来，并且宽与严之间应注意有机的协调、整合，这就是“济”。可见，宽严相济政策内部具有一个宽缓—适中—严厉的关系格局，得以应对所有类型的犯罪及其行为人，覆盖面完整。

综上，我国的宽严相济政策与西方的“轻轻重重”政策存在相似之处，但更多的是不同，因此不应盲目地移植，而应有选择地借鉴，更主要的是坚持自己的价值方向和策略选择。

---

① 谢煜伟：《宽严并进刑事政策之省思》，载《月旦法学杂志》2005 年第 11 期，第 58 页。

② 林山田：《刑法改革与刑事立法政策》，载《月旦法学杂志》2003 年第 1 期，第 25 页。

第三节 宽严相济刑事政策的基本范畴

一、宽严相济刑事政策之确立

宽严相济刑事政策从提出到正式确立经历了一个过程：2004年9月，中国共产党十六届四中全会通过了《中共中央关于加强党的执政能力建设的决定》，在该文件中首次完整提出了“构建社会主义和谐社会”的重大命题，并将其列为中国共产党全面提高执政能力的五大能力之一。该命题经由十六届五中全会、十六届六中全会不断得以巩固、完善和发展。同时，为将这一命题落实到实处，中国共产党在各个领域相继采取了一系列新举措、新思路。2004年12月，中共中央政治局常委、中央政法委书记罗干同志在全国政法工作会议上提出：“正确运用宽严相济的刑事政策，对严重危害社会治安的犯罪活动予以严厉打击，绝不手软，同时要坚持惩办与宽大相结合，才能取得更好的法律和社会效果。”2005年3月，肖扬同志代表最高人民法院向十届全国人大第三次会议作工作报告时提到：“坚持‘严打’方针和宽严相济的刑事政策，严把案件事实关、证据关、程序关和适用法律关，加强司法领域的人权保障。对罪行极其严重的，依法核准死刑；对罪行虽然极其严重，但有法定从轻、减轻处罚情节或者不是必须立即执行的，依法改判死缓或无期徒刑；对事实不清、证据不足的依法发回重审。”2005年12月，罗干同志在全国政法工作会议上要求政法机关要更加注重运用多种手段来化解矛盾纠纷，更加注重贯彻宽严相济的刑事政策，促进社会和谐稳定，并明确指出宽严相济是指“对刑事犯罪区别对待，做到既要有力打击和震慑犯罪，维护法制的严肃性，又要尽可能减少社会对抗，化消极因素为积极因素，实现法律效果与社会效果的统一”。其后，在2006年3月召开的十届全国人大第四次会议上，最高人民法院、最高人民检察院在向大会作工作报告时均提到了宽严相济。其中，最高人民法院的工作报告在总结回顾2005年度的刑事审判和执行工作时指出，人民法院“贯彻宽严相济的刑事政策，对罪当判处死刑但具有法定从轻、减轻处罚情节或者不是必须立即执行的，依法判处死缓或无期徒刑。对认定事实不清、证据不足的案件，依法发回重审”。在谈到2006年的工作安排时指出，“要坚持宽严相济的刑事政策，对犯罪情节轻微或具有从轻、减轻、免除处罚情节的，依法从宽处罚”。最高人民检察院的工作报告则指出，“2005年全国检察机关认真贯彻宽严相济的刑事政策，坚持区别对待，对严重刑事犯罪坚决严厉打击，依法快捕快诉，做到该严则严；对主观恶性较小、犯罪情节轻微的未成年人、初犯、偶犯和过失犯，贯彻教育、感化、挽救方针，慎重逮捕和起诉，可捕可不捕的不捕，可诉可不诉的不诉，做到当宽则宽”。自2006年后，最高人民法院、最高人民检察院在多次向全国人大作工作报告时，均述及了宽严相济刑事政策。

2006年10月，中国共产党十六届六中全会通过了《中共中央关于构建社会主义和谐社会若干重大问题的决定》，其中明确要求，“实施宽严相济的刑事司法政策，改革未成年人司法制度，积极推行社区矫正”。同年11月，全国政法工作会议提出，“在和谐社会建设中，各级政法机关要善于运用宽严相济的刑事司法政策，最大限度地遏制、预防和减少犯罪”。笔者认为，检察机关、审判机关作为司法机关，是具体实施、贯彻宽严相济刑事政策的主体，而中国共产党才是宽严相济政策的制定、调整主体。因此，可将《中共中央关于构建社会主义和谐社会若干重大问题的决定》视为宽严相济刑事政策正式产生的标志。在实践中，由于中央政法委是中国共产党领导全国政法工作、法治建设的具体部门，因此中国共产党关于刑事政策（包括宽严相济政策）的活动一般是通过中央政法委来实现的。尤其值得一提的是，最高人民检察院于2006年12月28日通过了《关于在检察工作中贯彻宽严相济刑事司法政策的若干意见》，这是第一部直接以宽严相济命名的规范性法律文件。该意见包括四个方面的内容，共计 26 条，其中有两个部分共计 18 条的内容都是关于如何在具体的检察工作中贯彻宽严相济政策的。随后，最高人民法院于 2007 年 1 月 15 日出台了《关于为构建社会主义和谐社会提供司法保障的若干意见》，其中提出了“坚持宽严相济，确保社会稳定”等四点意见。上述规范性法律文件是宽严相济政策法律化的重要标志，也昭示着实施宽严相济政策的一个非常重要的途径，即法治化途径，本书第四章第三节将对此作专门阐述。

二、内涵厘定

宽严相济刑事政策的概念是研究宽严相济相关问题的逻辑起点，是一个首先必须澄清的重大问题，截至目前，理论界与实务界已经出现了林林总总的界定。根据 2005 年底罗干同志在全国政法工作会议上的讲话，关于宽严相济内涵的官方解释是，“对刑事犯罪区别对待，做到既要有力打击和震慑犯罪，维护法制的严肃性，又要尽可能减少社会对抗，化消极因素为积极因素，实现法律效果和社会效果的统一”，“一方面，必须坚持‘严打’方针不动摇，对严重刑事犯罪依法严厉打击，什么犯罪突出就重点打击什么犯罪，在稳准狠上和及时性上全面体现这一方针；另一方面，要充分重视依法从宽的一面，对轻微违法犯罪人员，对失足青少年要继续坚持教育、感化、挽救方针，有条件的可适当多判一些缓刑，积极稳妥地推进社区矫正工作”。官方界定具有权威性，同时体现出两个重要的政策思路，即区别对待刑事犯罪和区别对待刑事犯罪人，在实体处遇上显现出宽和抑或严厉的差别。

在理论界，高铭暄先生认为：“针对犯罪的不同情况，区别对待，该宽则宽，该严则严，有宽有严，宽严适度；‘宽’不是法外施恩，‘严’也不是无限加重，而是要严格依照刑法、刑事诉讼法以及相关的刑事法律，根据具体的案件情况来惩罚犯罪，做到

‘宽严相济，罚当其罪’。”① 不难看出，高铭暄先生是从刑事司法政策的立场来界定宽严相济政策的，同时特别强调贯彻宽严相济政策应倚靠包括刑法、刑事诉讼法在内的各种刑事法律规范，即把握好刑事政策与刑事法律的关系，这为我们深入研究宽严相济指明了一条路径，是刑事法治的应然要求。陈兴良教授认为：“宽严相济之‘严’，是指严格或者严厉，它与惩办与宽大相结合中的惩办一词相比，词义更为确切。宽严相济中的‘严’当然包括严格之意，即该作为犯罪处理的一定要作为犯罪处理，该受到刑罚处罚的一定要受到刑罚处理，这也就是司法上的犯罪化与刑罚化。与此同时，宽严相济之严还含有严厉之意。这里的严厉主要是指判处较重刑罚，当然是指该重而重，而不是指不该重而重，当然也不是指刑罚过重。在宽严相济的刑事政策中，该宽则宽，该严则严，对‘宽’与‘严’加以区分，这是基本前提。因此，宽严相济是以区别对待或者差别待遇为根本内容的。宽严相济最为重要的还是在于‘济’。这里的‘济’，是指救济、协调与结合之意。因此，宽严相济刑事政策不仅是指对于犯罪应当有宽有严，而且在宽与严之间还应当具有一定的平衡，互相衔接，形成良性互动，以避免宽严皆误结果的发生。换言之，在宽严相济刑事政策的语境中，既不能宽大无边或严厉过苛，也不能时宽时严，宽严失当。在此，如何正确地把握宽和严的度以及如何使宽严形成互补，从而发挥刑罚最佳的预防犯罪的效果，确实是一门刑罚的艺术。”② 陈兴良教授的解析是颇为深入的，他对如何实现宽抑或严进行了较为独到的阐释，即从差别待遇中体现，而这种差别待遇又主要是处刑上的区别。同时，陈教授还对宽与严的关系进行了强调，即突出一个“济”字，要

① 高铭暄：《宽严相济刑事政策与酌定量刑情节的适用》，载《法学杂志》2007 年第 1 期，第 2 ~5 页。

② 陈兴良：《宽严相济刑事政策研究》，载《法学杂志》2006 年第 1 期，第 22 页。

求把握好二者之间的平衡。此外，应当看到，陈教授仍然是从司法政策的视角来理解宽严相济政策的。另有学者指出：“宽严相济，具体来说，对于严重威胁国家政权、社会治安秩序及公民人身财产安全的严重刑事犯罪，主要是指危害国家安全犯罪、黑社会性质组织犯罪、严重暴力犯罪及严重影响人民群众安全感的多发性犯罪，应当坚决依法严惩。对于未成年人犯罪、轻缓犯罪、偶发犯罪及因为民事纠纷而引起的一般犯罪，则要依法从轻、减轻处罚。该宽则宽，当严则严。同时，立足社会实际需要，协调重罪与轻罪适用法律宽与严的平衡，对重罪不能严厉过度，对轻罪也不能宽大无边，应当宽严有度，形成良性互动。”① 该界定的新意在于对应予从宽对待抑或从严处置的犯罪类型及犯罪人类型进行了具体列举。我们在贯彻宽严相济刑事政策的活动中，确有必要就某些具体问题一一判定其属于从宽的范围还是属于从严的范畴。还有学者认为“宽”包括三层含义，即刑罚的宽缓、法网的宽以及对犯罪分子的态度上要宽；“严”有两层含义，即刑罚的严格与执法的严格；而“济”就是相互配合、协调。② 这一定义的价值在于将宽严相济政策的界域由司法政策向基本政策做了推进，具有重要的启发意义。

本书第一章阐述了一般刑事政策的概念，前文又介评了国内学者关于宽严相济政策的代表性定义，在此基础上，笔者认为，所谓宽严相济刑事政策，是指执政党基于构建和谐社会对刑事法治提出的要求，遵循法治化途径，从宽缓与严厉两个价值向度上合理运用刑事权，通过实体刑法、刑事诉讼法等刑事法律规范的制定、修改、实施以及对自由裁量权的合理运用，从实体处遇与程序处遇两个维度区别对待各种类型的刑事犯罪及其行为人，从而达到防卫社

---

① 刘华：《宽严相济刑事政策的科学定位与司法适用》，载《法学》2007 年第 2 期，第 24 页。

② 参见孙艺超：《宽严相济刑事政策及其在和谐社会下的几点分析》，载《山东警察学院学报》2007 年第 6 期，第 47 ~ 48 页。

会、保障人权、增进社会和谐目标的刑事策略系统，它是和谐社会语境中的一项基本刑事政策。该定义可进一步分解出如下几层含义：其一，应将宽严相济定位于一项基本刑事政策，而不是作为司法政策的具体刑事政策；其二，宽严相济政策的关键是政策主体对刑事权进行合理配置；其三，宽严相济政策与刑事法律之间的关系应当得到重视，刑事政策的贯彻、实施应当因循法律化、法治化途径；其四，承继了某些学者提出的对犯罪人和犯罪类型应当区别对待的观点，并进一步指出，区别对待作为一种法律处遇，可从实体和程序两个方面体现出来。

三、定位——基本刑事政策抑或刑事司法政策之争

宽严相济刑事政策的定位问题，亦即基本刑事政策与刑事司法政策之争，是近年来宽严相济研究中的一个热点问题，对该问题的回答直接关涉宽严相济政策的研究界域和效力范围，因而是一个不容回避的重要问题。中共中央在《关于构建社会主义和谐社会若干重大问题的决定》中明确使用了“刑事司法政策”的表述，这意味着作为我国刑事政策制定主体的中国共产党倾向于将宽严相济定位于一项具体刑事政策，亦即刑事司法政策。但是，这并未平息相关争论，说明在应然层面，该问题有进一步研判的空间。在理论界，关于宽严相济政策的定位问题尚未达成统一意见，学人各说各话：多数学者仍然恪守在刑事司法政策的向度内研究宽严相济；另有一些学者虽然在基本态度上没有突破司法政策的定位，但实际研究范围已经超越司法环节，延伸至刑事立法等层面；还有一些学者

则旗帜鲜明地将宽严相济定位于基本刑事政策加以研究。[①]

笔者赞同第三种学术立场。应当看到，我们对任何新事物的认知都是不断拓展和不断深化的，对宽严相济政策的研究也必然符合这一规律。因此，不能因为中国共产党以及中央政法委、最高人民检察院使用过刑事司法政策的称谓就故步自封，停止在应然层面的进一步追问。笔者认为，将宽严相济定位于基本刑事政策更趋合理：首先，正如康均心教授所指出的，“中共中央采用‘宽严相济的刑事司法政策’一说，是在其报告第六部分第六段‘加强社会治安综合治理，增强人民群众安全感’的具体语境下使用的。中央政法委采用‘宽严相济的刑事司法政策’一说，是在全国刑事审判工作会议的具体背景下，提出更具有针对性的‘司法政策’而非‘立法政策’；最高人民检察院的正式文件同样也只能是贯彻‘刑事司法政策’，而不能贯彻‘刑事立法政策’。因而，‘宽严相济的刑事司法政策’一说在官方文件中的使用并不能动摇宽严相济作为我国一项基本刑事政策的重要地位，且至今全国法院系统仍采用‘宽严相济的刑事政策’一说，笔者认为全国法院系统的表述更为适当。”[②] 本书认为这种结合具体语境的理解是较为妥当的。

---

① 如黄京平教授认为：“宽严相济刑事政策应该是我国现阶段惩治与预防犯罪的基本政策。”参见黄京平：《和谐社会语境下的刑法学新思维》，载《法学家》2007 年第 1 期，第 45 ~50 页。王顺安教授在四川绵阳举行的“宽严相济的刑事政策与和谐社会构建”的学术研讨会上提出：“宽严相济是基本的刑事政策，是贯穿于刑事立法、刑事司法和刑事执行全过程的系统刑事政策。”参见王顺安：《宽严相济的刑事政策之我见》，载《法学杂志》2007 年第 1 期，第 21 ~24 页。陈晓明教授指出：“宽严相济刑事政策在现阶段已成为我国的基本刑事政策。”参见陈晓明：《施行宽严相济刑事政策之隐忧》，载《法学研究》2007 年第 5 期，第 129 ~139 页。

② 康均心、周亮：《宽严相济刑事政策在审判实践中的运用研究》，http://hubeigy. chinacourt. org/public/detail. php? id = 7342，2009 年 3 月 1 日访问。

其次，惩办与宽大相结合政策在事实上已被扬弃，“严打”政策在倡扬人权保障理念的和谐社会语境下亦日渐式微，宽严相济政策作为对它们的理性反思和承继超越，如果拘囿于司法政策的“一亩三分地”，将导致在刑事司法之外的刑事立法、刑事执行等同等重要的法治环节出现基本刑事政策的“真空”，这种局面无疑会折损刑事法治的成效。再次，刑事司法作为将刑事法律规范适用于具体个案的刑事法治环节，存在大量的自由裁量权，以供各级司法人员针对案件和犯罪人的具体情况便宜行使。因此，无论是宽和、轻缓，还是严格、严厉，在司法环节均有较大的发挥空间。但是，刑事立法作为为后续刑事法律活动生成规范依据的环节，并非没有宽与严的用武之地。例如，哪些刑事犯罪宜根据社会情势非罪化、非刑化，哪些非罪行为又应当完成入罪化、刑事化，同样可以彰显宽和抑或严厉的政策态度。又如，在刑罚结构的问题上，限制、废除死刑或者增设社区矫正等开放式刑罚，可使整个刑罚结构体现出轻缓化的趋向；而增设死刑（针对没有死刑的国家）、增加死刑罪名数目或者提高自由刑的上限，则彰显出严厉的倾向。

综上所述，笔者认为，除了司法环节之外，刑事立法、刑事执行等刑事法治的基本环节同样需要刑事政策之辐射。宽严相济政策在语义上的周延性、内在机能的多样性和价值诉求的完整性，决定其完全可以发挥对整个刑事法治的引导功能，因而将其定位于和谐社会语境中的一项基本刑事政策是合适的。①

① 在2009年3月召开的第十一届全国人民代表大会第二次会议上，最高人民法院院长、最高人民检察院检察长在向大会所作的工作报告中，使用的措辞分别为“宽严相济刑事政策”与“宽严相济的刑事政策”，基本上没有区别。其中，最高人民检察院删除了以往惯用的“司法”这一限定语，这是个值得关注的新动向。http://news.china.com/zh_cn/focus/2009lh/gdxw/11073554/20090310/15364808.html，2009年3月18日访问。

第四节 宽严相济刑事政策与既往刑事政策之比较

在宽严相济政策之前，惩办与宽大相结合政策以及“严打”政策是实行时间较长，且对我国刑事法治影响较大的两种实然刑事政策形态，一个是基本刑事政策，另一个是刑事司法政策。宽严相济政策的提出与确立势必对这两种刑事政策产生冲击，那么三者之间的关系就面临重新梳理，否则将引起我国刑事政策系统的紊乱。对于这个问题，笔者拟从以下两个方面来进行论证。

一、对惩办与宽大相结合政策的合理取代

在中共中央制定并由最高人民法院、最高人民检察院、公安部等力推宽严相济政策后，其业已对理论研究与法治实践产生了深远影响。尽管对宽严相济政策本身不乏批判甚或取消的论调，但笔者认为，一味漠视法治现实中正在发生的状况并非明智之举，理性的做法是努力将宽严相济政策解释得合理，将我们的价值诉求和制度构想注入其内部，使它成为能够承载刑事法治目标的理想政策平台。因为很多法律问题在很大程度上都是解释的问题，刑事政策也不例外。

很多学者在阐述宽严相济政策时，往往用既宽又严、又宽又严、宽严并用等语词来描述宽与严之间的关系。但是，这类说法较为笼统，也无益于具体问题的解决。笔者认为，宽与严的相互关系可以从两个层面来解读：一是宽与严的比例关系问题，即谁主谁次；二是如何宽、如何严，即宽与严如何实现的问题。后一个问题将主要在本书第四章第六节中详解，此处则集中阐述宽与严的比例关系问题，对这一问题的回答关涉宽严相济政策的基本价值取向。笔者认为，在宽严相济政策内部，宽与严首先是相辅相成、缺一不可的共生关系。因为司法实践中所发生的犯罪行为的“事状”与

犯罪人的"情状"是千差万别的，基本刑事政策作为为应对复杂的刑事安全态势而采取的居于主导地位的犯罪防控策略系统，只有做到宽严互补、并行不悖，方能具备良好的张力和宽泛的覆盖面，进而从容对纷繁芜杂的犯罪现象作出合理反应，达致惩罚犯罪与保障人权之间的理想平衡。如果只强调宽和、轻缓，抑或只关注严格、严厉，那么这种价值选择上的单向度性将导致刑事政策在实施中的片面性与狭隘性，进而难以实现刑事法治的理想状态。

很多学者认为，上述特点并非宽严相济政策所独有，同属基本刑事政策的惩办与宽大相结合政策，其实践的历史比较长，也取得了一定的积极成效，现在又提出宽严相济政策，无异于同义语的重复。这种观点表明宽严相济政策要取代惩办与宽大相结合政策的基本刑事政策地位，必须体现出其超越后者之处。当前，在两个刑事政策的关系论争中，主要存在以下三种说法：第一种观点认为，宽严相济不是独立的刑事政策，只是惩办与宽大相结合刑事政策的内容和要求之一；第二种观点认为，宽严相济是惩办与宽大相结合政策的一部分，属于具体的刑事政策；第三种观点认为，宽严相济是新世纪对惩办与宽大相结合的基本刑事政策的替代，理由是惩办与宽大相结合的政策提法政治意味太浓，意识形态成分太重。①

笔者认为，主张宽严相济政策是惩办与宽大相结合政策的话语重复的观点值得商榷，两者不仅在内涵、价值、机能等方面存在殊别，即便仅从字面出发，也并不等同。首先，惩办亦即对犯罪的制裁、处理，是中性的，本身并不包含价值评价色彩，故惩办并不等于严格、严厉处理，而应理解为依法惩治、办理。宽大则大致可与宽严相济之宽相对应。因此，惩办与宽大相结合政策仅涵盖了宽和、轻缓的一面，不像宽严相济政策同时包含了宽与严两个方面，后者更具有语义上的周延性。其次，如前所述，惩办意指惩治、办

---

① 参见王顺安、刘艳萍：《宽严相济与三个刑事政策的关系》，载《河北学刊》2008 年第 2 期，第 175 页。

理，本身并不能解读出严厉、严格办理的意蕴。同时，宽大既然与惩办并列使用，就应当在同一个层面上进行理解，即宽和、轻缓地办理、处理。无论是办理、处理，还是宽和、轻缓地处理，其本意都只能是指司法程序中的举措，无法全面涵盖其他刑事法治的基本环节，如刑事立法等，而宽严相济政策则不具有这种局限性。再次，结合惩办与宽大相结合政策提出与发展的历史脉络，其前身镇压与宽大相结合政策早在民主革命时期就已提出，而惩办与宽大相结合政策是在新中国成立之初提出的。众所周知，从新中国成立初期到1979年刑法的出台这段较长的历史时期，我国刑事法制建设相当薄弱、滞后，缺乏基本的刑事立法，司法实践中主要依靠零散的刑事法律规范、中国共产党的政策作为裁判依据，谈不上科学、完备的刑事立法、刑事执行活动。因此，作为基本刑事政策的惩办与宽大相结合政策在很大程度上有名无实。1979年刑法虽然将惩办与宽大相结合政策写入了刑法，实现了基本刑事政策的法律化，但只过了几年的时间，轰轰烈烈的"严打"政策活动就高调登场了，数次全国性的"严打"活动以及为数众多的地方性"严打"活动导致惩办与宽大相结合政策在实践中基本被虚置。因此，就算我们主观上期待，但客观环境也基本未曾给惩办与宽大相结合政策提供真正发挥基本刑事政策功能的历史际遇。而在宽严相济政策提出之时，刑事立法、刑事司法、刑事执行等刑事法治的基本阶段、环节得到了全面重视，并且宽严相济政策对宽与严的语词使用富有艺术，不像惩办与宽大相结合政策那样自缚手脚，对此有学者指出："有宽有严，宽严相济，既全面又灵活，这作为我国的基本刑事政策，应当是目前最为科学的概括和表述。"① 最后，正如有学者所指出的："作为惩办与宽大相结合政策核心内容的坦白从宽、抗拒从严，随着我国社会主义民主与法制的日益健全，公民权利意

---

① 周玉华：《对刑事政策的思考》，载《人民司法》2007年第21期，第15页。

识的逐步提高以及刑事法理论特别是刑事诉讼法理论的不断发达，这一政策越来越引起人们的强烈质疑"①，"质疑的关键，是该项政策的内涵与无罪推定、沉默权等刑事司法原则相抵触，因而应更改其提法与内容"②。

综上所述，笔者认为，宽严相济政策之提出并非"新瓶装旧酒"，它实际上是新中国成立以来决策层提出的第一个在文字用语上同时强调宽严并用、相辅相成的刑事政策，其语义的周延性、机能的多样性以及价值的完整性，使其能够合理取代惩办与宽大相结合政策，承担起对刑事法治诸环节、诸流程的引导功能。

二、对"严打"政策的理性反思

"严打"政策，是伴随20世纪80年代以来我国发动的三次严厉打击刑事犯罪的斗争而逐步确立的一项具体刑事政策。第一次"严打"始于1983年9月：六届全国人大常委会通过的《关于严惩严重危害社会治安的犯罪分子的决定》和《关于迅速审判严重危害社会治安的犯罪分子的程序的决定》，从实体和程序两方面，将杀人、强奸、抢劫、爆炸、流氓、拐卖人口等严重危害社会治安的犯罪确定为打击的重点，结束于1987年1月。距第一次"严打"之后的第九年，我国开展了第二次"严打"活动：1996年4月，中共中央办公厅转发了《中央政法委员会关于当前社会治安、社会稳定方面的突出问题和加强工作的意见》，确定当年4月、5月、6月3个月开展"严打"斗争，打击的重点划定为杀人、抢劫、强奸等严重暴力犯罪、流氓犯罪、涉枪犯罪、毒品犯罪、流氓恶势力犯罪以及黑社会性质的犯罪等严重刑事犯罪（俗称"六

① 侯宏林著：《刑事政策的价值分析》，中国政法大学出版社2005年版，第276页。

② 王顺安、刘艳萍：《宽严相济与三个刑事政策的关系》，载《河北法学》2008年第2期，第175页。

害”）。此次“严打”由中央部署和动员，由公安部等最高司法机关具体组织实施。集中打击3个月后，于1996年12月至次年2月，又开展了“冬季整治”活动，期间还穿插了严厉打击走私犯罪的活动。第三次“严打”从2001年4月开始，为期两年：将带有黑社会性质的团伙犯罪和流氓恶势力犯罪、爆炸、杀人、抢劫、绑架等严重暴力犯罪，盗窃等严重影响群众安全的多发性犯罪确定为重点打击对象，采取了“严打”与整顿市场秩序和查处腐败相结合的做法，以求在优化社会治安形势的同时，优化市场秩序。①关于“严打”的概念，学界表述颇多，笔者比较赞同的界定是：“党和国家在社会治安形势严峻时为打击某几类严重刑事犯罪而制定的，由司法机关为主要执行主体的，以从重从快为基本要求的一种具体刑事政策，其以运动、战役的形式存在。‘严打’的基本要求与核心内容是‘从重从快’。‘从重’是指适用较重的刑种或较长的刑期，并在一定情况下适用顶格刑，该抓的抓，该判的判，该杀的杀。‘从快’是指集中力量发动战役，‘一个大城市，一网打尽，一次打他一大批’，追求的是速度、效应。除了从重从快以外，在‘严打’过程中，还应遵循其他要求，主要是由彭真同志提出，由江泽民同志和罗干同志发展、完善的‘两个基本’要求，即‘政法各部门要统一思想，加强配合，形成依法从重从快打击犯罪的合力。只要基本事实清楚，基本证据确凿，就要快捕快诉快判，不要在细枝末节问题上纠缠，延误时机’。”②

客观评价，“严打”政策实践取得了一定的积极成效，突出表现在两个方面：在历次“严打”期间，均破获了大量严重刑事犯罪，抓捕、审判了一大批严重的刑事犯罪分子，打击了犯罪分子的

① 参见张穹主编：《“严打”政策的理论与实务》，中国检察出版社2002年版，第22~23页。

② 汪明亮著：《“严打”的理性评价》，北京大学出版社2004年版，第33~34页。

器张气焰，对于潜在的不稳定分子也起到了极大的心理震慑作用，在短时期内迅速扭转了社会风气，起到了稳定社会秩序的作用；在“严打”之后的一定时期内，全部刑事案件发案率和严重刑事案件发案率均出现了一定程度的下降，对经济社会的发展起到了促进作用。但是，“严打”的积极功效并不能抹杀其消极面：首先，“严打”被赋予了强烈的政治色彩，被视为专政的重要手段，犯罪分子被当做阶级敌人，司法机关被当做“刀把子”，治理犯罪的法律活动被人为涂抹上了强烈的政治化、行政化色彩。其次，秉持可以彻底消灭犯罪的偏激想法，采取运动式治理的方式，企图毕其功于一役，具有鲜明的军事斗争色彩，因而在很大程度上忽视了犯罪活动自身的内在规律，其后果是每每“严打”之后好景都维系不长，犯罪态势又会出现反弹，于是又会发出呼吁下一轮“严打”的声音，从而形成恶性循环。这不仅助长了“重政策、轻法律”的错误意识，也忽视了常态时期刑事法治的正规化建设。再次，“严打”虽然在名义上是“依法从重从快严厉打击”，但其运动式的特征极易引发情绪化、非理性的政策举措，从而带来严重的消极后果。例如，“严打”是对特定严重刑事犯罪的从严治理，而在打击过程中却往往出现将范围扩及全部刑事犯罪的趋势，几乎每种犯罪都要严厉打击。同时，由于犯罪率的持续上升和大案要案的不断发生，原本作为权宜之计的“严打”政策逐渐上升为一项长期、稳定的刑事政策，并在实质上取代了惩办与宽大相结合政策，对此陈兴良教授指出：“‘严打’虽然可以从逻辑上包含在惩办的范畴之内，但它过分地强调了从重从快，将惩办政策的一面张扬到了一个极端，这势必会影响到宽大政策的落实。因此，‘严打’刑事政策在其内容上和惩办与宽大相结合的刑事政策是存在抵触的，采用‘严打’政策意味着在一定时期内惩办与宽大相结合刑事政策的搁置，在 1997 年刑法修订时之所以删除关于惩办与宽大相结合刑事政策的规定，主要还是为了给‘严打’刑事政策让路。”[①] 最后，“严打”的完整意蕴本是“依法从重从快严厉打击”，由于在实施过程中过分突出、拔高了“严”字，导致“依法”的基本要求遭到不同程度的背离，出现了很多违反罪刑法定原则与程序法定精神的做法。例如，将“从重”变成多杀重判，不顾规格和标准，顶格判处、刑罚水涨船高的现象并不鲜见；“从快”变成了越快越好，以至于出现公检法三机关联合办案，上级法院提前介入办案等违反程序正义的情形[②]；关于“严打”的立法作为特别法，将属于基本法律的刑事诉讼法所规定的被告人之上诉期限从10日缩减至3日，明显违宪，进而导致“严打”在某种程度上演化为狠打、乱打；历次“严打”过程中还出现了不少罔顾事实、证据和法律的冤假错案，不少被告人被处决多年后真凶才浮出水面，这在很大程度上影响了法治的公信力。

笔者认为，“严打”作为特定历史时期一项具有应急色彩的具体的刑事司法政策，发挥了一定的积极作用，但着眼长远，其弊大于利，不仅有冲击法治化原则之嫌，不利于人权保障，而且违背了刑事法律活动的内在规律，故有必要进行反思，具体结论如下：其一，将“严打”之“严”纳入理性化、法治化的轨道，严格遵循罪刑法定原则和程序法定原则的要求；其二，将“严”纳入宽严相济政策的界域之内，同时运用宽容、人道的精神对“严”进行合理引导，使得宽严并用、宽先于严，而严是迫不得已的选择；其三，由于宽严相济是基本刑事政策，故应对“严”的内涵进行扩展，从原来仅限于司法环节扩展到刑事立法、刑事司法、刑事执行等刑事法治的各个基本环节；其四，对“严”的作用范围进行限

① 陈兴良：《宽严相济刑事政策研究》，载《法学杂志》2006年第1期，第18页。

② 参见储槐植、赵合理：《国际视野下的宽严相济刑事政策》，载《法学论坛》2007年第3期，第55页。

缩，由原来四面出击的乱打，到仅针对社会危害较为严重的犯罪类型以及人身危险性较大的犯罪人。如此一来，“严打”政策的合理因素就被宽严相济政策所吸纳，得以在新的时代条件下更好地发挥积极作用。

第五节 确立宽严相济刑事政策的必要性

在本书第一章第三节中，笔者指出，和谐社会基于自身的本质属性、基本特征和价值诉求对以之为语境的刑事政策从应然层面提出了相应要求，行文至此，笔者拟通过论证表明宽严相济政策与和谐社会对刑事政策的应然要求具有一致性，是相容的而不是排斥的，因而是和谐社会语境中理想的基本刑事政策形态，从而使前后文从结构上相互照应。具体从以下四个方面展开。

一、宽严相济有助于形成和谐的社会氛围

和谐社会的基本特征之一即为和谐，根据胡总书记的讲话，可以进一步分解为民主法治、公平正义、诚信友爱、充满活力、安定有序、人与自然和谐相处六大具体特征。在刑事法治领域推行宽严相济刑事政策，对于达到上述六项要求、建设更加和谐的社会状态具有积极作用。在本书第四章第三节中，笔者指出，宽严相济刑事政策的制定、调整、评价、修正等一系列政策活动，不仅需要决策层的领导，也离不开法律实务界的经验贡献和法学理论界的智力支持。除此而外，还需要其他相关学科的知识支持以及全国广大人民群众的广泛参与，从而反映民意，会聚民智，最大限度地体现社会主义民主原则的要求。同时，全面贯彻宽严相济刑事政策应特别关注其与各类刑事法律规范之间的关系。刑事法律是刑事政策与社会现实之间的枢纽，刑事政策的法律化是刑事政策合法性的必然要求，这符合当代社会的法治原则，不能以政策代替法律。这样一来，宽严相济政策就暗合了和谐社会的第一具体特征，即民主

法治。

有学者指出，宽严相济，即“针对犯罪的不同情况，区别对待，该宽则宽，该严则严，有宽有严，宽严适度”①。笔者认为，在此基础上还可以进一步深入：区别对待体现了刑罚个别化原则的要求，有利于实现刑法的特殊预防功能；“当”和“该”体现的是一种应然层面的要求，其标准是各类刑事法律规范，是在法律规定的范围内实现宽与严的相应处理，而不是凭借司法工作人员的主观臆断，这反映了罪刑法定原则与程序法定原则的刚性要求；宽严有度，罚当其罪蕴涵着罪责刑相适应原则的要求以及司法工作人员对法律所赋予的自由裁量权的合理运用，有利于刑法一般预防功能的实现。由此，宽严相济刑事政策对于社会公平正义的促进也是比较明显的。

改革开放之后，我国实行了计划生育的基本国策，经过近 30 年的实施，取得了显著的社会成效。时至今日，最早一批独生子女已经成长为青年一代。独生子女在同年龄段社会人群中所占的比例越来越大，而青少年犯罪人占全部犯罪人的比例也呈逐年上升的态势。马克思指出：“人的本质不是单个人所固有的抽象物，在其现实性上，它是一切社会关系的总和。”② 我国的国情和民众的观念有其特殊性，在越来越多的家庭只生养一个孩子的情况下，每个孩子无疑是父母、家人的全部寄托，代表了整个家庭血脉、希望的延续。而每个青少年犯罪人也不是独立个体，其背后承载着众多个体的情感和繁复的社会关系，如果延续既往的重刑思维，对其不加区分地一律适用重刑，甚至动辄适用极刑，不仅不能定纷止争，还会加剧犯罪人及其亲友与社会的对抗，制造新的怨愤情绪，从而不利

---

① 高铭暄：《宽严相济刑事政策与酌定量刑情节的适用》，载《法学杂志》2007 年第 1 期，第 2 ~ 5 页。

② 《马克思恩格斯选集》（第 1 卷），人民出版社 1995 年版，第 56 页。

于社会和谐。[1] 贯彻宽严相济精神，以宽为先，又恪守严的底线，有助于发挥法治作为社会关系调节器和社会矛盾化解器的功能，从而实现安定有序的社会状态。

二、宽严相济体现了对犯罪规律的科学认知

“严打”政策实践的不足之一体现在未以科学的犯罪观为指导，将犯罪分子当做阶级敌人加以斗争，将刑事法律规范和司法机关当做专政的工具，对犯罪活动采取运动式治理，因而背离了基本的犯罪规律和法治规律。犯罪并不仅仅是由犯罪人实施的一种应当受到社会非难的恶害行为，而是一种复杂的社会现象，它生成于真实的社会结构之中，涉及政治、经济、文化、自然环境等多种因素，具有复杂的产生机理。因此，对于一个社会的犯罪问题，应从多个方面进行综合分析，而不是仅仅停留于社会危害性评定的狭隘层面。法国著名社会学家迪尔凯姆首次对犯罪存在的必然性、犯罪的相对性和犯罪的积极功能进行了全面论述。与之前的犯罪学家一致公认犯罪是一种社会病态现象不同，他认识到犯罪与社会一样古老，在任何时代都会存在，因此犯罪并不必然表示社会存有病态，“只要犯罪行为没有超出各种类型社会所规定的界限，而是在这个界限之内，它就是正常的。犯罪是健康社会的必不可少的组成部分”[2]。同时，犯罪现象不仅具有必然性，而且“它同整个社会生活的基本条件联系在一起，由此也就称为有益的，因为与犯罪有密切联系的这种基本条件本身是道德和法律的正常化所必不可少

---

① 该结论得益于最高人民法院原院长刘家琛教授在2008年于西南政法大学所作的一个学术报告，特此诚挚致谢。

② ［法］迪尔凯姆著：《社会学方法的准则》，狄玉明译，商务印书馆1995年版，第84页。

的”①。

不可否认，迪尔凯姆的犯罪观包含着一定的真理性认识。由此推论，和谐社会作为一种社会形态，也必然伴生犯罪现象。当前我国正处于社会转型期，社会结构深度调整，社会关系与利益格局日益复杂化。“转型期我国犯罪的突出特点主要表现为，犯罪增长速度过快，基本上表现为经济发展与犯罪同步增长的发展特点，而且侵财犯罪最为突出，占刑事犯罪总数的比例超过80%，刑事犯罪的危害日益严重，每年死于各类刑事犯罪案件的人员近7万人，直接经济损失400亿元，经济犯罪涉案金额平均每年都在800亿元以上；2004年我国刑事犯罪案件总数增长到471.8万起，比1978年增加了7.8倍”②。面对这种情势，我们应正视犯罪原因的多样化与犯罪现象的复杂性，客观分析各类犯罪产生的原因及变化规律，对症下药，区别不同情况给予相应处理。例如，对于因改革开放成果分配机制不公引发的财产犯罪，社会保障体制不健全引起的弱势群体犯罪，贪污贿赂或渎职侵权引发的不满群众犯罪、弱势群体（下岗职工、失地农民、进城务工人员等）为保障自身权益实施的过激犯罪等，一般应从宽处理，并通过司法建议完善相应制度。这样不仅能起到疏导社会矛盾的作用，也有利于从源头上治理犯罪。而对于主要是基于犯罪人自身的贪婪、凶残等主观因素造成的重大、恶性犯罪，则应从严处置，这样才有利于发挥刑法的威慑功能，实现一般预防和特殊预防。可见，宽严相济政策建立在科学的犯罪观之上，体现了对犯罪人与犯罪现象的理性回应。

---

① ［法］迪尔凯姆著：《社会学方法的准则》，狄玉明译，商务印书馆1995年版，第88页。

② 胡联合、胡鞍钢：《转型期中国犯罪治理的基本对策》，载《法学杂志》2005年第5期，第2页。

三、宽严相济符合法律经济学的基本原理

从法律经济学的视角考量，性质较为严重的罪行与人身危险性较大的犯罪人毕竟只是少数，对其从严处置是为防卫社会所作的迫不得已的选择，其结果是牺牲犯罪人更多的实体权利和程序权利。这表明，在刑罚的诸多功能中，严格、严厉偏向于报应和惩罚。法律经济学理论认为，犯罪是有成本的，对犯罪的治理也是有成本的。罪刑网的编织，刑事程序的设立与启动，各种强制措施的运用，刑事检控机关、审判机关的设立及人员、装备的配置，法治宣传教育活动的开展等无疑都会耗费大量的法律资源。① 法治建设本身并非社会的再生产部门，投入其中的经济资源不会直接创造剩余价值，投入过度还将影响经济部门的扩大再生产。一定时期社会经济的发展水平是既定的，这决定了能够投入法治建设的经济资源也是有限的，刑事法治领域能够从中分得的份额就更加有限和稀缺，因而必然产生有限的刑事法律资源投入与日趋严峻的刑事安全态势之间的尖锐矛盾。如果能将稀缺的经济资源在刑事法治内部的诸环节、诸领域合理配置，确保复杂的刑事法律机制在严峻的犯罪态势下正常运转，同时使刑事法律资源的效用最大化，无疑是一种理想状态。

笔者认为，宽严相济政策契合了这一思路。宽不单纯是宽和、人道，也符合法律经济学的俭省要求。细言之，对于能够通过道德伦理、一般社会政策或者其他法律部门加以调整的危害行为，不能轻启刑事权，对于人身危险性较小的犯罪人和社会危害性较小的犯罪宜通过快捷程序分流，对于能够通过非监禁刑（如社区矫正）或者轻度自由刑实现犯罪人刑事责任的，宜避免成本较高的中长期监禁刑……宽严相济通过一系列宽和、轻缓的措施节省下宝贵的法

① 例如，国家为了加大对渎职侵权犯罪的查处力度，在全国各级检察机关内部增设了专门的反渎职侵权机构，并划拨了相应数量的工作人员编制。

律资源，将其投入对少数严重侵犯公民基本人权和严重冲击社会秩序的犯罪类型及其行为人的治理，做到“好钢用在刀刃上”，以求刑事法律资源的最优配置和最佳效益。同时，站在宏观视角，宽严相济通过对法律资源的集约使用，有利于减少国家在一定时期内投入整个法治建设的经济资源，并将节余部分运用于社会的扩大再生产和其他对资源投入更为迫切的领域，如义务教育、医疗保障以及改善弱势群体境遇等，从而有利于改善民生，提高社会的和谐程度，进而间接减少犯罪的发生。

四、宽严相济契合世界刑事法治的潮流指向

通过对古往今来、古今中外的全部实然刑事政策作纵向考察，在一般意义上，刑事政策能够用于满足人类共同体需要的价值谱系不仅包括现当代民主法治国家所倡扬的正义、自由、人权、平等、秩序、效率等价值元素，还包括近代以前中外刑事政策实践史上曾普遍存在的专制、集权、民族歧视、种族压迫等价值元素。从理论上看，没有任何一项实然刑事政策能够同时囊括上述全部价值元素，因为其中某些元素在性质上是根本对立的，如自由与专制。因此，任何实然刑事政策的制定者势必从一般意义刑事政策的全部价值元素中拣选出一项或者多项，将其纳入该刑事政策的价值目标体系，并作为检验其实施成效的标尺。从道义评价角度，不妨将一般意义刑事政策的价值谱系分为两个序列，第一序列包括正义、自由、人权、平等、秩序、效率等，第二序列涵盖专制、集权、民族歧视、种族压迫等。纵观中外刑事政策实践史，可以发现，越往历史长河的上游追溯，越是落后、野蛮的时代或国家，其刑事政策的价值选择越倾向第二序列，而越是民主、文明的时代或国家，其刑事政策的价值选择越倚重第一序列。

宽严相济作为我国最新的刑事政策形态，在推进依法治国，构建社会主义和谐社会的时代背景中应运而生。和谐社会是以人为本的社会，是以保障人权、限制公权为价值指向的文明社会形态。这一话语背景决定了当下刑事政策所追求的价值目标应当立足于一般刑事政策的第一价值序列，更多地昭示捍卫正义、尊重人权、保障自由、实现平等、维护秩序、追求效率的理性、人文进路。显然，宽严相济之宽严并用、以宽为先的基本立场与和谐社会的旨趣是相一致的。同时，社会之和谐不仅包括国家内部关系的和谐，也包括我国与外部国际关系的协调，宽严相济之提出作为对世界刑事法治潮流的回应，有利于赢得国际社会的认同，促进中外在刑事法治领域的沟通与交流，从而有助于推进外部国际关系的和谐。

第三章　宽严相济刑事政策的理论基础

前文阐述了确立宽严相济政策的必要性问题，本章将集中论证宽严相济政策的理论基础，这实际上也是在回答宽严相济政策的合理性问题。合理性与必要性一道赋予了宽严相济政策存在的有力根据。本章拟从三个方面解析宽严相济政策的理论基础，即哲学层面、价值层面和方法论层面。三个层面的着眼点是有区别的：哲学基础为宽严相济政策的存在与发展提供了最一般和最普遍的根基；价值基础凸显宽严相济政策以人本身为出发点，关注人性、重视人权、倡扬人道，最终又回归人本身，从而于人文的角度证成宽严相济政策的合理性；方法论基础则深入刑事法治内部，阐明宽严相济政策在方法论上是以刑事一体化理念为指导的实然刑事政策形态，有利于链接各刑事法学子学科，联系刑事法治的各个基本环节并有机整合各种刑事法律资源。哲学基础的普世性、价值基础的人文性、方法论基础的一体性共同奠定了宽严相济政策的合理性根基。

第一节　哲学基础

哲学是理论化、系统化的世界观，而世界观是人们对于整个世界总的看法和根本观点。同时，哲学既是世界观，又是方法论。所谓方法论，是在世界观的指导下，观察、分析和应对各种问题的理论体系。世界观与方法论是辩证统一的，有什么样的世界观就有什么样的方法论。哲学的基本问题是物质与意识（亦即思维与存在）

的关系问题，可以进一步分解为两个方面：一是物质与意识谁为第一性、谁为第二性的问题，对这一问题的不同回答是划分唯物主义与唯心主义两大哲学派别的标准；二是物质与意识有无同一性的问题，即人们能否认识世界，对这一问题的不同回答是可知论与不可知论的分野。辩证法与形而上学的斗争和唯物主义与唯心主义的斗争是哲学发展进路中紧密交织的两股红线。辩证法是关于世界发展和普遍联系的学说，其特点是用联系的、发展的、矛盾的观点看世界，而形而上学则是用孤立的、静止的、片面的观点看事物。马克思主义是完备而严密的理论体系，它包括三个组成部分：哲学、政治经济学、科学社会主义。马克思主义的哲学，是辩证唯物主义与历史唯物主义，是马克思主义思想体系的理论基础，是无产阶级的科学的世界观和方法论，是人类以往科学和哲学发展的光辉结晶，是当今“时代精神精华”。[①] 宽严相济政策正是建立在马克思主义哲学基础之上的刑事科学结晶，唯物主义世界观和唯物辩证法从哲学角度为宽严相济奠定了第一块合理性基石。具体而言，物质决定意识、运动是物质的根本属性以及对立统一规律这三大哲学法则在宽严相济政策中均有具体体现，下文分述之。

一、物质决定意识

物质是能够脱离人的意识而独立存在并能为意识所反映的客观实在，正如列宁所言：“物质是标志客观实在的哲学范畴，这种客观实在是人通过感觉感知的，它不依赖于我们的感觉而存在，为我们的感觉所复写、摄影、反映。”[②] 物质是世界的本源，世界统一于物质。而意识作为人脑的机能，是自然界与社会长期发展的产物，它在本质上是对物质的反映。马克思主义哲学坚持物质第一性

---

① 参见王万民、韦克难主编：《马克思主义理论基础》，四川人民出版社 2004 年版，第 3 页。

② 《列宁选集》（第 2 卷），人民出版社 1972 年版，第 128 页。

原理，因此就必须承认物质对意识的决定性。物质决定意识体现为以下几个层面，“从意识的本质看，意识是人脑对物质的反映；从意识的起源看，意识是物质高度发展的产物；从意识的作用看，意识能动作用的发挥受到物质世界的客观规律和客观条件的制约”①。物质对意识的决定性并不否定意识的能动作用，意识在正确把握物质世界客观规律的前提下，能够反作用于物质世界，亦即人类能够能动地反映世界和改造世界。

宽严相济政策符合物质决定意识的哲学原理。在前文界定宽严相济政策时，笔者指出它从本质上讲是一种刑事策略系统，体现了刑事政策的制定主体对当前的犯罪态势、变化规律以及犯罪人特征等的科学认知与合理反应，是通过观察、分析、研判而形成的法律思维体系，属于上层建筑中的社会意识，具有意识性。根据意识的反作用原理，宽严相济政策要反作用于客观世界，其受众主要是各类犯罪行为及其行为人，兼及国家机关与被害人。宽严相济政策作为一种具体的意识形态，必然符合物质决定意识的基本原理，既不是刑事政策的制定主体凭空想象的，也不是少数领导人“拍脑袋”决定的，那么决定宽严相济政策的客观实在究竟是什么？如果我们仍然用一般哲学意义上的物质或者客观实在来描述，就容易泛泛而论、语焉不详。笔者认为，对宽严相济政策具有决定性的物质或者说客观实在应当有所特指，质言之，是和谐社会语境中的宏观的社会政策环境与刑事安全态势。

所谓宏观的社会政策环境，其外延是比较宽泛的，涵盖财经政策、劳动政策、社会保障政策、土地政策、人口政策等。各种社会政策为相关领域的社会关系主体提供了一个大体的行为导向，并组成了一个国民赖以生存的社会环境。在宽松、温和的社会政策环境中，由于政策制定科学，法律规范完善，配套机制得力，因此国家

① 参见王万民、韦克难主编：《马克思主义理论基础》，四川人民出版社2004年版，第43页。

有理由期待国民保持较高的道德水准，遵纪守法，较好地制约自己的行为。在宽和的社会政策环境中实施犯罪，除非有特别情由，对犯罪人一般应从严处置；而在严峻的社会政策环境中，则相反。结合我国当下的具体国情，在广大农村地区，实施了数千年的农业税已经取消，政府还对农民发放各种补贴，并逐步建立起农村新型医疗互助合作体系。上述举措在很大程度上改善了农民群众的基本民生，使得其赖以生存的政策环境从总体上讲是比较宽松的。在此情况下，对于那些没有生存危机却实施了贪利性犯罪的农村犯罪人，就应当运用宽严相济政策从严的一面进行处置。反观广大城镇，虽然国家从 2005 年起每年均对企业退休人员的基本养老金有所提高，但相对于 GDP 增速和 CPI 涨幅而言仍然有限；城镇职工的医疗保障体系虽已逐步建立，但城镇职工以外的城镇居民尚未完全纳入医保体系；新劳动法虽已出台，但配套措施和监督机制有待跟进，劳动者的弱势地位尚未得到根本改善。在此情况下，如果城镇居民出于维持生计、治疗疾患、子女上学等具有一定道德可恕性的缘由实施了轻微财产犯罪，一般应从宽处理。由此，在贯彻宽严相济政策的过程中，要决定对某种类型的犯罪及其行为人采取何种政策态度（宽缓抑或严厉），首先应对该领域的社会政策环境进行总体评估，分析在该领域中犯罪人所面临的生存与发展情势如何，从而判断犯罪人是否容易形成相对该领域犯罪的反对动机，进而决定对已然犯罪行为及其行为人采取何种政策态度加以处置。这种分析、评估务必客观、全面、真实地反映各领域社会政策环境的具体状况，唯有如此，才可谓把握了客观实在的本来面貌，从而有利于正确贯彻宽严相济政策。

刑事安全态势包括多重内容，如特定时期刑事案件的发案总数、各类刑事案件的发案数、涉案犯罪人总数、各类犯罪人数（如未成年犯罪人、女性犯罪人、职务犯罪人、恐怖主义犯罪人、涉黑犯罪人等）、居民对社会治安的满意度、再犯率等。从时间维度看，包括本时期刑事安全态势与历史时期的纵向比对；从地域范围看，包括局部地区的刑事安全态势、全国的总体态势以及国外的安全态势之间的横向比较。上述要素也是刑事法治领域内的客观实在，能够为我们形成正确的宽严相济观以及合理调整、正确实施宽严相济政策提供事实根据。因此，我们要高度重视对上述数据、情况的搜集、调查工作，相关部门更要正确统计、全面汇总、如实上报各项数据、指标。各类刑事政策主体则应在数据、信息汇集的基础上，将当下数据与历史数据、各地区数据、全国平均数据与地区数据、我国数据与国外数据作横向与纵向的全面比对，并将得出的结果作为进行宽严相济政策相关活动的根据。唯有如此，才是对物质决定意识原理的坚持。结合我国的司法实践，笔者认为有两个问题值得关注：其一，在中外法律实践中，普遍存在“犯罪黑数”问题。“犯罪黑数”虽不能绝对避免，但有关部门可以通过发挥主观能动性，努力发现已经发生的各类刑事案件，从而尽可能降低“犯罪黑数”，确保我们最大限度地把握犯罪态势这一客观实在的全貌。其二，很多地区的司法机关不同程度地存在刑事案件“不破不立”的现象。相对于“犯罪黑数”，“不破不立”完全是一种人为因素，其产生原因在于司法机关将破案率作为业绩考核的重要指标。笔者认为，这种司法活动行政化倾向背离了刑事法治的内在规律，应当给予重视并予以纠正，否则会妨碍对客观实在的正确把握。

二、运动是物质的根本属性

物质是一种客观实在，运动是物质固有的根本属性和存在方式。恩格斯说：“运动，就最一般的意义来说，就它被理解为存在的方式、被理解为物质的固有属性来说，它包括宇宙中发生的一切变化和过程，从单纯的位置移动起直到思维。”① 古希腊哲学家赫拉克利特对运动的绝对性也有著名论断，即“一切皆流、一切皆

① 《马克思恩格斯选集》（第 3 卷），人民出版社 1995 年版，第 401 页。

变”，“人不能两次踏入同一条河流”。该哲学原理可以展开为以下几个方面：第一，凡物质都是运动着的物质，没有不运动的物质；第二，运动是物质的运动，物质是运动的主体，没有离开物质的运动；第三，运动的绝对性并不排斥静止的相对性，后者是我们认识和区分事物的前提。①

在上一节中，笔者指出，作为客观实在的宏观的社会政策环境与刑事安全态势对作为意识形式的宽严相济政策具有决定性。宽严相济政策在出台之后并不会自动发挥效力，需要相应的主体去贯彻和实施，需要投入一定的人力、物力等法律资源，这些要素本身就属于物质的范畴。作为意识的宽严相济政策需要与一定的物质相结合，才能转化为对刑事法治发挥切实影响的刑事政策活动。由此一来，宽严相济政策就具有了某种程度的物质性，进而转化为一种客观实在。运动是物质的根本属性，那么宽严相济政策也应具有运动性，细言之，当我们确定了对待某种类型犯罪或者犯罪人的政策态度之后，事情并非一成不变，随着社会形势、刑事安全态势以及主观价值观念的变化，完全可能出现从宽和到严厉的调整，也可能出现由严格至轻缓的变化。如果不把握好这个原则，现在的宽缓可能蜕变为将来的放纵，现在的严厉也可能演变为违背人道的苛酷。

笔者拟举我们对待渎职侵权犯罪的政策态度变化予以论证。众所周知，贪污贿赂与渎职侵权是腐败犯罪的两种基本类型，但在较长一段历史时期内，反腐败斗争的重心始终着落在贪污贿赂犯罪上，不仅每年查处的渎职侵权犯罪案件占全部职务犯罪案件的比例明显偏低，而且在被判有罪的渎职侵权案件中，大多数都被判处了缓刑、管制等“虚刑”，甚至被免除刑事处罚。这种情形的产生不乏观念层面的原因：有人说，渎职犯罪，就是粗心大意，没有为自己牟利；有人辩解说，渎职不是贪污受贿，主观恶性小，批评教育

① 参见刘进田主编：《马克思主义哲学原理》，中国政法大学出版社2005年版，第39～43页。

就行了，用不着上纲上线；有些领导干部也认为，渎职侵权是“好心办坏事”。上述说法表明，社会对渎职的认识还有偏差，还普遍存在着暧昧的“宽容”心态，这造成了渎职犯罪发现难、查证难、处理难的“三难”局面。①

随着反腐败斗争的深入，我们逐渐认识到对渎职侵权犯罪的宽容是错误的，渎职侵权虽不是贪污受贿，但社会危害性不容小觑：从个案数额看，最高人民检察院渎职侵权检察厅厅长宋寒松说，“在某种程度上，渎职侵权犯罪比贪污犯罪危害还大”，“我们曾对1998 年、1999 年、2000 年三年查处的案件进行比较分析，贪污贿赂犯罪平均的个案案值是25. 8 万元，而渎职犯罪平均个案案值是285 万元，还没有计算其给人民生命健康造成的重大损害后果”②；从宏观上看，据统计，检察机关2003 年以来查办的各类渎职犯罪，给国家造成的直接经济损失达357 亿元；此外，渎职侵权犯罪还会妨碍建设高效、廉洁的公务员队伍，严重损害党和政府的公信力，动摇人民政权的根基。因此，无论是从执好政、掌好权的角度看，还是从打造法治政府、诚信政府的角度看，渎职侵权都是一种不可宽容、不可谅解的行为。这种认知变化决定了近年来我们对渎职侵权犯罪采取了日趋严厉的政策态度。无论是每年均呈增长态势的案件查办数、查处人员数及大案要案数，还是最终被判处刑罚、实刑的比例数的逐年增加，以及最高人民检察院于2006 年7 月出台的《关于渎职侵权犯罪案件立案标准的规定》，监察部、最高人民检察院与国家安监局于2006 年2 月联合下发的《关于加强行政机关与检察机关在重大责任事故调查处理中的联系和配合的暂行规定》等规范性文件，都是有力的证明。

此例表明，宽严相济政策对待某种类型犯罪或者某种类型犯罪

① http://news. 1488. com/news/review/2007/5 －16/13 －4 －12 －1. shtml, 2009 年3 月6 日访问。

② http://www. fdzqq. com/ArticleShow. asp? id =617，2009 年3 月6 日。

人的政策态度并非一经确立就一成不变，而应顺应情势的发展适时调整，只有这样才能更好地维护公平正义，实现刑法的一般预防和特殊预防功能。我们对渎职侵权腐败犯罪的态度由宽缓向严厉的变化，就是运动是物质的根本属性这一哲学原理在宽严相济政策上的具体体现。

三、对立统一规律

对立统一规律即矛盾规律，是唯物辩证法最根本的规律，是唯物辩证法的实质和核心。① 矛盾的实质就是对立统一，它是事物发展的源泉与动力；矛盾无处不在，存在于一切事物的发展过程中，事物的发展过程本身就是矛盾运动；矛盾无时不有，任何一个事物的产生、发展、消亡的全过程都存在着矛盾。主要矛盾与非主要矛盾、矛盾的主要方面与次要方面是对立统一规律中的两组重要范畴。主要矛盾在事物的发展过程中居于支配地位，发挥决定性作用，反之非主要矛盾在事物的发展过程中处于次要、从属地位；矛盾的主要方面是指在矛盾内部的两个方面中居于支配地位、发挥主导作用的方面，矛盾的次要方面是指在矛盾内部的两个方面中处于被支配地位、起着次要作用的方面。唯物辩证法关于主要矛盾与非主要矛盾、矛盾的主要方面与次要方面的原理启示我们在各项工作中，要把两点论与重点论统一起来，既不能抓住一面放弃另一面，也不能主次不分、追求所谓的均衡。

由此可以引申出宽严相济政策本身也是一个矛盾统一体，而宽和与严厉就是其内部既对立又统一的两个方面。既往的“严打”政策实践在短期内有一定效果，而越到后来负面效应愈加显现，原因之一是“严打”是一种单向度刑事政策，仅关注运用严厉的实体刑罚和程序处遇来应对刑事犯罪和犯罪人，忽视了宽和举措在刑

① 参见王万民、韦克难主编：《马克思主义理论基础》，四川人民出版社 2004 年版，第 74 页。

事法治中的不可或缺性，因而无法做到多种举措相辅相成、短长互补。上升到哲学层面，“严打”政策的重大缺失之一正体现为对对立统一规律的背离。反观宽严相济政策，其面对复杂的刑事安全态势，采取多样化的策略对犯罪作出合理反应。多样化的策略与举措从总体上分为宽和与严厉两个大的类别，虽然这两个类别的措施在政策态度、价值诉求等方面是相反的，但这正好使得宽严相济政策具备了较好的伸缩性与广延性，在复杂的犯罪态势面前具备了良好的张力，得以全面覆盖、从容应对。宽严相济政策对宽和与严厉两个方面的完整把握，体现了对矛盾律的正确把握。

同时，根据对立统一规律，在宽和与严厉的对立统一关系格局中，二者的地位并不是等量齐观的，必有一个是矛盾的主要方面，一个是矛盾的次要方面。那么，究竟由谁来担当主导地位、谁扮演附属角色才更符合构建和谐社会的要求呢？关于这一点，学界有不少论述：有学者指出，“宽严相济的重点体现在‘宽’上，在思维方式和具体适用过程中首先考虑‘宽’，在不能以‘宽’处理的情况下才考虑用‘严’处理。在具体举措上，惩办与宽大相结合政策强调的是犯罪化、重刑化和监禁刑化，而宽严相济政策强调的更多是非犯罪化、轻刑化和非监禁化”①；还有学者认为，“如此泛泛而谈，不足以指导实践。宽严相济理应向‘宽’倾斜”②。笔者认为，一味强调宽与严之间的平衡、互补势必无法解决具体问题，基本州事政策理应有所侧重，是侧重基础上的平衡。在宽严相济政策这一矛盾统一体中，其矛盾的主要方面非“宽”莫属。细言之，宽严相济政策的用语、定位、话语背景、价值目标等共同决定了宽严相济对于各类犯罪行为与犯罪人应区别对待，一般情况下应首先

---

① 郭建安、陈雄飞：《论宽严相济刑事政策》，载《犯罪与改造研究》2007年第5期，第25页。

② 陈兴良主编：《宽严相济刑事政策研究》，中国人民大学出版社2007年版，第5页。

施予宽和、人道的政策措施、策略，当宽和、轻缓的举措归于无效，刑事安全态势持续恶化时，方得济以相对严厉或者更为严厉的举措。可见，宽严相济政策不仅暗合了唯物辩证法的对立统一规律，同时也是在有所侧重的基础上把握对立统一规律的。用一句话概括，即宽和是宽严相济政策的基本立场和首选项，而严厉是宽和的补充，是迫不得已的替补选项；宽和乃矛盾的主要方面，严厉是矛盾的次要方面。

第二节　价值基石

一、人本主义思想梳理

（一）在我国的演进

在我国悠久的文明长河中，很早就出现了人本思想的萌芽。最早的人本思想是从对神本思想的反对中产生的。神本思想产生的根源在于远古人类认识自然与改造自然的能力低下，基于对自然伟力的敬畏而将其视为主宰一切的力量加以膜拜，正如恩格斯所说，“通过自然力的人格化，产生了最初的神”①。“天命”、“天帝”等提法就是神本思想的体现。周初统治者汲取前朝灭亡的教训，率先提出“敬天保民”的思想，这标志着人本思想在我国的最初萌芽。

春秋伊始，我国人本思想获得进一步发展。著名思想家管仲最早提出“以人为本”概念，他说：“夫霸王之所始也，以人为本，本治则国固，本乱则国危。”② 此后，以人为本主要通过以民为本的形式得以体现，具体有三种，即民为邦本、民贵君轻和爱民恤民。民为邦本思想强调的是民众对于政权的根基性作用，如《尚

① 《马克思恩格斯选集》（第4卷），人民出版社1995年版，第224页。
② 《管子·霸言》。

书》载曰："民可近，不可下，民惟邦本，本固邦宁"[①]；孟子道，"保民而王，莫之能御也"[②]，"得天下有道：得其民，斯得天下矣。得其民有道：得其心，斯得民矣"[③]；后世还出现了"国以民为本，民以谷为命"[④]，"国以民为本，社稷亦为民而立"[⑤]，"夫民者，万事之本，不可欺"[⑥] 等学说。民贵君轻思想体现的是对民众与统治阶级关系的定位，如孟子道，"民为贵，社稷次之，君为轻"[⑦]；《荀子》有云，"君者，舟也；庶人者，水也。水则载舟，水则覆舟"[⑧]。爱民恤民思想彰显的则是一种政治主张，如老子认为，君主当"以百姓心为心"[⑨]；孟子认为："民之为道也：有恒产者有恒心，无恒产者无恒心；苟无恒心，放辟邪侈，无不为己。及陷乎罪，然后从而刑之，是罔民也；焉有仁人在位，罔民而可为也！是故，贤君必恭俭，礼下，取于民有制"[⑩]；而后世范仲淹的"先天下之忧而忧，后天下之乐而乐"则是爱民恤民的进一步发展。

纵观之，人本思想在我国数千年的文化传承中有着系统丰富的体现，但主要是通过"民本"的形式体现的，因为在古代，"人"与"民"基本是相通的，人本即民本。[⑪] 在肯定古代人本思想历史

① 《尚书·五子之歌》。

② 《孟子·梁惠王上》。

③ 《孟子·离娄上》。

④ 《后汉书·张奋传》。

⑤ 《四书集著·孟子集注》。

⑥ 《新书·大政上》。

⑦ 《孟子·尽心下》。

⑧ 《荀子·王制》。

⑨ 《道德经·第四十九章》。

⑩ 《孟子·滕文公上》。

⑪ 在当代，作为一种哲学价值观，人本和民本又是不同的。人是相对于物和神的一种指称，人本论证的是人与物、人与神的相互关系；而民本则指人与人的关系，民是相对于官而言的。

进步性的同时，也不能否认其局限性。从本质上说，古代人本思想是以承认阶级分化和阶级剥削为前提的，重视民众只不过是开明统治的一种手段，其终极目的还是为了更好地维护阶级统治，防止人民反抗。

（二）在西方的流变

西方人本主义思想导源于古希腊哲人的学说，普罗泰哥拉提出“人是万物的尺度”① 这一著名论断，凸显了人的主体性与主导性。其后，著名哲学家柏拉图与苏格拉底对普氏言说进行了发展，特别是苏格拉底提出的“认识你自己”的口号，对于处于蒙昧时代的人类通过认清自身本质进而更深刻地把握人与世界的关系无疑具有重要启示。古希腊的人本主义思想也影响到了古罗马。此后，欧洲大陆步入长达千年的中世纪，在该时期，上帝被幻化为一切的主宰，宗教神学超然于世俗生活，统治阶级与宗教界大肆宣扬藐视人、压抑人的禁欲主义，否弃人的尊严、自由与价值，原罪与救赎教义大行其道，人匍匐于神的脚下，沦为全能、永恒的上帝的附庸，从而丧失了本真与自我。

伴随哥伦布的地理大发现，哥白尼的宇宙新发现以及资本主义生产方式的兴起，人类理性中审视自身的力量重新焕发，从而将欧洲历史带入了人类重新认识自我的变革时期。关于这一时期，德国人称之为宗教改革，法国人谓之为文艺复兴，西方学者界定为“人的发现”。实际上，“人的发现”毋宁称为“人对人的发现”，那么人类究竟对自身产生了哪些新的认知呢？有学者归纳为以下几点：“一是发现了人在宇宙中的主体地位和作用及其价值；二是发现了拥有能力和自由的个体及其丰富的主体个性；三是发现了人的

① 张志伟主编：《西方哲学史》，中国人民大学出版社 2002 年版，第 67 页。

自然欲求的现实合理性；四是发现了人的理性的至上性。”[①] 从总体上说，文艺复兴作为人类历史上第一次思想解放运动，将人性从神性的枷锁中解放出来，高扬理性的旗帜，肯定人的主体性，重视人的尊严、自由与价值，其精神要旨可以归结为“世界的发现”与“人的发现”两大主题。[②]

如果说文艺复兴主要是从文化的角度强调人的价值，那么资产阶级启蒙思想家则着眼于政治的立场，为人本主义注入了更多的实质内涵。在该时期，人本主义以人道主义的形式获得了新的发展。启蒙思想家针对封建专制和等级特权，提出了“天赋人权”、“主权在民”、“人生而平等”等理念，大力宣扬“自由、平等、博爱”的政治口号，强调人的理性的至高无上性。启蒙思想直接指导了欧美各国的资产阶级革命，诞生了《独立宣言》、《权利宣言》等历史文献。当然，启蒙运动也不可避免地具有历史局限性，如漠视外部世界对人的制约性，没有看到理性也有其限度，无视群众疾苦而只专注于自身的政治利益等。此后，法国的空想社会主义学者从构建未来理想社会方案的角度出发，提出“使每个人在肉体和精神上都能得到全面发展”[③]。而德国学者费尔巴哈将人本主义提升到哲学的高度，在人类历史上首次对人本主义的本质、思维方式与内容结构作了哲学上的系统论证，使人本主义具备了相对完备的理论形态。

一、人本主义法律观

文艺复兴时期同时也是自然科学与人文社会科学获得跨越式发

① 韩庆祥、张洪春著：《论以人为本——从物到人》，江苏人民出版社2006年版，第65～68页。

② 参见［瑞士］布克哈特著：《意大利文艺复兴时期的文化》，何新译，三联书店1979年版，第280页。

③ ［波］亚罗舍夫斯基：《马克思主义人论》，杨晓伟译，辽宁教育出版社1988年版，第11～12页。

展的时期。在文艺复兴运动为人文社会科学提供了人本主义这一崭新的方法论之后，法学开始与哲学、政治学、伦理学等分离开来，并以人本主义为精神指引，逐步形成具有独立学科品性的人文社会科学门类。其后，西方相继出现的古典自然法学派、分析实证主义法学派、社会法学派等无一不是以人为基点展开的，而天赋人权论、主权在民论、社会契约论、法律理性论等观点也无一不是渗透了人本主义的光芒。至此，人本法律观成为继神本法律观、物本法律观之后第三个关于法律因何产生、法律的目的是什么的法律观念体系。

“本”具有多重意蕴，如基本、根本、本质、本源等，人本主义之“本”当取根本之意，而人本法律观就是将人作为分析法律问题、进行法律活动的逻辑起点的观念体系，“是将人本主义贯彻到法学领域的产物，其基本要义是法律应以实现人的全面发展为目标，以尊重和保障人的合法权利为尺度，实现法律服务于整个社会和全体公民”[①]。之所以将人作为法律的逻辑起点，有学者给出了四点理由：“1. 法律与人本身的内在联系是客观基础；2. 法律是人追求良好生活的保障是价值基础；3. 法律只有在人的参与下才是有效规则是功利目的；4. 人的问题构建了法律需要解决的永恒问题是思想基础。”[②] 还有学者认为人本法律观同时也是一种科学的法律方法论，“是在立法、司法、守法和进行法律监督中选择方法、视角、思路与途径时的基本出发点，要求以符合人类发展规律的人性、人权、人伦、人道之精神来塑造法律、审视法律、评价法律和适用法律，使整个法律规范系统和适用过程浸润进人文关怀和

① 李龙主编：《人本法律观研究》，中国社会科学出版社 2006 年版，第 29 页。

② 胡玉鸿著：《法学方法论导论》，山东人民出版社 2002 年版，第 369～392 页。

人道精神”[①]。笔者认为，为了更好地理解人本法律观，必须首先界定“人”的外延。这里的“人”不是生物学、社会学意义上的人，而是处于法律这个特定的社会科学门类和法治这个特定的社会关系领域中的人，换言之，就是进入了各种法律关系的人，并且是自然人，而非拟制的单位或者法人。此时的人是以法律关系的主体身份而存在的，不能将人作为任何法律关系的客体，否则就是舍本逐末。

无论是作为一种理念抑或一种法学方法论，人本法律观都应当有更为具体、确切的内涵，具体可以展开为以下几个层面：

（1）人是一切法律问题的出发点：马克思曾将人视为哲学和社会科学的出发点，因此人是法律的出发点乃题中应有之义。首先，“全部人类历史的第一个前提无疑是有生命的个人的存在”[②]，人类创造了历史，自然包括创造了属于历史产物的法律，任何法律问题均离不开作为其创制主体的人。其次，劳动使人从自然界中分化出来，人类产生之后必须从事各种生产劳动，在实践中产生了各种需要，以更好地发展生产、治理社会，而法律就是基于人的需要而产生的，对此恩格斯曾有经典论述，“在社会发展某个很早的阶段，产生了这样一种需要：把每天重复着的产品生产、分配和交换用一个共同规则约束起来，借以使个人服从生产和交换的共同条件这个规则首先表现为习惯，不久便成为法律”[③]。如果离开了人的需要，法律将失去产生的基础。最后，各个历史时期的法学家都力图阐明法的作用，美国著名法学家博登海默认为法律的主要作用之一在于调整与调和个人与个人、个人与社会之间的种种相互冲突的

① 汪习根：《论人本法律观的科学含义——发展权层面的反思》，载《政治与法律》2007 年第 3 期，第 68 页。

② 《马克思恩格斯选集》（第 1 卷），人民出版社 1995 年版，第 67 页。

③ 《马克思恩格斯选集》（第 3 卷），人民出版社 1995 年版，第 211 页。

利益。[①] 显然，无论何种利益，都必须以人为主体来确立和实现。

（2）人是法律的目的与归宿："一个最后的目的就是这样的一个目的，它的成为可能是不需要任何其他目的作为条件的"[②]，这就是康德所提出的"人是目的"的著名论断，其昭示我们，"不论是谁在任何时候都不应把自己和他人仅仅当做工具，而应该永远看做自身就是目的"[③]。既然法律是因人的需要而产生，那么其存在也必然是为了人的需要。这一需要的内容首先是生命和安全，接下来是平等、秩序、财产等，归纳为一点，即"法律的目的，就是帮助人们在社会中达到其最完善的状态"[④]。在漫长的文明进路中，法律曾多次发生过异化，以史为鉴，如果离开了以人为目的这一根本，法律就可能沦为压抑人性、践踏人权、残害人类的工具。只有以人为依归，法律才能引导人性向善、促进人类文明和增进民众福祉。

（3）保障人权是人本法律观的核心内容：人是法律的出发点与人是法律的目的作为人本法律观的重要内容，更多地驻留于理念与价值的维度，对于如何在现实层面实现上述两点要求，应当有技术层面的保障，因此必须为人本法律观注入实质内容，这就是保障人权。黑格尔将法律看做"作为理念的自由"[⑤] 或者是"自由的具

---

① 参见［美］E. 博登海默著：《法理学：法律哲学与法律方法》，邓正来译，中国政法大学出版社 2004 年版，第 413 页。

② ［德］康德：《判断力批判》，邓晓芒译，人民出版社 2002 年版，第 235 页。

③ ［德］康德：《康德的道德哲学》，牟宗三译，西北大学出版社 2008 年版，第 256 页。

④ 陈寿灿：《人本法律观的伦理意蕴》，载《政法论坛》2007 年第 6 期，第 175 页。

⑤ ［德］黑格尔著：《法哲学原理》，范扬等译，商务印书馆 1996 年版，第 10 页。

体体现”[1]。我国有学者将人的最高本质归结为人的自由发展，因而以人为本重在以人的自由为本。[2] 另有学者指出：“人权当中最根本的问题就是自由，以人为本最核心的内容就是自由，人本法律观最本质的含义无疑是保障和实现人的自由。”[3] 笔者认为，上述观点在基本方向上是正确的，但是将纯粹、绝对的自由归结为人的本质又容易导致恣意妄为，同时也背离了马克思关于人的本质的理论。法律是调整以人为主体的社会关系的规则系统，调整方法是通过权利与义务的规定实现的。权利与义务具有对应性，因此问题可以归结到权利上。法治的发展路径折射出不断承认和扩大人在法律上的权利范围之趋势，将法的基点逐渐由其他范畴转移到人自身。因此，漠视权利乃至践踏权利都是背离人本法律观的做法，人本法律观必然重视权利。虽然权利意味着自由，但自由一语并不具有学科的限定，并且随意使用易无视其限度和条件，因此在法的范畴内使用权利一语更为恰当，因为权利正是法律化的自由。只有切实做到维护人权、注重权利，人是法律的出发点与人是法律的目的才能得到具体实现。

三、宽严相济刑事政策之人本视角

和谐社会的基本特征是以人为本，法治作为构建和谐社会的重要手段，必然要求将人本法律观确立为整个法治建设的价值基石。在刑事法治内部，基本刑事政策作为刑事法治的灵魂与导向，理应彰显人本法律观的基本要求。宽严相济政策将以人为本作为价值基

---

① ［德］黑格尔：《哲学史讲演录》（第三卷），贺麟等译，商务印书馆1997年版，第224页。

② 参见郭道晖：《“以人为本”重在以人的自由为本》，载《法学》2007年第9期，第69页。

③ 陈寿灿：《人本法律观的伦理意蕴》，载《政法论坛》2007年第6期，第175页。

石，乃是一项人本型刑事政策，其契合人本法律观的基本要求，符合构建和谐社会的客观需要，具体体现在如下几个方面：

首先，从宽严相济政策中的“人”谈起。人本主义之“人”是一个普遍概念，泛指每一个现实存在的生命个体，而不论其性别、年龄、国籍、民族、种族、社会地位等。当运用人本主义理念指导各个具体学科门类时，“人”的指称应当具体化，否则无法契合各学科的特殊属性。笔者认为，人本法律观中的“人”包括两层含义，一是理论法学层面上的一般人、抽象人，此时个体间的差异被屏蔽，只抽象出所有个体共通的属性，并限于法理学和法哲学研究；二是在具体的部门法领域中，作为相应法律关系主体的人，较前者其外延已经大为限缩，属于类概念，即某一类法律人。宽严相济作为一项人本型刑事政策，正是在上述第二种意义上使用“人”的，申言之，即进入某种刑事法律关系，作为该法律关系主体，享有一定刑事权利并承担一定刑事义务的人。在现当代社会，单位、法人等作为法律上拟制的人，正在成为愈加重要的一类法律关系主体。在刑事法律关系中，单位、法人不仅可以成为单位犯罪的犯罪人，也可以成为某些犯罪行为的被害人。笔者认为，这类“人”作为自然人的集合，虽然具有某些人格化特征，但从人本主义关注人性、注重人道的要求看，其主要是从自然人的属性、角度切入的。因此，在现阶段，宽严相济政策视阈中的人暂不宜将单位、法人等拟制的人纳入进来，而应特指自然人，具体而言，包括犯罪人、被害人、附带民事诉讼的当事人等。宽严相济作为一项基本刑事政策，以各类犯罪行为及其行为人为主要作用对象，而犯罪行为是犯罪人所实施的，“是犯罪人的犯罪危险性人格的外在表现形式”[①]。同时，并不是所有的犯罪都有具体、直接的自然人被害人，但所有的犯罪活动都离不开作为主体的自然人犯罪人，即便是

① 张文、刘艳红、甘怡群著：《人格刑法导论》，法律出版社 2005 年版，引言第 9 页。

单位犯罪，也是通过能够代表单位的自然人直接实施的。犯罪人不仅是犯罪行为的实施者，刑事责任的承担者，也是不可或缺的刑事诉讼法律关系的参与者。因此，宽严相济政策视阈中的以人为本，主要应当体现为以犯罪人为本，无论是宽和抑或严厉的措施、处遇，都主要是以犯罪人为指向对象的。

其次，宽严相济政策之以人为本虽然主要体现在犯罪人上，但应兼顾被害人以及刑事附带民事诉讼的当事人等群体。传统的犯罪中心主义刑法理论及其指导下的法律实践，将基点主要集中于对犯罪的惩治与被告人权益的保障上，而对被害人在刑事程序中的诉讼权利、诉讼地位以及受损权益的恢复救助极度漠视。[①] 正如王牧教授所指出的：“自从国家从同态复仇双方那里垄断了刑事案件的处理权以后，国家在很长的历史时期里都冷落了犯罪被害人。在刑事案件的处理中，国家本来应当充分地保护被害人的利益，但是国家经常以整体的公共利益为借口而不同程度地忽视了犯罪被害人的利益。”[②] 这种情形的出现并非偶然，而是源自一种观念上的误区，即认为犯罪行为虽然侵害了被害人的法益，但首先是对国家与社会整体利益的破坏。公民的个体利益以国家和公共秩序为前提，代表国家的刑事司法机关对犯罪人刑事责任的追究具有抚慰被害人的功能。作为具体表现，刑事被害人不能决定诉讼进程（在公诉案件中没有上诉权或者抗诉权），其精神损害赔偿请求得不到法律支持……在当前的研究中，已经有部分学者明确提出刑事被害人应当成为宽严相济政策的作用对象，主要是关注其法律境遇、诉讼地位及权益修复。笔者认为，宽严相济政策不应忽视刑事被害人这个刑事诉讼中的“弱势群体”，而应给予其更多的关照。因为在有具体

---

① 参见高维俭著：《刑事三元结构论——刑事哲学方法论初探》，北京大学出版社2006年版，第1~21页。

② 参见王牧教授为田思源所著《犯罪被害人的权利与救济》（法律出版社2008年版）一书所写的序言第1页。

被害人的案件中，被害人作为犯罪行为直接指向的对象，对犯罪行为的感知最为真切，其合法权益遭到犯罪行为的直接侵害，身心受到重创，这种负面影响在短期内很难消除，甚至将延续终身。并且，导致犯罪发生的机理是复杂的，原因也是多样化的，其中国家的预防机制部分失灵也是一个重要方面。因此，国家在犯罪被害人的权利保护与救济方面负有义不容辞的道义责任与法律责任。[①] 笔者认为，应当肯定被害人在刑事附带民事诉讼中的精神损害求偿权。此外，理论界近年来热议的刑事和解制度、刑事被害人国家救助机制等也不失为有益探索。[②] 综上，关注被害人这一刑事诉讼中的“弱势群体”，改善其法律境遇，提升其诉讼地位，注重其权益修复，乃宽严相济政策之人本取向的又一力证。

最后，在明确了宽严相济政策人本价值取向的指向对象之后，就必须进一步探讨实现以人为本的具体路径。从总体上讲，作为人本型刑事政策的宽严相济内含着刑法谦抑化、人道化的要求，因为犯罪人虽然实施了严重危害社会的不法行为，应受刑罚处罚，但犯罪人仍然是人，被害人也是人，只要是人，就应将其作为人来对待，不能仅使其成为促进某种目的的手段，也不能使其沦为刑事诉讼客体，这是人之为人的基本要求。就犯罪人而言，将其作为人来对待，就要使刑事法律的制定符合人性的特点，法律的实施弘扬人道主义精神，尊重犯罪人之人格，维护其尊严，在追究其刑事责任的同时，关注其人格发展和复归社会，不使犯罪人群体与正常社会人群隔离开来。如前所述，保障人权是人本法律观的核心内容，无

① 参见田思源著：《犯罪被害人的权利与救济》，法律出版社 2008 年版，第 138 ~ 140 页。

② 本书第五章将专门研究如何构建贯彻宽严相济政策的基础性刑事法律机制，其中将涉及刑事和解制度，此处仅简略述及。相关论文参见杨兴培：《论刑事和解制度在中国的命运选择》，载《法学杂志》2006 年第 6 期，第 2 ~ 5页。

论是人性的要求抑或人道的原则，其基点最终都要着落在犯罪人的权利与义务上。具体而言，就是通过刑事立法严格划定犯罪人刑事权利与刑事义务的范围，司法机关及任何人既不能恣意剥夺、侵犯犯罪人的法定权利，也不能随意施加法外义务。同时，为顺应刑法谦抑化、人道化的潮流，逐步扩张犯罪人的刑事权利，紧缩其刑事义务是一个应然趋势，由此得以体现以人为本、以宽为先。当然，任何法律包括刑事法律都不是绝对刚性的，刑事法律规范中广泛存在着自由裁量权的规定。在法律赋予司法机关一定自由裁量权的场合，从严运用意味着对犯罪人的严厉，从宽把握意味着对犯罪人的宽和。既然宽严相济政策是以宽为先、宽优于严的，那么司法机关在原则上就应当从宽运用自由裁量权。只有在犯罪行为属于从严规制的范围，或者犯罪行为的社会危害性较大，或者犯罪人的人身危险性较大的情况下，司法机关方可从严行使自由裁量权。此外，在刑事执行环节，也应当同样关注犯罪人的人权保障和被害人的权利修复。由此，从立法、司法再到执行环节，以相对人的刑事权利和刑事义务为经纬，宽严相济政策的人本主义趋向得以具体实现。当然，以人为本不是无原则、无边界的，应当谨守惩治犯罪、防卫社会与弘扬正义的底线。

第三节 方法论基础

普遍联系和永恒发展是唯物辩证法的总特征，唯物辩证法既是关于联系的科学，又是关于发展的科学。物质世界是普遍联系的统一体，所谓联系，乃是事物之间以及事物内部诸要素之间的相互制约、相互作用。唯物辩证法关于联系的观点包括三个方面：其一，联系具有普遍性和客观性。联系是客观事物本身所固有的，世界上的一切事物都处在同其他事物的联系之中。其二，联系具有多样性。不同的联系对于事物的存在和发展所起的作用各不相同。其三，系统是事物存在和联系的形式，整个物质世界就是一个以系统形式存在的有机整体。任何系统都有一定的结构和层次，系统的性质和功能取决于组成该系统的组成部分，系统又具有开放性，与外界环境进行物质、能量、信息交换，从而推动自身的发展。①

马克思主义唯物辩证法关于普遍联系的观点为刑事法治领域的刑事一体化运动提供了哲学基础。刑事一体化是刑事法学研究的新范式，力图打破各刑事子学科之间的藩篱，促成学科间的有效对话与良性互动，实现学术资源与方法论共享的一体整合式研究。宽严相济作为基本刑事政策，汲取了刑事一体化的合理内核，能够有效辐射刑事法治的各个环节，联系各种刑事法律关系主体，链接各类刑事法律规范体系，整合各种要素、资源，这决定其能够成为推进刑事一体化研究与实践的理想载体。反之，刑事一体化也能够对宽严相济政策的制定、贯彻、实施发挥积极影响，使其真正成为既关注整体又不忽视局部、既着眼宏观又不放弃微观的基本刑事政策，最终实现刑事法治的理想状态。

一、刑事一体化的发端与嬗变

早期的刑事法学者对各种刑事法律问题并不刻意划定界限，而是自发采取一体化的研究进路。刑法学之父贝卡里亚于1764年出版了传世经典——《论犯罪与刑罚》，该书视野广博、立意高远，后世从大刑法中所分化出来的犯罪学、刑法学、刑事诉讼法学、行刑学、刑事政策学等都被涵括在内。因此，更准确地说，贝氏是一位刑事法学家，而《论犯罪与刑罚》乃一部刑事法学的奠基之作。贝卡里亚之后，费尔巴哈才真正以一位职业刑法学家的身份出现，其《刑法教科书》谱写了近代刑法总论的蓝图，使刑法学在当今刑事法学诸学科中率先获得独立地位。随后，刑事近代学派代表人物龙勃罗梭、菲利、加罗法洛等对犯罪人与犯罪原因的深入研究使

① 参见王万民、韦克难主编：《马克思主义理论基础》，四川人民出版社2004年版，第47~51页。

犯罪学从大刑法中进一步分化。德国刑法学家李斯特在经验人假设的基础上演绎出刑事政策思想及体系，最终创制出刑事政策学。由是，从大刑法这棵繁茂之树生发出了诸多的刑事法学子学科。

大刑法的分化不是偶然的，它是各国学者对某些刑事法律问题进行精耕细作式研究，并创制出能够自成体系的刑事法学理论的结果。应当肯定，这种分化有利于整个刑事法学的发展，但如果忽视某些共通的研究资源和方法论基础，对各个刑事法学子学科进行画地为牢式研究，最终可能导致各子学科间的决裂，从而降低整个刑事法学的研究水平。李斯特教授敏锐洞见到刑事法学科分化中潜藏的隐忧，提出了“整体刑法学”主张，并以其为刊名创办了刊行至今的《刑事法杂志》。“整体刑法理念的框架是‘犯罪—刑事政策—刑法’。依据犯罪态势形成的刑事政策，它又引导刑法的制定和实施，这样的刑法便可有效惩治犯罪。在这个三角关系中，李斯特倚重刑事政策。”① 李斯特的整体刑法学思想影响到了后世德国学者，其承继者指出：“刑事科学致力于研究、规范和描写由犯罪及其防治所决定的整个生活领域。它部分是规范性的科学，部分是经验性科学，处于各学科间的交叉关系中。刑事科学划分为刑法学，包括实体刑法、刑事诉讼法、行刑法和犯罪学，其研究对象是犯罪的原因、行为人的个性和环境、犯罪被害人、刑事制裁效果等……只有密切的、组织上有保障的合作，才能期望刑法和犯罪学与其相邻学科适应纷繁复杂和瞬息万变的社会的要求。没有犯罪学的刑法是个瞎子，没有刑法的犯罪学是无边无际的犯罪学。”② 在当今大陆法系国家，刑法与刑事法常常在同一语义下使用，而大陆法系的许多刑法学家本身即是刑事法学家。

在我国，刑法基本取狭义使用，即实体刑法，刑事一体化理念

---

① 储槐植：《再说刑事一体化》，载《法学》2004 年第 3 期，第 74 页。

② ［德］汉斯·海因里希·耶塞克、托马斯·魏根特著：《德国刑法教科书》，徐久生译，中国法制出版社 2001 年版，第 52 ~ 53 页。

在我国缺乏传统。这一现象的历史渊源在新中国成立以后，为了稳定社会，肃清反革命残余势力，实体刑法的理论与实践首先获得繁荣契机。在方法论上，前苏联的阶级分析法对我国也产生了深远影响，犯罪被视为社会主义的“毒瘤”，犯罪人被作为敌对分子对待，刑法则被当做阶级斗争的工具，即“刀把子”。对待敌人，当然可以为了结果而不重程序，由此实体刑法先于其他刑事法学子学科获得了迅速发展，并走上了与程序法分离的道路。近年来，虽然程序法、犯罪学、行刑学等受到越来越多的重视，但它们与实体刑法在理论研究和实务践行上的不均衡性仍然不同程度地存在。当下，各刑事法学子学科过度分化的弊端已日渐显现，以致某些学者发出了研究资源枯竭、研究路径迷茫的感慨。①

该现象引发了某些学者的反思，甘雨沛先生的“全体刑法论”在国内较早触及刑事一体化问题，他呼吁“成立一个具有立法论、适用解释论、行刑论、刑事政策论以及保安处分法的全面规制的‘全体刑法学’”，“从刑法整体来说，单是依实体法本身的规定或依实体法作出的判决、裁定本身，不能完成刑法的全体性，也不能达到刑法的任务，还需要有使之实现的过程或方法，这就必须有刑事诉讼法的助成。为了达到刑法的改造教育目的，也必须有行刑法领域的监狱法的措施来保证。为了彻底地、准确地揭发和侦查犯罪以及正确认定犯罪，还需要有侦查学、法医学的助成。这些都属于刑法的范围。据此，刑事法可称为‘全体刑法’。一句话，凡有关罪、刑的规定者均属之”②。储槐植教授对刑事一体化也有独到的见解，他认为：“刑事一体化的内涵是刑法和刑法运行内外协调。

① 相关论文参见周光权：《中国刑法学的想象力与前景》，载《政法论坛》2006 年第 6 期，第 3 ~ 9 页；陈瑞华：《刑事诉讼法学研究范式的反思》，载《政法论坛》2005 年第 3 期，第 3 ~ 20 页。

② 甘雨沛、何鹏编著：《外国刑法学》（上册），北京大学出版社 1984 年版，第 1 ~ 4 页。

刑事一体化观念倚重动态关系中的刑法实践。刑事一体化作为方法，强调'化'（即深度融合），刑法学研究应当与有关刑事学科知识相结合，疏通学科隔阂，彼此促进"①，而"我国刑法运行只受犯罪情况的单向制约：犯罪—刑罚。这是有缺陷的机制。健全的刑事机制应是双向制约：犯罪情况—刑罚—行刑效果"②。随后，更多的学者开始关注刑事一体化研究，并取得了积极成果。③

刑事一体化之提出具有重要意义，各刑事法学子学科均有其特殊本质与内在规律，相互之间的联系也是普遍多样的，人为割裂这种联系对任一子学科进行孤立研究，难免因视野的拘囿而导致研究方向的偏差，从而很难获得真理性知识。刑事法治的每一环节、阶段，任何一种刑事法律规范以及刑事法律关系都不仅仅涉及单一的子学科，孤立研究所得到的刑事法学理论可能误导现实的法律实践活动。总体观之，当前的刑事一体化研究还存在某些不足，主要体现在关于如何寻找切入点，切实运用刑事一体化这一方法论指导刑事法研究与实践等方面，仍然比较薄弱。刑事一体化研究应当推向深入，厘定其内涵，确立研究进路，建立实践机制，以现实指导刑事法治实践。

二、刑事一体化诸范畴

刑事一体化是唯物辩证法关于普遍联系的观点在刑事法治领域的具体体现，它既是一种刑事法理念，也是一种重要的刑事法学方法论。关于其概念，笔者认为，乃是运用系统论方法对刑事法界域

---

① 储槐植：《再说刑事一体化》，载《法学》2004 年第 3 期，第 74 页。

② 储槐植：《再说刑事一体化与关系刑法论》，北京大学出版社 1997 年版，第 302 页。

③ 值得一提的是，陈兴良教授将刑事一体化作为其主编的《刑事法评论》的编辑宗旨，强调应在刑事法的名目下，将与刑事法相关的学科纳入刑事法的研究视野，从而再现大刑事法的风采。这一举措有利于在学界形成一种研究刑事一体化的群体性自觉实践。

内的诸学科进行整合研究，注重各子学科之间的科际关联以及各子学科与刑事法学整体的关联，使得各子学科能够共享研究资源与成果，并以此为指导建立各种实践机制，从而更好地实现犯罪防控与保障人权这两大刑事法治目标之间的平衡。①

刑事一体化需要解决边界问题，即在什么范围内实行一体化，一体化的指向对象是什么？我国学者在论及该问题时，有的只列举了有限的刑事学科，有的认为凡有关罪、刑的规定者均属之。笔者认为，较为可取的做法是将所有关于犯罪人与犯罪行为的学科均纳入刑事一体化的范围。这一观点不免有犯罪中心主义之嫌，但既然犯罪行为是一切刑事法律关系产生的致因，也是国家刑事政策及其指导下的措施、策略反应的主要对象，而犯罪人又是犯罪行为的实施者、刑事责任的承担者和刑罚的承受者，因此这一定位有助于把握矛盾的主要方面。当然，对犯罪人和犯罪行为的重视，并不意味着对其他要素的忽视，如被害人等。由此，能够被纳入刑事一体化视阈的刑事子学科主要应当包括下述门类：刑法学（犯罪论、刑事责任论和刑罚论）、刑事诉讼法学、行刑学（包括监狱学）、刑事政策学、犯罪学、保安处分学、被害人学、侦查学、刑事证据学、司法精神病学等。

有必要强调，刑事一体化是理念、方法论与机制的复合体。作为理念的刑事一体化，启示我们超越狭隘的子学科界限，用大刑法观的视角观察刑事法律现象，研究刑事法学问题；作为方法论的刑事一体化是指导我们进行刑事法学研究和刑事法律实践的科学思维；作为机制的刑事一体化，要求我们寻找具体的、行之有效的制

① 所谓系统，是指真实存在的事物，在系统中，任何事物都与其他的事物相联系，换句话说，系统是由为了整体目标而共同启用的各种要素构成的，而系统方法指的是研究这些要素及其相互关系的一种方法。参见［美］尼古拉斯·亨利：《公共行政学》，项龙译，华夏出版社 2002 年版，第 137 页。

度、机制，使刑事一体化从理念、方法论的层面完成向现实的转化。就现状而言，当务之急在于上述第三个方面，即寻找一个能够将刑事法治的各主要环节、各主要的刑事法律部门以及各主要的刑事法律关系有效链接起来的机制，以真正实现跨刑事子学科的整合研究，充分释放刑事一体化的理论价值和实践效能。

三、宽严相济刑事政策与刑事一体化

笔者认为，基本刑事政策是践行刑事一体化理念的重要而有效的机制，因为基本刑事政策是刑事法治的灵魂与导向，不仅在较长的历史时期内具有一定的稳定性，同时基本刑事政策自身的全局性和超然性也决定了其能够统摄主要的刑事法治环节、刑事法律部门以及刑事法律关系，将其有效链接起来，实现各刑事子学科的整合研究和刑事法律的一体化实践。当然，并非所有的基本刑事政策都能肩负起践行刑事一体化的使命。例如，惩办与宽大相结合政策与刑事一体化在我国的兴起、发展就没有明显关联，也很少有学者将二者联系起来进行研究。可见，基本刑事政策并不能自发推动刑事一体化的研究与实践。我们应当自觉将刑事一体化作为基本刑事政策的理念指导和方法论支持，同时将基本刑事政策作为践行刑事一体化的有效机制，唯有如此，才能实现基本刑事政策与刑事一体化的勾连。宽严相济政策作为我们在构建和谐社会的进程中应当长期坚持的一项基本刑事政策，正是以刑事一体化为理念指导和方法论基础的，它反过来又能够有效推进刑事一体化的理论与实践，笔者拟借宽严相济政策的概念以资论证：

> 所谓宽严相济刑事政策，是指执政党基于构建和谐社会对刑事法治提出的要求，遵循法治化途径，从宽缓与严厉两个价值向度上合理运用刑事权，通过实体刑法、刑事诉讼法等刑事法律规范的制定、修改、实施以及对自由裁量权的合理运用，从实体处遇与程序处遇两个维度区别对

待各种类型的刑事犯罪及其行为人，从而达到防卫社会、保障人权、增进社会和谐目标的刑事策略系统。

对宽严相济政策的概念进行解析，其与刑事一体化的关联主要体现在如下几个方面：

1. 刑事立法、刑事司法、刑事执行与刑事法律解释的一体化

完整的刑事法治应当涵盖刑事立法、刑事司法、刑事执行与刑事法律解释四个基本环节，前三个环节在时空顺序性上具有先后性，而刑事法律解释与前三个环节并不居于同一层面，因为在适用刑事法律规范的刑事司法和刑事执行环节，均伴随着对规范进行解释的活动。鉴于刑事法律解释活动不仅具有存在上的广泛性和普遍性，同时对于具体的个案裁断和处遇施加具有特殊意义，因而特别提取出来与前三个环节相并立。上述四个方面构建了刑事法治活动的基本场域，我们贯彻宽严相济政策的相关活动，主要就是在上述四个环节中进行的。因此，必须研究在上述环节、阶段如何具体实施宽严相济政策，以及各环节之间的相互关联与共生机制如何，只有这样才有可能全面发挥宽严相济政策作为基本刑事政策的机能，实现理想的刑事法治状态。如果仅仅局限于某个局部、某个环节研究、贯彻宽严相济政策，势必难有成效。

2. 刑法、刑事诉讼法、行刑法、保安处分法与律师法的一体化

刑事立法的结果除了产生刑法和刑事诉讼法之外，还包括行刑法、保安处分法与律师法等，它们都是作为部门法的刑事法律规范下位的子部门。法治化、法律化乃贯彻刑事政策的重要路径，这一点已经成为理论界的普遍共识。因此，我们不能忽视研究宽严相济政策所倚赖的各个刑事法律子部门，它们在刑事政策法律化的过程中所扮演的角色，发挥的机能以及相互之间的关系，都是需要重点研究的问题。如果只重视某一个或者少数几个刑事法律规范，无疑将折损宽严相济政策的效能。在新律师法实施之后，其与现行刑事

诉讼法的规定存在某些抵牾之处，导致一些对犯罪人宽和、轻缓的程序性权利难以落实，这从一个侧面反映出研究该问题的价值所在。

3. 侦查机关、检察机关、审判机关与行刑机关的一体化

除了立法机关制定、修改刑事法律规范的活动应当体现宽严相济精神外，司法机关在刑事司法活动中也应当贯彻宽严相济政策的要求。各级各类侦查机关、检察机关、审判机关与行刑机关是主导刑事司法活动的国家机关，它们对于在司法活动中贯彻宽严相济精神发挥着重要作用。各类司法机关贯彻宽严相济政策的阶段、机制、侧重各有不同，相互之间如何衔接、配合是值得关注的问题。如果忽视这一问题，各行其是，不注重步调、措施的一致性与协调性，将有导致宽严相济政策在司法环节被架空的危险。

4. 犯罪人、被害人与刑事司法机关的一体化

现代刑事司法的一个重要特征在于其平等性、参与性和协商性。代表当今刑事司法文明发展方向的英美法系当事人主义诉讼模式要求构建一个等腰三角形的诉讼结构，其中犯罪人与检控机关处于平等武装的地位，法官居于其间，踞于其上，消极听审。此外，被害方在刑事诉讼中的地位、诉愿与权益等也日益凸显，这同时也是和谐司法的必然要求。犯罪人、被害人与各类刑事司法机关作为非常重要的刑事诉讼法律关系的参与者，各自的权利（职权）与义务（职责）配置以及不同主体间的关系格局对于宽严相济政策之贯彻具有重要意义，对此应予以重视并加以研究。

当然，宽严相济政策与刑事一体化的关联绝不仅仅体现在上述方面，此处仅勾勒出一些基本脉络，以抛砖引玉，推进相关研究。

第四章　宽严相济刑事政策的理论模型

第一节　当下研究路径评析及反思

一、研究现状介评

宽严相济政策的相关研究方兴未艾，各种观点、立场、结论不一而足。笔者在对相关著述进行广泛、深入研读的基础上，大致概括出以下几种研究宽严相济政策的代表性路径：①

(1) 理论型研究：这种研究视角的基本思路在于将普通刑事政策的基本理论、原理、观点与实然层面的宽严相济政策相结合，认为宽严相济在符合应然层面一般刑事政策的理论基础、价值基石、特征及规律的基础上，还应具备某些独有的政策个殊性。有些

① 关于宽严相济政策研究路径的划分并不是绝对的，有的著述涉及两种或者两种以上的类型。

著述还结合和谐社会这一宽严相济政策的特殊语境进行研究。①

（2）具体型研究：这种研究思路的切入点在于将宽严相济政策与某些具体的刑事法问题或者刑事司法的某些环节相联系，如某些犯罪类型、刑种结构、量刑、刑事强制措施、审前程序、行刑程序等，力图于微观层面阐释如何具体贯彻宽严相济政策。②

（3）政策史研究：这种研究路径着力于发掘与作为宽严相济政策观念基础的宽严相济精神相似的宽猛相济、刚柔并用思想之发

---

① 相关论文参见储槐植、赵合理：《构建和谐社会与宽严相济刑事政策之实现》，载《法学杂志》2007 年第 1 期，第 5 ~ 9 页；黄京平：《宽严相济刑事政策的时代含义及实现方式》，载《法学杂志》2006 年第 4 期，第 10 ~ 13 页；陈兴良：《宽严相济刑事政策研究》，载《法学杂志》2006 年第 1、2 期；贺曙敏：《宽严相济刑事政策与和谐社会》，载《法学论坛》2007 年第 3 期，第 71 ~ 77 页；赵秉志：《和谐社会构建与宽严相济刑事政策的贯彻》，载《吉林大学社会科学学报》2008 年第 1 期，第 5 ~ 21 页；刘仁文：《宽严相济的刑事政策研究》，载《当代法学》2008 年第 1 期，第 24 ~ 31 页。

② 相关论文参见高铭暄：《宽严相济刑事政策与酌定量刑情节的适用》，载《法学杂志》2007 年第 1 期，第2 ~ 5页；马克昌：《“宽严相济”刑事政策与刑罚立法的完善》，载《法商研究》2007 年第 1 期，第 3 ~ 8 页；刘家琛：《宽严相济逐步实现刑罚轻刑化》，载《法学杂志》2007 年第 1 期，第2 ~ 5 页；陈兴良：《宽严相济政策与刑罚规制》，载《法学杂志》2007 年第 1 期，第 8 ~ 9 页；赵秉志：《宽严相济刑事政策视野中的中国刑事司法》，载《南昌大学学报》（人文社会科学版）2007 年第 1 期，第 38 ~ 45 页；龙宗智：《经济犯罪防控与宽严相济刑事政策》，载《法学杂志》2007 年第 1 期，第 4 ~ 7 页；樊凤林、刘东根：《宽严相济刑事政策与我国刑法立法的完善》，载《公安研究》2006 年第 10 期，第 49 ~ 54 页；叶青：《检察机关贯彻宽严相济刑事政策的思考》，载《政治与法律》2008 年第 1 期，第 100 ~ 104 页；莫洪宪：《宽严相济刑事政策运用实践考察——以检察机关相对不起诉为切入点》，载《人民检察》2007 年第 4 期，第 13 ~ 16 页；樊崇义、吴光升：《宽严相济刑事司法政策与刑事侦查程序》，载《中国人民公安大学学报》（社会科学版）第 42 ~ 47 页。

端与流变，从而揭示宽严相济政策背后的政治、历史与法律文化传承。[①]

（4）比较型研究：该研究路径可进一步细分为两种亚类型，一是于比较法的横向视角比较宽严相济政策与西方法治发达国家的“轻轻重重”政策之间的共性与殊异；二是于历史的纵向纬度比对宽严相济政策与新中国成立以来先后出台的其他刑事政策形态，如惩办与宽大相结合政策，“严打”政策，并阐述各自的优劣。[②]

（5）虚置型研究。划归这一类型的著述在实质内容上与宽严相济政策并无关联或者无明显关联，论者只是在研讨了某些具体的刑事法问题之后，在标题或者文中提及宽严相济政策的字眼。实际上，这类研究对于真正推进宽严相济政策的相关研究助益不大。

笔者认为，除了虚置型研究外，其他四种研究路径都各具一定的价值。其中，理论型研究有助于发掘宽严相济政策的理论基础和价值意蕴，形成关于宽严相济政策的系统性学理体系，提升相关研究的整体水平。但是，这种研究路径不易把握好尺度，如果走向极端，可能导致忽视宽严相济政策本身的特殊规律与特殊属性，进而

---

① 相关论文参见马克昌：《宽严相济刑事政策刍议》，载《人民检察》2006年第10期，第15~18页；马克昌：《宽严相济刑事政策的演进》，载《法学家》2008年第5期，第67~70页；周玉华、秦秀春：《“宽严相济”刑事政策的历史与哲学基础》，载《山东审判》2006年第4期，第4~7页；程鸿勤：《“宽严相济”法律文化的思考》，载《北京政法职业学院学报》2006年第1期，第57~61页；洪婷：《子产的宽猛相济法律思想及其现代启示》，载《黄冈职业技术学院学报》2006第3期，第49~52页；马兆明：《宽猛相济 德法并举》，载《东岳论丛》2002年第3期，第71~72页。

② 相关论文参见陈兴良：《宽严相济刑事政策研究》，载《法学杂志》2006年第1期，第17~25页；贾宇：《从“严打”到“宽严相济”》，载《国家检察官学院学报》2008年第2期，第150~159页；王顺安、刘艳萍：《论宽严相济与三个刑事政策的关系》，载《河北学刊》2008年第2期，第174~178页。

使研究走向虚化、泛化。研究宽严相济政策的终极目的在于指导现实的刑事法治实践，宽缓抑或严厉的价值诉求只有在应对具体的刑事法问题时方能彰显，离开特定语境、具体问题泛泛而谈解决不了任何问题。因此，具体型研究也是不可或缺的。但是，具体的刑事法问题数量繁多，遍及刑事法治的各个层面、各个环节，因此在对宽严相济政策的基本理论问题及其与刑事法治的互动机制进行全方位的系统研究之前，直接将宽严相济政策与具体的刑事法问题进行链接，有可能导致相关研究走向零散，难以形成理论深厚、结构严谨的知识体系。此外，政策史研究和比较型研究亦有其积极意义，前者有利于我们从法文化传承的视角深刻把握宽严相济精神的历史演进脉络，从而以史为鉴，更好地服务于当下的宽严相济政策实践。后者则有利于拓展我们的学术视野，合理借鉴、移植域外先进的刑事政策理论成果与实践经验，以助益于我国的刑事法治建设。

当下理论界存在的关于宽严相济政策研究的多种路径、多种模式，从一个侧面反映出相关研究的繁荣状况，其无疑已经成为刑事法界域的一大热点。作为和谐社会语境中的一项基本刑事政策，宽严相济理应得到广泛关注，但笔者认为，在看似繁荣的研究表象下仍潜藏着一些隐忧，出现了某些误区：

1. 误区之一——“泛化”倾向

当前宽严相济政策的相关研究中存在的误区之一是“泛化”倾向，细言之，即把宽严相济政策当做一个“框”，什么东西都往里装。导致该现象产生的主要原因在于将宽严相济政策当做包治百病的良药，认为在刑事法理论研究与实务践行中存在的所有问题都可以从宽严相济政策那里找到答案，因而将其视为指导刑事法治建设的“万能钥匙”。作为具体表现之一，在公开出版的著述中，较为流行的几类题目表述结构是“宽严相济与……”、“宽严相济政策语境中（视野下）的……”等，省略号代表的内容就是某种具体的刑事法规范、制度、机制、环节等。诚然，宽严相济作为基本刑事政策，是整个刑事法治的灵魂与导向，对于许多具体的刑事法问题具有普遍的指导价值。但是，这并不意味着它就是包治百病的良药，某些刑事法问题与宽严相济政策的关联并不是那么紧密的。如果忽视这一点，可能导致研究走向误区，无益于问题的真正解决。作为反证，笔者拟举辩诉交易的问题进行说明：

有观点认为，辩诉交易与宽严相济政策具有价值趋同性，因而可将其作为宽严相济政策司法化的制度性选择之一。根据《布莱克法律辞典》："辩诉交易是指刑事被告人就较轻的罪名或者数项指控中的一项或几项作出有罪答辩以换取检察官的某种让步，通常是获得较轻的判决或者撤销其他指控的情况下，检察官和被告人之间经过协商达成的协议。"① "该制度溯源于19世纪80年代美国的康涅狄格州，现已成为英美法系国家刑事司法体制的重要组成部分……美国的辩诉交易主要包括当事人（即检察官与被告）以'刑期'交换、以'较轻之罪'交换和以'罪数'交换三种类型"②。"辩诉交易具有迅速、经济和终结性的优势。据统计，目前美国联邦和各州法院约90%的刑事案件是通过辩诉交易来结案的"③。

笔者认为，辩诉交易制度正视法治资源稀缺的现实，牺牲部分实体正义以换取相对的公正，体现了正义与效率这两大法律价值之间的调和，具有一定的合理性。正因为如此，辩诉交易虽源起于英美法系，后通过法律移植进入大陆法系国家，现已成为一项具有普世性的制度设计。辩诉交易之所以产生并迅速发展，是因为它的存在能够给诉讼各方带来一定的好处，是博弈的产物。对于控方而言，其有利于降低指控的难度，避免指控失败的风险，减少法律资

---

① Black's Law Dictionary 7th Ed, West Group, 2000, p. 1173.

② 参见王兆鹏著：《美国刑事诉讼法》，北京大学出版社2005年版，第536页。

③ 李学军主编：《美国刑事诉讼规则》，中国检察出版社2003年版，第326页。

源的投入；对于辩方而言，它能够规避无罪辩护所可能带来的败诉风险，帮助犯罪人尽早脱离讼累。从某种意义上讲，辩诉交易是不得已的产物，其产生的根源在于案件本来的客观事实是不可能重现的，而法律事实的发现又受到证据、司法人员的素养等诸多因素的制约，这给控辩双方均带来了风险性和不确定性，因而双方有可能达成妥协。这种妥协在现实的司法实践中具有其合理的一面，因为正义永远都不是绝对的。虽然辩诉交易在事实上导致犯罪人得到轻缓的处理，但这并不是为了彰显宽和、轻缓的价值取向。检控机关对犯罪人降低指控或者减少指控是不得已而为之，辩诉交易制度的价值色彩应当是中性的。类似的例证还有很多，仅举此例，以表明应当合理确定宽严相济政策的适用范围，勿将一切刑事法问题一概与之相联系。

2. 误区之二——“非宽即严”倾向

根据调研，笔者发现在当下的司法实践中存在一个值得关注的现象，不少公诉人在起诉书中或者在当庭发表公诉意见时，在发表法律结论之前有引用宽严相济政策以表明定罪量刑合理性的现象，某些法官在宣读判决书内容时也存在上述倾向。对于这种现象，宜慎重看待。承继前文，不应将所有的刑事法问题均与宽严相济政策相联系，将问题推进一步，在能够贯彻宽严相济政策的问题上，也并非只有非宽缓即严厉两种选择，而没有第三条道路。实际上，在宽缓与严厉这两种相反的处遇之间，完全可能存在适中这一处遇类型，它针对的是常态而非异态的情形。由此，三者形成宽缓—适中—严厉的关系格局，共同应对所有类型的犯罪与犯罪人。对于在各个时期社会危害性均趋于稳定的常态犯罪，如一般盗窃犯罪、诈骗犯罪、侵占犯罪或者轻微人身犯罪，以及犯罪人的人格特征趋近于普通犯罪人，其人身危险性未表现出较高或者偏低倾向的犯罪人，无论是在程序处遇还是在实体处遇上，都应当以适中原则为指导，不应刻意体现出宽缓抑或严厉的趋向。

3. 误区之三——绝对化倾向

在当下的研究中，很多学者倾向于通过列举的方式指明应当从宽处理或者从严处置的犯罪类型与犯罪人类型。但是，从总体上划定了从宽抑或从严的范围，并不意味着处于相关范围之类的犯罪类型或者犯罪人类型就应当无一例外地被从宽处理或者从严处置。案件的具体情况是千差万别的，妥当的处理方法是宽中有严，严中有宽，区别对待。例如，有观点主张，针对职务犯罪“加大打击力度，体现职务犯罪侦查工作中宽严相济刑事政策‘从严’的一面”①。毋庸讳言，新形势下的反腐败斗争是今后一个较长历史时期的工作重点，职务犯罪的特殊危害性以及大案、要案、窝案、串案的多发、频发，决定了应将这类犯罪纳入宽严相济政策之从严规制的范围。但是，这是从总体而言的，对于某些人身危险性较小、涉案数额不大或者造成后果并不严重的一般职务犯罪，就应采取适中的处理原则。此外，有些职务犯罪甚至还应从宽处理，如曾经发生过的某些官员由于官场“潜规则”不得已而收受了财物，随后又将其捐赠公益事业或者在案发后全额退赃的情况。又如，有的学者认为未成年犯罪人属于宽严相济政策之从宽处理的范围，这也是从一般意义出发的，对于那些人身危险性较大且犯罪情节比较严重的未成年犯罪人，则应当适中乃至从严处理。唯有如此，才能做到宽严相济、相得益彰。

对于宽严相济政策研究中所存在的各种误区应当及时进行澄清，避免相关研究出现重大的方向性偏差，进而误导了刑事法治实践。

二、确立宽严相济刑事政策研究之合理路径

前文梳理了当下存在的五种典型的研究宽严相济政策的路径，

---

① 高继明：《职务犯罪侦查工作中如何正确贯彻宽严相济的刑事政策》，载《中国检察官》2008 年第 1 期，第 21 页。

并对研究中存在的误区进行了归纳、分析。实际上，不同的研究路径意味着所选择的研究视角以及切入点的不同，能够从不同的角度得出关于宽严相济政策的知识、成果，相互之间并无绝对的优劣高下之分。经过几年来的探索、积累，学术界和实务界已经取得了关于宽严相济政策研究的初步成果，有些结论还颇具启发价值。但是，考虑到宽严相济政策作为基本刑事政策的定位及其所肩负的引导整个刑事法治的使命，所涉及的问题、范畴、层面是复杂繁多的，并且当前研究中还有一些重大问题尚未达成共识，在一定程度上还存在着零散的状况，因此我们不能产生懈怠、满足的情绪，而应当继续推进相关研究。笔者拟在借鉴各位前辈、同人观点的基础上拓展一个新的研究路径，新路径旨在廓清研究宽严相济政策的合理方向，并建立一个相对系统化的理论模型。根据设想，该理论模型主要涵盖七个要素，分别是政策主体、政策途径、政策基石、政策实质、政策客体、政策界域和政策底线。每一要素分别代表一个研究视角或者说切入点，从不同的视角展开研究并将结论进行整合所形成的系统化理论模型，可在一定程度上改变当下研究的零散状况，同时也为构建宽严相济政策的实践机制做好必要的理论准备。关于每一要素的具体内容后文将一一设专节阐述，此处仅简要予以说明：

政策主体包括制定、调整主体与具体的实施主体两种类型，前者是中国共产党，在现实中的具体代表通常是中央政法委，后者指通过刑事法律规范的制定、修改、实施而贯彻宽严相济政策的各级各类国家机关，具体包括刑事立法机关、刑事司法机关和刑事执行机关。政策途径意指各类主体所开展的宽严相济政策活动不是随意的，而应遵循一定的原则、程式，途径之一是科学化与民主化，途径之二是法治化。政策基石是刑事权，包括居于上位的刑事政策权和居于下位的具体刑事权，后者又进一步涵盖刑事立法权、刑事司法权、刑事执行权和刑事法律解释权。政策实质是区别对待，其对象主要是各类刑事犯罪及其行为人，兼及刑事被害人和国家机关。

就前者而言，犯罪的社会危害性与犯罪人的人身危险性乃区别对待的标准。政策客体是犯罪人、被害人及国家机关的刑事权利（职权）与刑事义务（职责），宽严相济政策通过对刑事权利（职权）进行扩张或者对刑事义务（职责）进行紧缩，得以彰显宽缓的态度；反之，则体现严厉的态度。政策界域指宽严相济政策效力所及的范围，它应当是由刑事立法、刑事司法、刑事执行与刑事法律解释四个基本环节组成的整个刑事法治活动的场景。政策底线包括宏观的正当性底线与微观的合理性底线，意指实施宽严相济政策所不能逾越的尺度要求。

新理论模型所涵摄的七个要素不是随意选择的，相互之间有着紧密的内在关联，具体表现在可以用一句连贯的话语将其串联起来，即宽严相济政策的各类主体，因循民主化、科学化与法治化途径，合理运用刑事权，在刑事立法、刑事司法、刑事执行与刑事法律解释这四个刑事法治的基本环节通过影响犯罪人、被害人及国家机关的刑事权利（职权）和刑事义务（职责），从而在区别对待中彰显宽缓抑或严厉的价值诉求，上述具有连续性的刑事政策活动不能突破正当性与合理性的底线要求。

第二节　政策主体

政策主体是宽严相济政策新理论模型的第一个要素，这是以往研究中相对薄弱的一个环节。原因之一在于，宽严相济政策从提出到正式确立虽然历经了一个过程，但并未出现决策层事先将拟推出新型刑事政策的动议向社会公布，并广泛征求理论界、实务界以及社会各界的意见与建议这样一种形式。学术界的深入、广泛研究实际上是在宽严相济政策正式确立之后才展开的。因此，当我们面对着一个既成事实的实然刑事政策，再去谈论主体问题似乎意义不大。但是，笔者认为，对宽严相济政策的主体问题进行研究有重要意义：首先，即便宽严相济政策已经出台，但并不能否定从理论层面探讨其应然主体的价值，这关涉宽严相济政策本身的合法性；其次，已经确立的宽严相济政策并非一成不变，而应随着价值观念与客观情势的变化适时作出调整，那么谁有权调整，这也是刑事政策的主体问题应当涵盖的内容；最后，对刑事政策包括宽严相济政策主体的研究相对滞后，更谈不上对政策主体进行类型细分，而宽严相济政策活动的多样性决定了相关研究的必要性。

既往研究对刑事政策的主体问题介入不深，一个明显表征就是很多学者在阐述刑事政策的概念时，对于主体问题要么索性绕过，避而不谈，要么简略带过，浅尝辄止。例如，林纪东教授在界定刑事政策的概念时就没有涉及主体问题，他认为："刑事政策的含义，可分为广义和狭义两说。广义说认为刑事政策是探求犯罪的原因，从而树立防止犯罪的对策。狭义说则认为刑事政策是探求犯罪的原因，批判现行的刑罚制度及各种有关制度，从而改善或运用现行刑罚制度及各种有关制度，以期防止犯罪的对策。"① 笔者对国内外学者在界定刑事政策的概念时所涉及的政策主体类型进行了梳理，国外学者提及的主体类型主要有国家、国家机关、立法者、立法机关、法官、公共团体、社会、社会整体、自治团体、民间团体、私人组织等；国内学者提到的主体类型主要有国家、执政党、人民民主政权、代表国家权力的公共机构、社会、社会整体、社会团体等。根据是否与权力相关，可将上述主体划分为公共主体和民间主体两个类别。一般而言，在集权、专政色彩较为浓郁的国家，其学者较多地提到国家、国家机关、执政党等公共主体，而在提倡分权以及市民社会发育程度较高的国家，其学者则较多地提及社会、民间团体等民间主体，我国倾向于前一种情形。不难看出，当前关于刑事政策主体的研究存在两个较为明显的不足：一是不够具体、明确，如笼统地将国家、社会作为刑事政策的主体；二是公共主体与民间主体常被国外学者并列作为刑事政策的主体，对于二者

① 林纪东著：《刑事政策学》，台湾正中书局1969年版，第3页。

具体角色与功能的区分则缺少进一步研究。

一、制定与调整主体

文章认为，宽严相济政策的主体应当包括制定、调整主体与具体的实施主体两个大的类别。担当制定、调整主体的是作为执政党的中国共产党。宽严相济政策最早是由中央政法委领导在2004年12月召开的全国政法工作会议上提出的，其正式确立体现在2006年10月中国共产党十六届六中全会通过的《中共中央关于构建社会主义和谐社会若干重大问题的决定》中。因此，从实然层面看，中国共产党是宽严相济政策的制定主体。回溯惩办与宽大相结合政策和“严打”政策的确立过程，其创制主体也是中国共产党。可以看出，从惩办与宽大相结合政策到宽严相济政策，其制定主体是一脉相承的。应当注意，作为中国共产党最高领导机构的中央委员会内部存在机构的划分与职能的分工，如中央委员会总书记、中央政治局常务委员会、中央政治局、中央军事委员会、中央纪律检查委员会、中共中央办公厅、中央政法委员会、中央社会治安综合治理委员会等。中国共产党是宽严相济政策的制定主体，而具体负责的专门性机构则是作为其直属机构的中央政法委员会。从宽严相济政策首次提出到正式确立的全过程来看，首先是由中央政法委经过大量的调研、摸底、酝酿等前期准备工作初步提出该刑事政策，然后通过中央政法委领导的工作讲话正式予以提出，再由最高人民法院、最高人民检察院在全国人大所作的工作报告中屡屡援引宽严相济政策，由此引发社会各界的广泛关注与讨论，最后经由中国共产党的规范性文件正式予以确立。前面是从实然层面切入的，而从应然层面来讲，我国一党专政、党领导国家、多党参与的宪政模式也决定了将中国共产党作为宽严相济政策唯一制定主体的正当性。当然，在肯定中国共产党是宽严相济政策唯一制定主体的同时，并不否认民间组织、社会团体在刑事政策制定过程中的重要性。客观地讲，在我国，市民社会、民间组织、自治团体等正在培育和发展，但尚不发达，因此其主观能力与话语权仍然存在不足。同时，民间组织、民间团体等与国家权力无涉，因此即便将其作为刑事政策的制定主体之一，也难免缺少权威性来源和强制性手段来保障其制定刑事政策的活动，最终不得不依靠中国共产党。当然，民主法治是构建和谐社会的终极目标之一，任何时候，民间组织、民间团体乃至公民个人关于宽严相济政策的建言献策都应当得到足够重视，但这并非只有通过将其作为制定主体的方式才能实现。中国共产党在制定、出台刑事政策的过程中对来自民间声音的关注、吸纳也是一种很好的方式，过多的制定主体可能导致无序、混乱。而历史经验与现实状况也反复证明，中国共产党具有担当刑事政策唯一制定主体的能力与经验。因此，从应然与实然双重层面来讲，中国共产党是宽严相济政策的制定主体。

宽严相济政策一旦制定出来并非一成不变，而应随着主观价值观念与刑事安全态势的变化与时俱进，适时作出调整。这种调整从规模上讲，分为重大调整和一般调整。如果影响宽严相济政策的主要因素发生根本变化，那么将可能导致重大调整，如整个国家进入战争等紧急状态；如果只是一般变化、局部变化，就只需要进行一般调整，如当局部地区遭遇重大自然灾害时，将针对灾民、抢险救灾物资的犯罪行为纳入严厉对待的范围。当宽严相济政策根据情势发展需作重大调整或者一般调整时，其调整主体仍然是中国共产党。当然，在现实层面，调整工作一般是由中央政法委、中央纪检委等具体负责的。①

二、具体的实施主体

宽严相济政策的第二类主体是具体的实施主体，即以宽严相济政策为指导，制定、修改、适用、执行各类刑事法律规范的各级各类国家机关。国内外均有学者将国家机关乃至作为其具体工作人员的立法者、法官等作为刑事政策的主体，甚至与执政党相并列。笔者认为，这是混淆了刑事政策的制定主体与实施主体所致。刑事政策的制定与实施是两个层面的刑事政策活动，虽有关联，但其性质、机制与后果均有重大区别。因此，有必要对宽严相济政策的主体作二元划分。文章认为，宽严相济政策的实施主体首先包括有权制定、修改各种刑事法律规范的刑事立法机关，主要是全国人大和全国人大常委会。根据我国国情，也包括有权制定抽象司法解释的最高人民法院、最高人民检察院、公安部等国家机关。它们的共同作用在于将宽严相济政策法律化，为其后的法律适用、法律执行活动创制规范前提。其次，宽严相济政策的实施主体也包括运用体现宽严相济精神的各种刑事法律规范裁断个案的各级司法机关，它们是具体的办案机关，包括侦查机关、检察机关和审判机关三类。需要说明的是，各类司法机关序列的最高级别国家机关一般不直接办理个案，因此它们既属于宽严相济政策的第一类实施主体，又领导

---

① 比如，“5·12”大地震发生后，针对抗震救灾和灾后重建工作中出现的种种情况，中央纪委、监察部随即颁布了《抗震救灾款物管理使用违法违纪行为处分规定》（以下简称《规定》），对11类抗震救灾款物管理使用违法违纪行为提出了纪律要求和惩戒措施。对违反《规定》的单位和个人，要求依法依纪从快、从严查处。涉嫌犯罪的，移送司法机关依法处理。对违反上述规定的案件隐瞒不报、压案不查、包庇袒护的，一经发现，严肃追究有关责任人员的责任。可以看出，《规定》的部分内容涉及刑事犯罪，并且对相应犯罪采取了较平时更为严厉的态度，这体现出宽严相济政策的调整。鉴于涉及的犯罪行为有限，这种调整属于一般调整。

作为宽严相济政策第二类实施主体的具体办案的下级司法机关。最后，宽严相济政策的实施主体还包括将司法机关的生效裁判付诸执行的监狱、看守所、拘役所、未成年犯管教所、劳改农场等刑事执行机关，领导各级执行机关的最高机关是司法部。可见，宽严相济政策的具体实施主体涉及多个层级、多种性质的国家机关，其实施宽严相济政策，贯彻宽严相济精神的方式、机制有所不同。因此，上下级国家机关与不同性质国家机关之间应注意相互协调，避免冲突、抵牾，共同承担好宽严相济政策实施主体的职能。

对宽严相济政策主体的专门性研究，不仅有助于维护政策本身的合法性，也有利于厘清不同主体在制定、调整与具体实施宽严相济政策过程中的角色划分与职能分工。

第三节　政策途径

宽严相济政策新理论模型的第二个要素是政策途径，易言之，即各种主体在制定、实施、评价、调整宽严相济政策等一系列活动过程中应当遵循的程式、步骤等形式要求，如民主化、科学化、公开化、法治化等。相关要求可以概括为两个主要方面，一是科学化与民主化，二是法治化。

一、科学化与民主化

宽严相济政策的活动过程实质上是国家公共政策活动的一种形式。关于国家公共政策活动的组织形式有两个基本模型，一是“公众参与模型”，二是“技术理性模型”。两种模型反映出在公共政策过程中对不同的知识——专家知识和大众知识——的态度及如何合理运用的问题。但是，两种模型都存在难以克服的局限，因而有必要采取将公众和技术理性结合起来的第三条道路，即“复合模型”。[①] 宽严相济政策的科学化途径对应着技术理性模型，民主化途径对应着公众参与模型，因此需要将二者结合起来。

在法治发达国家，执政党并不以组织身份直接介入公共管理活动，执政党在公共政策领域发挥作用的主要方式是赢得选举后将自己的竞选纲领转化为政府施政的依据。在中国，作为执政党的中国共产党则直接在公共政策活动中居于主导地位。刑事政策是一种重要的公共政策，其相关活动需要大量跨学科的综合性知识，只有建立在客观、理性的知识基础之上的刑事政策才是科学的刑事政策。有学者指出：“从中央的历次‘严打’决定来看，字里行间并没有反映出社会学家、政治学家、犯罪学家、法学家对中央‘严打’决策提供的知识支持，以及提供了哪些知识支持。当然，如果我们说中央的刑事政策决策丝毫没有吸取技术专家的意见与建议，也是不符合实际的。”[②] 在制定宽严相济政策的过程中，中国共产党扮演了主导角色，这可通过下列连续性事件得到印证：2004 年 7 月 8 日，在北京市社区矫正试点工作总结表彰会上，中共北京市委副书记、市政法委书记强卫指出我国的刑罚一直是以改造人为目标的，宽严相济是我们一贯倡导的刑事政策；2004 年 12 月全国政法工作会议上，罗干同志提到了宽严相济政策；2005 年 12 月全国政法工作会议上，宽严相济刑事政策被再次提及；2006 年 10 月，中共中央十六届六中全会通过的《中共中央关于构建社会主义和谐社会若干重大问题的决定》正式确立了宽严相济政策。

应当承认，宽严相济政策较既往的刑事政策制定活动，渗透了更多的科学性、合理性因素。具体负责政策制定工作的中央政法委员会的领导及工作人员开展了必要的走访、调研活动，与理论界、

---

① 参见王锡锌：《公众参与、专业知识与政府绩效评估的模式》，载《法制与社会发展》2008 年第 6 期，第 3 ~ 18 页。

② 曲新久：《中国共产党与和谐社会的刑事政策》，载《法学杂志》2007 年第 1 期，第 11 页。

实务界人士共同举办了一些学术研讨会、座谈会，从后者那里汲取了必要的专业知识、实践经验等素材。当然，这种互动活动尚不够广泛和深入。科学制定刑事政策不仅需要法律专业知识的保障，还离不开其他人文社会科学乃至自然科学知识的支持。在宽严相济政策业已制定、确立的背景下，我们有理由期待各类刑事政策主体在后续的政策实施、评价、调整等刑事政策活动中，与专业人士进行更广泛、更深入的互动，获得更多的知识、智力、经验支持，以提升各项刑事政策活动的科学性与合理性。

科学化旨在从各种渠道汲取各种专业知识与实践经验，以提升各种刑事政策活动的内在品质，而民主化则要求各类刑事政策主体在开展各项宽严相济政策活动时，借助行之有效的民主机制，充分听取社会各阶层、各群体的意见和建议，使得刑事政策活动体现民主色彩，这是法治的民主化的内在要求。关于民主化的具体形式，可以借用一位学者在阐述刑事政策决策民主化时的相关论述："要结合我们国家的实际情况建立起国家通过共产党与社会领域主体、经济领域主体的良好的互动关系。一方面，国家应当规范刑事政策决策体制与制度，强化公开咨询、听证、广纳各方意见，提高权力机关在重大问题上的中心决策作用。另一方面，支持、扶植非政府组织、非营利性组织的发展，逐步改变我国社会领域主体权力过于薄弱的特点，推动、扶植社会权力发展，以提高、强化公民参与国家决策的能力，在社会权力发达的情况下，公民就会更多地以组织的形式而不是以个人的形式（这是目前的通常形式）与人大、政府等国家机关沟通与互动。"① 该学者所说的刑事政策决策实际上主要是指刑事政策的制定。笔者认为，民主化要求不仅应当体现在刑事政策的制定过程中，在实施、评价、调整刑事政策等环节也需要贯彻民主化之要求。有学者认为："宽严相济刑事政策的酝酿与

① 曲新久：《中国共产党与和谐社会的刑事政策》，载《法学杂志》2007 年第 1 期，第 11 页。

产生，看起来没有多大波澜，却体现了一种‘由下到上’的过程，反映了党和国家决策过程的民主化，是我国刑事政策民主化过程的一大跨越与进步。”① 笔者认为，在执政党酝酿、出台宽严相济政策的过程中，固然体现了一些民主化元素，但不宜评价过高。虽然在正式确立宽严相济政策前的酝酿过程中，也举行了一些座谈会、研讨会，但在作为政策制定者的执政党与理论界、实务界等社会各界人士之间缺乏一种真正有效的、常态的对话渠道与互动机制。社会各界关于重大刑事政策活动的意见与建议能否抵达、进入执政党的决策流程，往往取决于后者的主观意愿和态度，这种状况在后续的宽严相济政策活动中应当有所改善。笔者认为，各类刑事政策主体在开展各项宽严相济政策活动时，除了考虑权力机关、行政机关、司法机关、执行机关等国家机关的意见外，还应广泛听取专家学者、执业律师以及普通民众等社会各阶层、各群体的建言献策，并建立起长效互动机制，以确保各项宽严相济政策活动获得广泛的民意基础与更高的民意认同度。这不仅是宽严相济政策正当性的应然要求，同时也契合了哈贝马斯法律商谈理论的精神内核。②

二、法治化

刑事政策主体贯彻宽严相济政策的活动还必须因循法治化途径。法治化特别强调宽严相济政策与刑事法律规范之间的相互关系，细言之，无论是宽严相济政策的贯彻、实施，还是宽缓抑或严厉价值诉求的实现，主要应当在刑事法律的规范框架内进行，这是罪刑法定与程序法定这两大刑事法治的基石性原则的要求。李斯特曾经说过，“刑法是刑事政策不可逾越的藩篱”，这句话一语道破

① 王顺安：《宽严相济的刑事政策之我见》，载《法学杂志》2007 年第 1 期，第 21 页。

② 参见［德］哈贝马斯：《交往行动理论》（第 1 卷），洪佩郁等译，重庆出版社 1994 年版。

了刑事政策与刑法的密切关联。实际上，根据刑事一体化的要求，不仅仅是刑法，刑事诉讼法、行刑法等全部刑事法律规范都应当成为宽严相济政策不可逾越的藩篱，这就是宽严相济政策的刑事法律化。如果离开了刑事法律规范的支持，宽严相济政策就可能沦为一句抽象的口号；同样的，如果离开刑事法律规范，直接用宽严相济政策指导现实的刑事法治，那么宽严相济政策就不具有合法性，从而背离了法治的基本精神。正如有学者所指出的，“在法治的治理模式中，刑事政策是刑事法的先导和补充，刑事法律是刑事政策的升华和边界”。[①] 可见，在和谐社会语境中，刑事法律是宽严相济政策与刑事法治之间的中介和桥隧。在强调刑事法律对于宽严相济政策重要性的同时，也不能忽视宽严相济政策对于刑事法律的意义。有学者提出了“刑法的刑事政策化”的概念，亦即“在刑法的制定和适用过程中，考虑刑事政策，并将其作为刑法的评价标准、指引和导向”[②]。这句话强调的是刑事政策对刑法的意义，李斯特的话强调的是刑法对刑事政策的价值，两者形成对应关系，共同把刑事政策与刑法的关系辩证、完整地表达了出来。当然，鉴于宽严相济政策是以刑事一体化为方法论基础的基本刑事政策，我们可以将上述关系更确切地表述为：首先，宽严相济政策应当刑事法律化，将政策的内容、精神、要求等尽可能以刑事法律规范的形式表达出来；其次，刑事法律应当刑事政策化，在制定、适用、执行刑事法律规范的过程中，应当以宽严相济政策为指导。宽严相济政策与刑事法律规范之间的关系是辩证的，相辅相成的，不能割裂开来，这就是法治化途径的基本内容。

将问题进一步深入，笔者认为，宽严相济政策的法治化途径主

---

① 侯宏林：《刑事政策的价值分析》，中国政法大学出版社 2005 年版，第 98 页。

② 黎宏：《论“刑法的刑事政策化”思想及其实现》，载《清华大学学报》（哲学社会科学版）2004 年第 5 期，第 42 页。

要包括两种具体形式，即“显性法治化”与“隐性法治化”。前者是指将宽严相济精神转化为刑事法律规范的具体内容，在形式上表现为制定新的刑事法律或者对现行刑事法律进行修改。而隐性法治化则无须启动刑事立法权。由于绝大多数刑事法律规范都是在宽严相济政策确立之前颁行的，那么不变动刑事法律何以彰显宽严相济精神呢？文章认为，这是完全可能的。因为很多刑事法律都规定了自由裁量权，赋予司法工作人员在个案处理时一定的裁量余地，这些具有张力的法律规范为贯彻宽严相济政策提供了现实可能。显性法治化与隐性法治化之间的关系并不是割裂的，而是互融共通的。如果现行刑事法律所规定的自由裁量权幅度已无法适应宽严相济政策的要求，就需要制定新的法律规范或者对现行法律规范进行相应的补充、修改，而新创制的刑事法律规范很多也对自由裁量权作出了规定。显性法治化与隐性法治化的提法在现实中不乏例证，文章将列举实例加以印证。

首先来看显性法治化：传统通说将贿赂犯罪的犯罪对象“财物”仅限于动产、不动产、回扣、手续费等。[①] 而近年来，随着一些新型贿赂形式的出现，这一解释渐显滞后性，也不符合《联合国反腐败公约》所体现的国际反腐刑事立法新趋势。因此，越来越多的学者建议采取外延更广的“财产性利益说”[②] 来解决司法实践中的贿赂物范围认定问题，但又难摆脱以类推解释侵犯人权之嫌。可见，原有法律规范已经无法适应从严治理腐败犯罪的要求。于是，最高人民法院、最高人民检察院于2007年7月9日颁行了《关于办理受贿刑事案件适用法律若干问题的意见》，该规范性法律文件以列举的方式明确将“财产性利益”纳入贿赂物的外延范

① 参见张穹主编：《职务犯罪概论》，中国检察出版社1991年版，第161~162页。

② 参见方明：《对受贿罪若干问题的反思与重构——以联合国“反腐败公约为视角”》，载《西南政法大学学报》2006年第1期，第46~52页。

围，从而解决了这一问题。又如，根据刑法原第395条的规定，巨额财产来源不明罪的最高法定刑仅为5年有期徒刑。这一规定无法适应腐败犯罪的严峻形势与加大反腐败力度的要求，也被很多民众诟病为腐败官员的“护身符”、“保护伞”。2009年2月28日第十一届全国人民代表大会常务委员会第七次会议通过了《刑法修正案（七)》，其中第14条将该罪第1款修改为：“国家工作人员的财产、支出明显超过合法收入，差额巨大的，可以责令该国家工作人员说明来源，不能说明来源的，差额部分以非法所得论，处五年以下有期徒刑或者拘役；差额特别巨大的，处五年以上十年以下有期徒刑。财产的差额部分予以追缴。”① 巨额财产来源不明罪新增加的加重犯规定，也体现了显性法治化方式的运用。

再来看隐性法治化，汶川大地震发生后，在全国上下戮力同心、抗灾自救的同时，却伴生了一些不和谐的音符，出现了一些违法犯罪现象。例如，利用人民群众的爱心，通过各种方式实施的诈骗、招摇撞骗等行为；国家机关工作人员在抗震救灾中滥用职权或者玩忽职守的渎职行为；贪污私分、虚报冒领、挤占挪用救灾款物的行为；盗窃、抢夺、抢劫救灾物资或者灾民财产的行为……②上述犯罪行为由于发生在重大自然灾害的背景下，其社会危害性与犯罪人的人身危险性较平常时期明显提高，但是又没有必要通过刑事法律修改的方式予以严惩。于是，中央纪委等五部委于2008年5月20日联合制定了《关于加强对抗震救灾资金物资监管的通知》，中央纪委与监察部于2008年5月30日联合颁布了《抗震救灾款物管理使用违法违纪行为处分规定》。两份规范性文件要求对包括上述行为在内的多种违法犯罪行为依法依纪从快、从严查处。这意味

---

① http://politics.people.com.cn/GB/1026/8885724.html，2009年3月1日访问。

② http://news.xinhuanet.com/legal/2008-05/26/content_8253429.htm，2009年3月1日访问。

着对上述犯罪行为，在量刑时有必要在同一个法定刑幅度内处以较重的刑种或者较长的刑期，从而体现宽严相济政策严厉的一面。这种从严规制并未创制新的刑事法律规范，而是在现行法律框架内实现的，此即隐性法治化方式。

第四节 政策基石

一、刑事权概念之确立

刑事权作为政策基石，是宽严相济政策新理论模型的第三个要素。法理学的研究成果表明，法治的权威主要倚靠两个基点加以维系，一是公众对于法律的信仰，二是法律自身的权威、威严。法秩序之所以能够对国民产生威慑效应，达到规训的状态，乃是因为任何不法行为都是对法秩序的否定，将引起法秩序对其的否定之否定，具体体现为法律责任的归咎和法律制裁的承担。不同性质的违法行为将导致不同性质的法律责任，不同性质的法律责任又借助不同性质的法律制裁得以实现。法律责任与法律制裁具有单向性和强制性，追根溯源，乃是因为法秩序是以权力为后盾的，并可以借助警察机构、检察机构、法院乃至军队等国家机器作为实现保障。

法律与权力的关系是非常密切的。在现代法治国家，权力的运行必须符合法治原则，即权力的赋予、行使、转移、剥夺等都必须依法进行。[①] 而权力对于法律同样重要，“它不仅是法的制定的政治基础，也是法的实施的政治基础”[②]。理论界通常将与法秩序联系最为密切的那部分国家权力谓为法权。实际上，任何一种类型的

---

① 参见卓泽渊著：《法政治学》，法律出版社2005年版，第270页。

② 参见卓泽渊著：《法政治学》，法律出版社2005年版，第277～280页。

国家权力都很难不与法律打交道，区别只在于联系的方式和紧密程度，因此法权这一概念也具有相对性。[①] 在法权内部，依据部门法的分野可以划分出效力、位阶、性质、功能各有不同的下位权力，如宪政权、刑事权、民事权、行政权、程序权等。

文章认为，居于法权下位的刑事权乃是在刑事法治领域惩治与防止犯罪，实现社会防卫与人权保障的权力支撑。宽严相济政策作为和谐社会刑事法治的灵魂与导向，也离不开刑事权的有力保障。“刑事权”是一个较为新颖的提法，学界比较流行的概念是“刑罚权”。例如，有学者认为，“刑罚权是国家基于独立主权对犯罪人实行刑事制裁的权力，是国家权力的外在表现形式之一，是一种国家权力”[②]。不少学者在给刑事政策下定义时都强调了刑罚制裁的重要性，那么逻辑推演的结果，应当是在更深的层面突出刑罚权与刑事政策的紧密联系。有的学者将刑罚权分为制刑权、求刑权、量刑权和行刑权四个方面[③]，也有学者用一般刑罚权与个别刑罚权、观念刑罚权与现实刑罚权来进行细分。[④] 刑罚权这一术语虽然实体色彩浓郁，在一定程度上却也为刑事诉讼法学界所接受。例如，有

---

① 法权本身就是一个仁智互见的概念，在法学界它在多种意义上被使用。例如，有学者认为：“客观的法权是体现在法中的社会整体利益，不以人的意志为转移，是完整统一的，是由经济关系这个本质内容决定的本质形式；体现在法律体系中的法权则是立法者对社会整体利益的主观把握或认定，通过对权利或权力的确认、分配和规范在现实生活中具体表现出来，是体现这一本质形式的外在形式。”参见童之伟著：《法权与宪政》，山东人民出版社2001年版，第28页。

② 刘树德著：《宪政维度的刑法思考》，法律出版社2002年版，第44页。

③ 参见张明楷著：《刑法学》，法律出版社2007年版，第392页。

④ 参见［日］大塚仁：《刑法概说》（总论），冯军译，中国人民大学出版社2003年版，第439页。

观点认为，“刑事诉讼是行使国家刑罚权的活动”①。此外，苏惠渔教授等学者还提出了“刑权力”的概念，并认为这一权力形式与刑事法相联系，是现代社会权力构造中的保障系统，从内容上看包括量刑权、行刑权等。② 不难看出，尽管称谓不同，刑权力与刑罚权在内涵上是很接近的，仍然偏重于实体性。

笔者认为，虽然刑罚制裁与刑事政策联系紧密，但随着保安处分、司法转处等多种处遇的发展、完善，刑罚不再是刑事责任的唯一实现方式，其重要性正在逐步下降。同时，宽严相济政策是以刑事一体化为指导的基本刑事政策，其所能采取的处遇、措施是丰富多样的，除了实体领域的以外，还包括程序范畴的，如各种刑事强制措施、各种分流转处程序等。上述程序性处遇的设立与变更显然也离不开权力的支撑，但又不是实体性的刑罚权所能涵盖的。鉴于此，笔者认为刑事权的提法能够在一定程度上避免刑罚权之不足，兼顾了实体与程序两个方面，符合刑事一体化的要求。刑事权与宽严相济政策的关系十分紧密，笔者将在下文中进一步论证。

二、刑事权之内部结构

刑事权并非一个单一范畴，其体现为一个体系，内部权力结构如下：

---

① 陈光中、徐静村主编：《刑事诉讼法学》，中国政法大学出版社 2002 年版，第 3 页。

② 参见苏惠渔、孙万怀著：《论国家权力》，北京大学出版社 2006 年版。

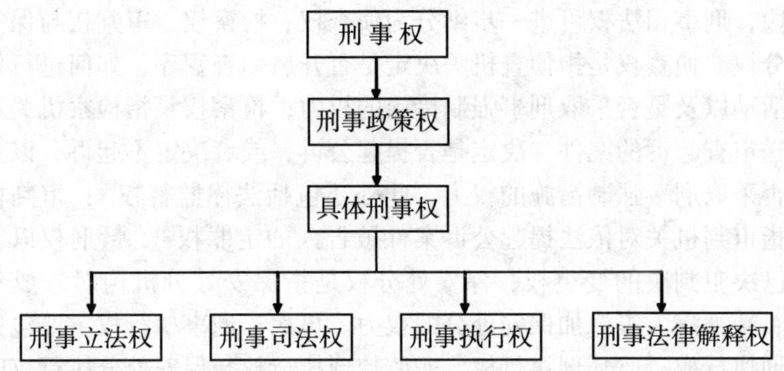

刑事权的内部体现为一个层级结构，包括居于上位的刑事政策权和居于下位的具体刑事权。具体刑事权主要包括刑事立法权、刑事司法权、刑事执行权与刑事法律解释权①四个类别：首先，刑事立法权具体包括创制、补充、修改、废止实体刑法、刑事诉讼法、行刑法、保安处分法等刑事法律规范的权力。其中，实体刑法主要包括刑法典、刑法修正案、决定、立法解释和司法解释，其任务在于确立犯罪的成立规格、刑事责任的实现方式、量刑制度等。刑事诉讼法主要包括刑事诉讼法典、决定、立法解释和司法解释，其任务在于规定追究犯罪人刑事责任的程式、刑事强制措施的种类以及各法律关系主体的程序性权利（职权）和程序性义务（职责）。行刑法主要包括监禁性刑事执行法律和非监禁性刑事执行法律，其任务在于规定刑罚与非刑罚处理方法的执行方式以及相关主体在行刑过程中的权利（职权）与义务（职责）。保安处分法主要涉及未成年人、精神病人以及劳动教养制度等。其次，根据刑事诉讼的基本

---

① 有学者认为，刑法解释是一种权力体制，刑法解释权原本附属于立法权，在步入成文法时代后逐渐从中独立出来。参见林维：《刑法解释的权力分析》，中国人民公安大学出版社 2006 年版，第 42～44 页。笔者认为，除了实体刑法外程序法同样需要解释，因此从刑事一体化的视角看，支撑整个刑事法律解释活动的权力基础可以谓为刑事法律解释权。

阶段，刑事司法权可进一步细分为侦查权、检察权、审判权与保安处分权。侦查权是指侦查机关决定是否开启侦查程序，如何进行侦查活动以及是否采取刑事强制措施的权力；检察权是指检察机关对移送审查起诉的案件，决定是否提起公诉，或者决定不起诉，以及是否采取刑事强制措施的权力，此外还包括法律监督权[①]；审判权是指审判机关对依法提起公诉案件被告人的定罪权[②]、量刑权以及对已决犯判决的变更权；保安处分权是指保安处分机构对未成年人、精神病人等施加保安处分的权力。再次，刑事执行权主要包括死刑执行权、监禁刑执行权、非监禁刑执行权与保安处分执行权四个类别。最后，刑事法律解释权主要包括两种类型，一种是指国家机关对刑事法律规范相关条文的文字、用语、适用范围等作进一步澄清、阐释的权力，行使该权力的后果是生成可反复适用的抽象性立法解释与司法解释，其对各级刑事司法机关具有普遍约束力，属于刑事法律的直接渊源；另一种是指各级刑事司法机关的工作人员在处理个案时，针对抽象法律规范与个案具体事实相对接的过程中所出现的法律条文需要进一步明确之处，由其本人根据自身的法律知识、法律技能、职业经验、价值观，并结合普通民众的良心、常识作出效力仅及于个案的具体解释的权力。

居于具体刑事权上位的刑事政策权并非一个新概念，实际上，刑事政策与权力的关系早已为学界所关注。法国学者米海依尔·戴尔玛斯－马蒂就曾指出："刑事政策，与所有其他政策一样，是以权力配置为基础的社会生活的组织形式，以界定财产的分配、保障各类组织（广义上包括家族、学校、教会等）的运行，并确立基

① 关于检察权是否包括法律监督权，二者的法律性质是否存在冲突等问题，诉讼法学界争论激烈。笔者认为，在我国尚未全面确立司法审查制度的前提下，暂时保留检察机关的法律监督权是有必要的，但应注意与审判权、审判中立原则的调适问题。

② 定罪权包括依法判定有罪与依法宣告无罪两个方面。

本价值。”[①] 曲新久教授也认为：“无论刑事政策围绕着刑事政策目的怎样展开，其范围终止于权力所能到达的边界，权力所不能强制、控制、影响或者诱导的领域，不属于刑事政策的范围。”[②] 有些学者更是直接提出了刑事政策权的概念。例如，有学者认为，“在当代法治社会，刑事政策权力属于公共权力的一种类型”[③]。还有学者主张鉴于我国现阶段的政治环境，在刑事政策权上应合理划分，注意调动各层次、各部门、各方面的积极性。[④] 前文所述及的具体刑事权及其所包括的刑事立法权、刑事司法权、刑事执行权和刑事法律解释权与宽严相济政策的联系非常紧密，但是这种联系机制主要体现在宽严相济政策出台以后，以之为导向创制新的刑事法律规范，或者在适用、执行、解释刑事法律规范的过程中以宽严相济精神为指导合理行使自由裁量权。宽严相济政策的法治化以及在具体刑事法治活动中的效力发挥，离不开各项具体刑事权的保障作用，但同时应当看到，宽严相济政策作为一项实然刑事政策，其首先有一个制定、确立的过程，之后才谈得上对刑事立法、刑事司法、刑事执行和刑事法律解释等活动发挥指导作用。并且，宽严相济政策出台以后并非一成不变，需要随着主观价值观念、刑事安全态势等因素的变化适时作出评价、调整。宽严相济政策作为一项基本刑事政策，其制定、评价、调整等一系列活动过程，与其他任何公共政策一样，均离不开权力的支撑。这种权力较之具体刑事权，与宽严相济政策本身的关联更为紧密，笔者将其界定为刑事政策

① ［法］米海依尔·戴尔玛斯－马蒂著：《刑事政策的主要体系》，卢建平译，法律出版社2000年版，第26页。

② 曲新久著：《刑事政策的权力分析》，中国政法大学出版社2003年版，第57页。

③ 参见吕文江、刘军：《论刑事政策的价值》，载《山东警察学院学报》2005年第1期，第99页。

④ 参见许秀中：《刑事政策系统论》，中国政法大学博士学位论文，2004年5月，第73页。

权。刑事政策权可以进一步划分为基本刑事政策权与具体刑事政策权，前者是制定、评价、调整基本刑事政策的权力，后者是制定、评价、调整对基本刑事政策起辅助功能的具体刑事政策的权力。宽严相济政策作为基本刑事政策，政策覆盖面宽广，价值目标完整，欲使宽严相济政策更好地引导刑事法治建设，离不开具体刑事政策的辅佐。宽严相济政策所倚赖的具体刑事政策，主要包括宽缓型政策、严厉型政策和适中型政策三种类型，它们背后的权力支撑就是具体刑事政策权。

第五节　政策实质

宽严相济政策新理论模型的第四个要素是政策实质，其内容是区别对待。区别对待的字眼不仅出现在罗干同志于2005年年底在全国政法工作会议上的讲话中，也为很多学者在阐述宽严相济政策时所言及。[①] 那么，区别对待何以成为新理论模型的要素之一，其对于宽严相济政策的重要性何在，这是必须加以研究的重要问题。文章认为，从语义上解析，无论宽缓、严厉抑或适中，都体现为法律处遇上的差别，如果忽略差别，对所有刑事犯罪及其行为人都一视同仁，那么就无从体现有宽有严、宽严相济了。要做到区别对待，就要解决区别对待的对象和标准两个问题。

一、区别对待的对象

关于第一个问题，有的学者认为应当对各种刑事犯罪区别对待，有的学者认为应当对各类犯罪人区别对待，各种观点不一而足。根据现有著述来看，刑事犯罪及其行为人应当成为区别对待的对象，这是目前学界的共识。但是，区别对待的对象是否仅限于此

---

① 参见张远煌：《宽严相济刑事政策时代精神解读》，载《江苏警官学院学报》2008年第2期，第7页。

呢？笔者认为，除了刑事犯罪及其行为人，刑事被害人与国家机关也应当成为区别对待的对象，理由兹述如下：

首先，自从国家垄断了刑事案件的处置权之后，犯罪被害人的权益长期以来被漠视，成为刑事诉讼中的“弱势群体”。及至近代，犯罪人的人权保护日益受到重视，先后出现了“刑法是犯罪人的大宪章”（李斯特语）、“刑事诉讼法是保护犯罪人的大宪章”（加罗法洛语）等法律格言，而被害人的情状却未有根本改善。1985 年在意大利米兰召开的第七届联合国防止犯罪和罪犯处遇大会通过了《关于犯罪和权利的滥用的被害人的司法的基本原则》（Declaration of Basic Principles of Justice relating to Victims of Crime 1985），同年 11 月，联合国大会第 40/34 号决议又通过了《为罪行和滥用权力行为受害者取得公理的基本原则宣言》（Declaration of Basic Principles of Justice for Victims of Crime and Abuse of Power）。以此为契机，国际刑事法学及犯罪学发展到一个更加重视犯罪被害人的境遇及其人权保障的新阶段。① 这种趋势是人文精神和人道主义在刑事法治领域日益凸显的表征，理应反馈到宽严相济政策的研究与贯彻中。因此，刑事被害人应当成为区别对待的对象。

其次，学界普遍认为刑事立法机关、刑事司法机关和刑事执行机关是具体实施宽严相济政策的主体，但很少有学者认为它们也应当成为区别对待的对象。在刑事法律关系中，各类国家机关掌握着刑事立法权、刑事司法权、刑事执行权和刑事法律解释权。权力与权利的关系非常密切，权力对于权利具有塑造作用，而权利对于权

---

① 目前，国内已出版的以刑事被害人及其权利救济为中心的专著主要有：郭建安主编：《犯罪被害人学》，北京大学出版社 1997 年版；汤啸天等编著：《犯罪被害人学》，甘肃人民出版社 1998 年版；赵可等：《一个被轻视的社会群体——犯罪被害人》，群众出版社 2002 年版；田思源著：《犯罪被害人的权利与救济》，法律出版社 2008 年版。相关论文也越来越多。

力也具有引导作用。[①] 国家机关行使刑事权的活动对于其他刑事法律关系主体尤其是犯罪人的影响非常重大。刑事权的扩张往往意味着犯罪人刑事权利的限缩或者刑事义务的扩张，而刑事权的让渡往往又意味着犯罪人刑事权利的扩张或者刑事义务的限缩。例如，如果刑事立法机关启动刑罚权，将某一非罪行为犯罪化，这意味着今后可能有人因此而入罪，基本人权进而被剥夺，因此犯罪化属于体现严厉态度的举措。再如，根据刑法第 48 条，对于应当判处死刑的犯罪分子，如果不是必须立即执行的，可以判处死刑同时宣告缓期二年执行。对于某一个案是否具有不是必须立即执行的情形，刑事司法机关拥有一定的自由裁量权。如果刑事司法机关认为具有这一情形，判处犯罪人死缓，那么就体现了严中有宽；如果刑事司法机关认为不具有这一情形，判处犯罪人死刑立即执行，犯罪人就将失去生命，那么就体现了严厉的态度。在宽严相济政策的研究与实践中，我们不仅要关注犯罪人、被害人的权利与义务状况，也不能疏漏对其有重大影响的各类国家机关。因此，有必要将国家机关纳入区别对待的对象。

综上，既然基本刑事政策对整个刑事法治都具有导向功能，所有刑事法律关系的主体均受其影响，区别只在于影响的程度与形式有所不同罢了。因此，除了刑事犯罪及其行为人之外，将刑事被害人与国家机关一同纳入宽严相济政策的作用对象是较为周延的。当然，这并不意味着各刑事法律关系主体的地位是等量齐观的。鉴于宽严相济政策的主要治理对象是犯罪现象，因此区别对待的对象主要是刑事犯罪及其行为人，兼及刑事被害人与国家机关。

明确了区别对待的对象之后，需要进一步回答对何者宽、对何者严的问题。首先，鉴于刑事权的运用动辄关涉犯罪人的基本人权，因此国家机关及其工作人员在运用刑事权以贯彻宽严相济政策

① 王莉君：《权力与权利的思辨》，中国法制出版社 2005 年版，第 49 ~ 65 页。

时应当尽可能审慎、有节制，严格依照实体刑事法律与程序刑事法律行事，凡是法律没有赋权的行为都不能实施。可见，宽严相济政策对于国家机关的基本态度是趋于严格的。其次，在传统犯罪中心主义理论的影响下，既往刑事政策实践将关注的重心落在犯罪及其行为人上，对于被害人的法律处境、诉讼地位与权益修复非常漠视。宽严相济政策作为人本型刑事政策，应当对刑事被害人给予特殊的人道主义关照，这也符合和谐型司法与恢复性司法的要求。可见，宽严相济政策对于刑事被害人的基本态度是趋于宽缓的。最后，宽严相济政策对于刑事犯罪及其行为人的态度不能一概而论，总的来说，是有宽有严，宽严互补，以宽为先。从比例上讲，宽严相济政策对于大多数犯罪及其行为人而言，其态度是趋于宽和、轻缓的，对于少数犯罪及其行为人而言，则是趋于严格、严厉的。

二、区别对待的标准

如前所述，宽严相济政策对于刑事犯罪及其行为人的态度是有宽有严，宽严互补，以宽为先的。因此，也需要厘清对何者宽、对何者严的问题，这就涉及区别对待的标准。笔者认为，可将社会危害性与人身危险性作为区别对待各类刑事犯罪及其行为人的评判标准，其中社会危害性与犯罪行为相对，人身危险性与犯罪人相对。

与犯罪行为相对应的社会危害性的内部包括主观恶性与客观损害两个层面，前者反映的是行为无价值，后者体现的是结果无价值。主观恶性大、客观损害严重的犯罪，其社会危害性也相对较大，理应从严规制，即从实体和程序两个方面施予严厉的处遇；反之，则当从宽对待。如果主观恶性与客观损害一个偏大，一个偏小，则社会危害性的大小应作综合评定，并作为从宽抑或从严的依据。表征主观恶性大小的因素主要有动机、罪过、手段、犯罪对象、犯罪的时空环境等。例如，以报复社会、奢侈腐化为动机的，手段血腥、残忍的，侵害弱势群体或者公共利益的，在光天化日之下或者公共场所作案的，则主观恶性较大；反之，出于贫穷、疾患、义愤等动机的，则主观恶性较小。反映客观损害轻重的因素主要有人身伤亡的程度、财产损失的数额、民愤大小、国际影响等。此外，从犯罪类型化的角度看，就现阶段而言，危害国家安全的犯罪、危害公共安全的犯罪、恐怖主义犯罪①、有组织犯罪②、严重的暴力犯罪、重大的职务犯罪、危害民生的食品与药品犯罪等，应作为宽严相济政策从严治理的对象。

与犯罪人相对应的人身危险性指已经犯罪的人再次触犯刑律的可能性。③ 对于人身危险性较大的犯罪人，应从严处置，即从实体和程序两个方面施予严厉的处遇；反之，对于人身危险性较小的犯罪人，则应从轻发落。在司法实践中，评定犯罪人之人身危险性高低的因素主要有是否系初犯、累犯，是一罪还是数罪，是否具有自首、立功情节，被害人是否有过错，犯罪前的一贯表现与犯罪后的态度等。一般而言，对于初犯、偶犯、自首犯、立功犯、未成年犯、老年犯、弱势群体犯罪人，宜从宽对待，而对于惯犯、累犯、犯罪前一贯表现不良以及犯罪后无悔罪表现的犯罪人，应从严处置。在同一案件中，犯罪的社会危害性与犯罪人的人身危险性既可能同时偏大，也可能同时偏小，还可能呈现一大一小的相反情况。在后一种情形下，究竟是从严抑或从宽，司法工作人员应当综合评价。例如，黑社会犯罪在总体上属于从严治理的范畴，而对于具有自首、立功、悔罪等情节的犯罪人，则宜从轻发落。

---

① 参见赵秉志、杜邈：《我国惩治恐怖活动犯罪的刑法立法经验考察》，载《华东政法大学学报》2008 年第 6 期，第 56 ~ 60 页；杜邈、徐雨衡：《宽严相济在惩治恐怖主义犯罪中的运用》，载《政法论坛》2008 年第 1 期，第 124 ~ 130 页。

② 参见康树华：《转型期社会中有组织犯罪的现状与治理》，载《法学家》2008 年第 3 期，第 1 ~ 6 页。

③ 此处的人身危险性限于狭义使用，广义的人身危险性还包括从未犯罪的人初次实施犯罪的可能性。

第六节 政策客体

在政策实质解决了区别对待的对象与标准之后，还要进一步研究宽缓与严厉这两种相反的处遇是通过何种方式实现的，这是政策客体所要解决的问题，它是宽严相济政策新理论模型的第五个要素。笔者认为，宽缓抑或严厉，乃是通过对刑事法律关系主体的刑事权利（职权）或者刑事义务（职责）进行扩张与紧缩来实现的。将权利（职权）与义务（职责）作为政策客体的理由在于：首先，如前所述，宽严相济政策的实施必须因循法治化途径，而法治化最基本的形式就是法律化，亦即将宽严相济政策的内容、精神、要求等尽可能以刑事法律的形式表达出来。法律规则作为法的基本要素之一，由假定、行为模式与法律后果三个部分组成。其中，行为模式构成法律规则的核心内容，其实质就是赋予权利（职权）与规定义务（职责）。其次，“一切社会关系的本质都是利益关系，和谐社会的本质也体现为社会利益关系的和谐”[①]，因此法律对社会关系的规制最终都可以归结为对利益关系的调整。法律对利益的调整主要是借助权利（职权）与义务（职责）这对工具来实现的，权利（职权）与义务（职责）发挥着对利益进行初次分配与再分配的机能，由此产生了第一性权利（义务）与第二性权利（义务）。[②] 最后，趋利避害是人的本性，当为其配置新的权利（职权）或者扩张既有权利（职权）范围时，意味着利益的获得，因而会有宽和、轻缓的感受；当为其设定新的义务（职责）或者扩张既

---

① 贺永顺：《和谐社会的本质特征是社会利益关系的和谐》，http://www.chinavalue.net/Article/Archive/2006/7/12/37064.html,2009 年 1 月 5 日访问。

② 张文显：《法学基本范畴研究》，中国政法大学出版社 1993 年版，第 102 页。

有义务（职务）范围时，则意味着利益的丧失，因而会有严厉、严格的感受。可见，以权利（职权）和义务（职务）为介质，得以实现对宽缓抑或严厉价值的追求。

在上节中，文章指出区别对待是政策实质的内容，而区别对待的对象主要是刑事犯罪及其行为人，兼及刑事被害人与国家机关。在此，笔者拟以刑事犯罪人与刑事被害人为代表，进一步阐释如何以二者的权利和义务为中介，实现宽缓抑或严厉的价值诉求。权利与义务具有对向性，没有无义务的权利，也没有无权利的义务，社会的权利总量与义务总量是相等的。在当代社会，法律应当致力于构建最大地促进每个人全面自由发展的秩序，因此自由权利是第一位的，义务约束是第二位的。① 鉴于越来越多的学者主张以权利为核心研究法学②，此处对权利和义务的探讨便得以简化为对权利的探讨。实体权利与程序权利是学界关于权利的一种通行分类，笔者将借用这种二元分析方法。从总体上讲，无论是实体权利还是程序权利，配置新的权利或者扩张既有权利的范围，能够体现宽和、轻缓的态度，而设定新的义务或者扩张既有义务的范围，得以彰显严格、严厉的态度。

首先来看刑事犯罪人的实体权利。笔者认为，宽严相济政策对于犯罪人实体权利的影响主要是通过实体刑事法律关于定罪量刑的规定来实现的。当某一非罪行为的社会危害性达到应受刑罚处罚的严重程度时，立法机关将启动刑罚权将其犯罪化。犯罪化意味着普通公民自由界域和权利范围的紧缩，而犯罪人将因此承担刑事责任，进而导致个人基本人权被剥夺，从而体现了宽严相济政策从严

---

① 贺永顺：《和谐社会的本质特征是社会利益关系的和谐》，http://www.chinavalue.net/Article/Archive/2006/7/12/37064.html，2009 年 1 月 5 日访问。第 262 页。

② 参见魏再龙著：《法学权利论》，湖北教育出版社 1990 年版，第 24～30 页。

规制该行为的态度。例如，组织未成年人进行盗窃、诈骗、抢夺、敲诈勒索等违反治安管理活动的行为，由于后者尚未构成犯罪，因而无法追究组织者作为教唆犯的刑事责任。但是，该类组织行为日益普遍，且严重扰乱了社会秩序，全国人大常委会在向社会公开征集意见后认为该行为的社会危害性已经达到应受刑罚处罚的严重程度，因此在《刑法修正案（七）》中将其犯罪化。对于已经入罪的行为，其社会危害性也可能随着某些因素的变化而增加，进而被纳入从严惩治的范围。如果已然之罪社会危害性的增加尚未超出法定刑幅度，刑事法官可以通过在法定刑幅度内从重处断来体现宽严相济政策之严厉的取向；如果已然之罪的社会危害性明显增加，以致在法定刑幅度内从重处断也不能实现罪责刑相适应，就只有通过立法机关修改刑事法律，将该罪的法定刑幅度予以提升。例如，《刑法修正案（三）》第3条将组织、领导恐怖活动组织的基本法定刑幅度由3年以上10年以下有期徒刑提升为10年以上有期徒刑或者无期徒刑，就属于这种情形。无论是在法定刑幅度以内从重处断，还是通过修法提升法定刑幅度，实施同一性质危害行为的犯罪人都将因此丧失更多的实体权利，因此宽严相济政策之严厉的态度得以彰显。反之，非犯罪化活动，在法定刑幅度以内从轻发落或者降低已然之罪的法定刑幅度，要么导致公民自由界域与权利范围的扩张，要么使犯罪人丧失较少的实体权利，因而宽严相济政策之宽缓的态度得以体现。[①] 宽严相济政策是有宽有严、以宽为先的，体现在刑事犯罪人的实体权利上，就是有时扩张，有时紧缩，但是非犯罪化、刑罚轻缓化应当成为主流趋势。

---

① 《刑法修正案（七）》第6条将情节较轻的绑架行为的法定刑幅度由原来的“处十年以上有期徒刑或者无期徒刑，并处罚金或者没收财产”修改为“处五年以上十年以下有期徒刑，并处罚金”，这一变化就属于降低已然之罪的法定刑幅度。对情节较轻的绑架罪减少刑罚权的配置体现了宽严相济政策对绑架行为区别对待的精神，也有利于保护人质的安全。

再来看刑事犯罪人的程序权利。当前，我国的刑事诉讼模式正处于职权主义向当事人主义的转型阶段，当事人主义诉讼模式的基本特征在于以正当程序理念指导刑事程序的建构，提倡控辩平等武装，强化犯罪人在刑事诉讼中的主体地位。这就要求宽严相济政策在刑事犯罪人的程序权利上主要采取宽和、轻缓的态度，扩张其程序权利，提高程序参度。新律师法的出台印证了这一趋势，其对犯罪人的辩护权作了明显扩张：其一，根据刑事诉讼法，在侦查阶段犯罪嫌疑人虽可聘请律师，但律师并不具有辩护人的诉讼地位。新律师法则规定，犯罪嫌疑人被侦查机关第一次讯问或者采取强制措施之日起，受委托的律师就有权会见犯罪嫌疑人、被告人并了解有关案件情况。其二，刑事诉讼法规定辩护律师在审查起诉阶段可以查阅、摘抄、复制案件的诉讼文书和技术性鉴定材料，在审判阶段可以查阅、摘抄、复制所指控的犯罪事实的材料。而新律师法将辩护律师在审查起诉阶段的阅卷范围扩及诉讼文书及案卷材料，在审判阶段的阅卷范围扩及与案件有关的所有材料，从而在很大程度上突破了“阅卷难”问题。其三，刑事诉讼法规定，辩护律师向被害人或者其近亲属、被害人提供的证人收集材料时，不仅要经过本人同意，还要经过人民检察院或者人民法院许可。而新律师法规定，律师自行调查取证的，凭律师执业证书和律师事务所证明就可以向有关单位或者个人调查与承办法律事务有关的情况，从而使“调查取证难”问题明显改善。当然，宽严相济政策对犯罪人程序权利的宽缓态度并不是无限制的，保障人权与惩罚犯罪这两大刑事法治的基本目标必须加以调适。同时，对犯罪人程序权利的扩张也不是无区别的，其中对轻罪、微罪犯罪人以及人身危险性较小的犯罪人之程序权利的扩张力度相对较大。

最后将视角转向刑事被害人的实体权利与程序权利。在上节中，笔者指出，宽严相济政策对于刑事被害人的基本态度是趋于宽缓的，这就要求，在刑事诉讼中，要更加重视被害人的法律处境、诉讼地位和权益修复。从权利视角看，就是要进一步扩张被害人的实体权利与程序权利。就扩张其程序权利而言，主要是提高被害人在刑事诉讼中的程序参与度，扩大其话语权，建立刑事和解等体现恢复性司法理念的制度设计。[①] 此外，还有必要确立被害人在刑事附带民事诉讼中的精神损害赔偿请求权，因为：首先，对有罪裁判抚慰被害人精神创伤的功能不可过高估计，实际上，刑事追诉的抽象抚慰作用很难有效救济被害人真实的精神损害；其次，普通民事侵权尚可获得精神损害赔偿，犯罪作为极端之侵权行为，给被害人造成的精神痛苦较普通民事侵权尤甚，否定其精神损害求偿权显失公平；再次，虽然被害人在刑事附带民事诉讼中无精神损害求偿权，但如果另行提起单独的民事求偿之诉，则有可能获得精神损害赔偿。仅因为程序选择的不同而造成救济结果的重大差异，是程序设计中的不合理现象。"人们越来越重视精神权利的价值，重视个人感情和感受对于人存在的价值，重视精神创伤和精神痛苦对人格利益的损害。在这一观念的指导下，人们要求法律对人的精神利益予以更高的重视和更严密的保护。"[②] 注重公民的精神利益保护，肯定被害人在刑事附带民事诉讼中的精神损害求偿权已成为世界刑事法治的潮流，我们理当顺应这一趋势。就扩张被害人的实体权利而言，考虑到导致犯罪发生的机理是复杂的，原因也是多种多样的，其中国家的预防机制部分失灵是一个重要因素。因此，国家在犯罪被害人的权利保护与救济方面负有义不容辞的道义责任与法律责任。[③] 鉴于此，可考虑建立刑事被害人国家救助制度，当犯罪人

① 相关论文参见［美］尼古拉斯·亨利：《恢复性司法的实证研究》，何挺译，载《中国刑事法杂志》2008 年第 3 期，第 121 ~ 126 页；周长军、吕欣：《司法的恢复性与社会的和谐化——恢复性司法理念国际研讨会综述》，载《法学论坛》2007 年第 5 期，第 117 ~ 122 页。

② 戴建志、陈旭著：《知识产权损害赔偿研究》，法律出版社 1997 年版，第 308 ~ 309 页。

③ 参见田思源著：《犯罪被害人的权利与救济》，法律出版社 2008 年版，第 138 ~ 140 页。

无力赔偿被害人因犯罪行为所招致的各种损害时，由国家加以救助。[①]

通过扩张或者紧缩刑事犯罪人以及被害人的权利以彰显宽缓抑或严厉价值诉求的具体的制度性思路还有很多。鉴于宽严相济政策在价值取向上是以宽为先、宽优于严的，因此扩张犯罪人与被害人的实体及程序权利应当成为基本导向，但这并不等于无限制、无原则地宽容、轻缓，因为权利具有相对性和有限性，在特定的历史条件下，权利的内容、表达及行使都是有限度的，在本章第八节政策底线中笔者将对此作进一步阐述。[②]

第七节　政策界域

政策界域是新理论模型的第六个要素，是指宽严相济政策的影响力所及的范围。在将宽严相济政策确立为和谐社会语境中的基本刑事政策后，它将在今后一个较长时期成为刑事法治的灵魂与导向。因此，刑事法治的边界是宽严相济政策的作用范围就成为题中应有之义。笔者认为，刑事法治作为整个法治活动的一个重要领域，具体包括刑事立法、刑事司法、刑事执行和刑事法律解释四个

---

① 刑事被害人国家救助制度也叫刑事被害人国家补偿制度，最早起源于《汉谟拉比法典》。第二次世界大战之后，英国女性刑法改革运动家 M. 弗莱提倡建立犯罪被害人补偿制度。在立法层面，新西兰于 1963 年建立了刑事损害补偿法庭，之后加拿大、美国大部分州、德国、法国、日本等先后设立了被害人补偿制度。在各国立法的基础上，联合国大会于 1985 年 11 月 29 日决议通过《为罪行和滥用权力行为受害者取得公理的基本原则宣言》，以联合国文件的形式集中规定了保障罪行被害者的基本原则。在我国，最高人民法院、最高人民检察院都已提出建立刑事被害人国家救助制度，目前山东、浙江、湖北、四川等地的若干城市正在开展试点。

② 尹奎杰：《权利观念的限度》，载《法制与社会发展》2009 年第 1 期，第 104～106 页。

基本环节、阶段，四者有机地结合在一起，构织成宽严相济政策的实施界域。宽严相济政策在刑事法治的每一基本环节、阶段的实施方式均有所不同，从宏观层面进行梳理有助于我们从整体上把握宽严相济政策的不同实施机制。本书第五章旨在构建一个在刑事法治实践中贯彻宽严相济政策的基础性、骨干性制度平台，其由若干具体的刑事法律机制构成，这些刑事法律机制分布在不同的刑事法治的基本环节，代表了践行宽严相济精神的不同方式。可见，政策界域的内容与第五章的内容有叠合之处。但是，本节的设置乃是出于构建关于宽严相济政策的新的理论模型之需要，其阐述是宏观的、一般性的，而第五章则是在本节基础上的制度化展开。

一、刑事立法

如果说立法是依法治国的第一要务，那么刑事立法就是刑事法治的首要环节。刑事立法活动倚赖的权力基础是刑事权下位的刑事立法权，刑事立法活动的结果是生成实体刑事法律和程序刑事法律，从而为各项刑事法律活动提供规范依据，以符合罪刑法定与程序法定这两大刑事法治的基石性原则的要求。宽严相济政策的实施必须因循法治化途径，而法治化最基本的形式就是法律化。体现在立法环节，就是在制定、修改、完善刑事法律规范时贯彻宽严相济政策的要求，从而实现刑事政策的法律化。以往对于如何在刑事司法、刑事执行环节贯彻宽严相济政策研究较多，而对于刑事立法环节则关注较少，造成该现象的一个原因可能在于刑事立法乃创制刑事法律规范的立法活动。相对于其他环节普遍存在的自由裁量权而言，立法阶段的刚性色彩较浓重，似乎缺少一个张弛有度的法律空间供贯彻宽严相济之用。笔者认为，在立法环节仍然存在比较广阔的贯彻宽严相济精神的法律空间，只不过具体的方式、机制有别于刑事法治的其他基本环节。下面笔者将从实体刑事立法与程序刑事立法两个层面就如何在立法环节贯彻宽严相济政策略作解析。

实体刑事立法的主要任务在于规定犯罪成立的标准、刑事责任的实现方式以及量刑规则等，简言之，即确立罪刑圈的基本样态。就犯罪圈而言，如果立法机关增设新的罪名并为其配置法定刑，则表明宽严相济政策对该类行为的态度出现了从宽到严的变化；反之，如果将某些行为除罪化、去刑化，则代表宽严相济政策对该类行为的态度出现了由严至宽的变化。立法层面的犯罪化与非犯罪化活动涉及罪刑圈的扩张与紧缩，将导致公民自由界域的限缩或扩大，是严厉抑或宽缓的显著体现。[①] 就刑罚制度而言，增设死刑（针对没有死刑的国家）、增加死刑罪名、提升自由刑幅度等，体现了宽严相济政策之严厉的态度[②]；反之，废除死刑、削减死刑罪名、增设开方式处遇（如社区矫正）、降低自由刑幅度[③]等，则彰显了宽严相济政策之宽缓的态度。[④]

程序刑事立法的主要使命在于以正当程序理念为指导，规定各

---

① 自1997年刑法出台后，全国人大常委会总共出台了七个刑法修正案和一个决定，其中不乏增设新罪的规定，但目前尚未见除罪的规定。这表明，在犯罪圈的问题上，立法机关更多地倾向于宽严相济政策之严厉的一面，这种严厉是相对于普通公民而言的，因为公民的自由范围在创制新罪的犯罪化活动中收缩了。

② 例如，《刑法修正案（七）》第14条为差额特别巨大的巨额财产来源不明行为增设了“处五年以上十年以下有期徒刑”这一加重犯规定。此例属于提升法定刑幅度，体现了宽严相济政策从严治理该行为的态度。

③ 例如，《刑法修正案（七）》第6条将情节较轻的绑架行为的法定刑幅度由原来的“处十年以上有期徒刑或者无期徒刑，并处罚金或者没收财产”修改为“处五年以上十年以下有期徒刑，并处罚金”。此例属于降低法定刑幅度，体现了宽严相济政策对情节较轻的绑架行为从宽对待的精神，也有利于保护人质的安全。

④ 有学者建议根据宽严相济政策对我国刑罚结构进行必要调整，具体思路是限制死刑、加重生刑。参见陈兴良：《刑罚结构亟待调整：限制死刑 加重生刑》，载《人民检察》2007年第19期，第8页。该建议同时包括了轻缓和严厉两种举措。当然，考虑到生与死关涉重大，从总体上说，这仍然是一个趋向宽缓的建议。

刑事诉讼法律关系主体在程序进程中的程序权利（职权）与程序义务（职责），从而构建一个控辩平等武装、法官居中裁断的当事人主义诉讼模式。鉴于我国重实体、轻程序，重惩治犯罪、轻保障人权的法律传统积弊较深，因此就总体而言，程序刑事立法对于刑事犯罪人与被害人主要应当彰显宽严相济政策宽和、轻缓的一面，强化其诉讼主体地位，赋予其更多的程序权利。① 站在相对的视角，对于继续强化刑事司法机关程序职权的立法活动，则应更多地体现宽严相济政策之严格的态度。

二、刑事司法

狭义的刑事司法不包括执行环节，指的是各类刑事司法机关将刑事法律规范适用于具体个案的各项活动。在各类刑事法律规范中普遍规定了自由裁量权，司法人员可以根据犯罪人与犯罪行为的不同情状斟酌决定采取何种实体或者程序处遇，这些具有张力的法律规范为贯彻宽严相济政策提供了现实可能。② 狭义的刑事司法包括刑事侦查、刑事检察和刑事审判三个环节，宽严相济政策在各环节的实施方式有所不同，兹简述如下：

1. 刑事侦查

刑事侦查是刑事诉讼的开启阶段，其任务在于全面收集涉案证据，查明案件事实，并为后续的刑事检察做好程序准备。为确保侦

---

① 除了前文提到的强化刑事犯罪人的辩护权以及赋予刑事被害人精神损害赔偿请求权外，关于扩张刑事犯罪人与被害人程序权利的论文参见李建明：《关于刑事诉讼参与人控告权保障制度立法的思考》，载《法商研究》2008 年第 5 期，第 12 ~ 18 页；尚垚弘：《刑事公诉案件被害人权益保护困境与出路》，载《人民检察》2008 年第 24 期，第 26 ~ 28 页。

② 例如，刑法第 22 条第 2 款规定："对于预备犯，可以比照既遂犯从轻、减轻处罚或者免除处罚。"再如，刑事诉讼法第 142 条第 2 款规定："对于犯罪情节轻微，依照刑法规定不需要判处刑罚或者免除刑罚的，人民检察院可以作出不起诉决定。"

查工作的顺利推进，侦查机关可以决定或者提请检察机关批准对犯罪人采取相应的刑事强制措施。强制措施包括人身性强制措施和财产性强制措施两类，前者如取保候审、逮捕等，后者如扣押、冻结等，它们以对犯罪人的人身或者财产权利进行限制抑或剥夺为内容。不同的强制措施，限制或者剥夺的权利的性质与程度存在殊别，从而给犯罪人的主观感受也不同。因此，侦查机关可以根据犯罪人与犯罪行为的不同情状选择适当的强制措施，以体现宽缓抑或严厉的价值诉求。总的来讲，在强制措施的问题上，宽严相济政策对于侦查机关的要求趋向严格，即严格根据法定要件适用，且不能动辄采取严厉的强制措施。对于犯罪人而言，宽严相济政策的态度则趋向宽缓。例如，可拘可不拘的不拘，可捕可不捕的不捕，可以采取相对轻微的强制措施的，不采取更严厉的强制措施。

2. 刑事检察①

刑事检察在刑事诉讼中居于承上启下的地位，是指检察机关对侦查机关（部门）移送审查起诉的案件，决定提起公诉或者不起诉，以及对其他司法机关的职能活动进行法律监督。在公诉环节，检察机关可以决定或者批准对犯罪人采取相应的刑事强制措施，因此强制措施也是检察机关贯彻宽严相济政策的一种机制。此外，检察机关在检察工作中贯彻宽严相济政策的主要方式还有：对于犯罪情节轻微与犯罪人人身危险性较小的案件，作酌定不起诉处理，实现庭前分流；推行刑事和解，对于取得被害人谅解的案件，作酌定不起诉处理或者在提起公诉时建议人民法院从宽量刑；对于其他依法提起公诉的案件，根据案件的具体情况，建议人民法院从宽或者从重量刑，以体现有宽有严，区别对待。

3. 刑事审判

刑事审判的任务在于对被告人是否构成犯罪以及如何承担刑事

① 本部分内容得益于与某直辖市 C 市人民检察院第一、第五分院公诉部门检察官们的交流成果，在此表示感谢。

责任作出终极判定，研究如何在审判阶段实施宽严相济政策意义重大。根据刑事诉讼法，人民法院可以根据案件的具体情况决定对被告人采取相应的刑事强制措施，因而具有与侦查机关、检察机关相同的实施宽严相济政策的机制。人民法院的审判活动主要体现为定罪与量刑。就定罪而言，基于人权保障的要求，宽严相济政策对于人民法院的态度非常严格，即严格依据犯罪构成要件，严格遵循有罪证明标准，对于有罪与无罪相疑的，坚决判无罪，对于重罪与轻罪相疑的，坚决定轻罪。对审判机关的严格要求，站在被告人一面则意味着宽缓。就量刑而言，贯彻宽严相济政策的法律空间更加广阔，主要体现在以下几个方面：其一，在死刑问题上，人民法院应当严格地把握适用标准，能不判死刑的就不判死刑，能适用死缓的就不适用死刑立即执行[①]；其二，在其他刑罚的问题上，能不适用监禁刑的就尽量采取开放式处遇，能不适用自由刑的就尽量采取附加刑，能不适用刑罚的就尽量采取非刑罚处理方法；其三，刑法规定了大量的法定量刑情节，长期的审判实践也总结出了大量的酌定量刑情节，对于从宽类量刑情节，人民法院一般应从宽认定，对于从严类量刑情节，一般应严格把握。[②] 上述要求对于被告人而言都体现了有宽有严，宽优于严。

三、刑事执行

刑事执行乃广义刑事诉讼的最后阶段，其任务在于将审判机关所作出的生效法律裁判付诸执行，以实现犯罪人的刑事责任。行刑环节的情况比较复杂，是宽是严不能一概而论。笔者认为，就监禁刑而言，对于所有受刑人在总体上应当趋向于宽和。回溯人权的发

① 参见马松建：《宽严相济视野下的死刑司法控制》，载《河南师范大学学报》2008 年第 3 期，第 126 ~130 页。

② 参见高铭暄：《宽严相济刑事政策与酌定情节的适用》，载《法学杂志》2007 年第 1 期，第 2 ~5 页。

展史，就是一部分人的主体权利不断扩张和细分的历史。对犯罪人的个体权利并非剥夺得越多越好，受到监禁处遇的犯罪人虽被剥夺了人身自由，但对于人身自由的外延不宜作扩大理解，一般应限于人的行动自由。① 因此，对于监禁犯罪人，在确保行刑安全的前提下，可适当放宽其在着装打扮、兴趣爱好、结婚离婚等方面的自由，这些彰显宽严相济政策之宽缓态度的举措，有利于塑造犯罪人健全的人格，维持必要的社会关系，从而使犯罪人更好地复归社会。② 此外，我国目前直接与监禁犯罪人权利保障相关的规范性文件较之于全部监狱管理规范数量不多，其中具有法律效力的更少，同时《公民权利和政治权利国际公约》等国际法文件规定的罪犯人权内容很多还没有得到我国行刑法的回应，上述情况应当逐步加以改善。在有限扩张监禁犯罪人权利范围的基础上，仍应秉持区别对待的精神，正如有学者指出的："对未成年犯、老年犯、初犯、偶犯、从犯、中止犯、自首犯、立功犯等依法从宽管束；对罪行严重、主观恶性大、人身危险性大的罪犯，应该依法从严管束。"③

非监禁刑以及开放式行刑方式本身就是体现宽缓的处遇，但在实践中出现了某些偏差。例如，部分执行机关没有严格履行法定职责，致使很多管制、缓刑犯罪人游离于行刑机关的监管之外，而我国警力不足的客观现实也导致很多公安机关在履行对开放式处遇的考察监管职责方面有心无力。上述现象在很多民众中造成了管制、缓刑不是实刑，处于其状态下的犯罪人相当于自由人等错误观念，

① 有学者通过对部分省的部分监狱的罪犯进行实地调查问卷的结果表明，罪犯在监狱中最受侵害、最想行使、最难行使、最想维护的权利均为人身权利，且比重明显高于财产权利、政治权利等。参见金川：《罪犯权利缺损研究》，载《犯罪与改造研究》2008 年第 2 期，第 9 ~ 11 页。

② 参见冯建仓主编：《中国监狱服刑人员基本权利研究》，中国检察出版社 2008 年版。

③ 黑龙江省泰来监狱课题组：《监狱应如何贯彻宽严相济的刑事政策》，载《犯罪与改造研究》2007 年第 6 期，第 45 页。

从而损害了法治的权威和刑罚的功能。笔者认为，对于开放行刑的犯罪人有必要加强监管，使得宽中有严，如果一味地宽而又宽，将折损刑罚的特殊预防和一般预防目的。

在执行环节贯彻宽严相济政策，还要关注减刑与假释两个问题。据笔者了解，某些监狱内部制定了减刑比例，导致不少具备减刑条件的犯罪人无法享受减刑处遇，有的甚至多年得不到减刑。2001 年全国监狱有 371500 多名服刑罪犯得到减刑，减刑率为 25.39%[①]，而世界上大多数国家的减刑率都在 50% 左右，最高的达到 60% ~70%。[②] 假释在实践中的适用率更是低得可怜，全国监狱每年的假释率平均为 1% ~2%，某些监狱在某些年度甚至只有千分之几。国外的假释率则普遍达到 30% 以上，有的国家甚至高达 70%。有资料显示，2000 年美国罪犯的假释率为 72%，而假释率相对较低的加拿大、澳大利亚也分别达到了 32.17% 和 39.17%。[③] 可见，从比较法的视角看，我国的减刑、假释率与国外相比差距明显，长此以往，势必挫伤罪犯的改造积极性，给监狱管理工作带来不稳定、不和谐的因素。笔者认为，减刑、假释均为彰显宽缓精神的行刑制度，有利于提升在押犯的自新动力，尽早实现其再社会化，同时可有效降低监狱的管理成本。因此，对于符合法定条件的犯罪人应当尽可能予以减刑或者假释，如果人为设置障碍，将堵塞宽容、人道精神的释放渠道。

---

① 参见郭宗才等：《宽严相济刑事司法政策视野下的减刑制度执行情况研究》，载《犯罪研究》2007 年第 6 期，第 67 页。

② 参见黄世成：《缓刑的立法与实践的理性思考》，载《中外法学》1999 年第 4 期，第 28 页。

③ 参见郑振远：《贯彻宽严相济刑事政策　正确适用假释刑事制度》，载《中国司法》2007 年第 6 期，第 23 页。

四、刑事法律解释[①]

在法治实践中，法律解释的重要性不言而喻。“法律是一种阐释性概念”[②]，“每一个法规范都需要解释，即使表达清楚的条文也需要解释”[③]。此处的刑事法律解释包括两类，一类是国家机关对刑事法律所作的可反复适用的抽象解释，即立法解释与司法解释，其对各级刑事司法机关具有强制约束力。另一类是刑事司法人员在适用刑事法律办理个案时，针对法律规范（包括抽象解释）需要进一步明确之处，在没有必要或者来不及出台抽象解释的情况下，由其本人根据自身的法律素养、法律技能、人生经验、价值观，并结合社会常识所作出的效力仅及于个案的具体解释，其不具有反复适用性。[④] 从时空维度看，刑事法律解释与刑事立法、刑事司法和刑事执行并不在同一个层面上。其中，抽象解释的本质乃是一种细化的“立法”，从而与刑事立法具有某些共通属性，而具体解释则内化于刑事司法人员的司法活动之中。之所以将刑事法律解释与刑事立法、刑事司法等相并列，作为刑事法治的基本环节，是因为其对于宽严相济政策之贯彻意义非常重大，因而作了一种写作技术上的特殊安排。

在国内，李希慧教授较早关注到刑事政策对抽象性刑事法律解释的指导作用，他指出：“以政策为指导原则，是指在阐明刑法规定的含义时，必须充分考虑党和国家的政策，而不能违背党和国家

---

① 从解释的对象看，刑事法律解释分为实体刑法解释和刑事诉讼法解释两类。

② [美] 德沃金著：《法律帝国》，李常青译，中国大百科全书出版社1996年版，第364页。

③ [德] 汉斯·海因里希·耶塞克、托马斯·魏根特著：《德国刑法教科书》，徐久生译，中国法制出版社2001年版，第190页。

④ 刑事司法人员包括具体办理个案以及司职行刑活动的侦查人员、检察人员、审判人员和行刑人员。

的政策……为了协调刑法的稳定性与生命力之间的矛盾，在刑法立法技术上总是采用一些弹性规定，在对这些弹性规定进行合乎现实需要的解释时，有时党和国家的政策起着决定性的作用。”① 另有学者认为，刑法有权解释在罪与非罪、罪重与罪轻、此罪与彼罪之间的“灰色边缘地带”划出一道更为清晰的界限，而划定这条界限的根据就是刑事政策。② 刑事政策之所以能够指导抽象解释，原因在于“相对于公正、自由、平等等价值观念，刑事政策显得更为直观、具体，方向性明确，可操作性强”③。因此，对于宽严相济政策与抽象性刑事法律解释之间的关系应予重视。最高人民检察院于2006年底印发了《关于在检察工作中贯彻宽严相济刑事司法政策的若干意见》，这正是宽严相济政策影响抽象解释的有力证据。抽象解释作为一种细化的“立法”，符合我国传统的法解释理论，其贯彻宽严相济政策的方式与刑事立法环节具有某些相似之处，因此不再具体展开。

同时，刑事司法人员所作的具体解释也不容忽视。由于与我国传统的法解释理论相左，具体解释在过去相当长的一段时期内未得到应有重视。④ 而大陆法系主流法解释理论则认为，“法律借助于

---

① 李希慧：《论刑法解释的原则》，载《法律科学》1994年第6期，第35页。

② 参见时延安、阴剑峰：《刑事政策在刑法有权解释中的功能》，载《南都学坛》2005年第2期，第81页。

③ 赵秉志：《宽严相济的刑事政策与刑法解释关系论》，载《河南省政法管理干部学院学报》2008年第2期，第2页。

④ 在国内，法律解释的司法属性被黯淡，被视为一种相对独立于法律制定权、法律实施权和决定权的权力，一种通过解释形成具有普遍法律效力的一般解释性规定的权力。参见张志铭著：《法律解释操作分析》，中国政法大学出版社1998年版，第220页。

法官而降临尘世"[①]，"一个刑法条文的含义，总是首先通过法官的解释，才会在确定无疑的意义上被'确定'"[②]。英美学者也指出："法律如果没有法院来详细说明和解释其真正含义和作用，就是一纸空文。"[③] 忽视具体解释的观念动因是立法中心主义，事实上，站在经验主义立场，中外司法人员就个案进行具体解释不仅是一种客观事实，并且从未间断。笔者认为，将"纸面上的法律"变为"行动中的法律"，起决定性作用的乃是包括法官在内的司法人员。在刑事法治领域，刑事司法人员经常要对法律条文的文字、用语等进行理解、诠释，对法律规范所包含的自由裁量权也要进行把握、权衡，这里面常常要涉及范围、限度的问题，因而存在贯彻宽严相济政策的法律空间。我们应当正视具体解释的客观存在，并就解释的方法、机制、规律以及如何形成合理的具体解释结论等进行深入研究，防止任意解释等情形的出现。

近年来，部分国内学者开始对传统法解释理论进行反思，一股为法律解释正名的思潮正逐渐形成。例如，有学者认为："理解、解释法律的多数场景是在法律与案件的融合之时，这时，除了法官，立法者不可能把自己设计为法律的守护神。换句话说，立法者不可能到每一个案件中充当法律意义的阐释者……在具体审案过程中，只能把法律的命运托付给法官，由他在具体案件中宣布法律的意旨……基于上述思考，我们认为，法律解释权应属于司法机关和法官"[④]。笔者认为，虽然具体解释符合西方主流的法解释理论，

---

① ［德］拉德布鲁赫著：《法学导论》，米健等译，中国大百科全书出版社 1997 年版，第 100 页。

② ［德］克劳斯·罗科信著：《德国刑法学总论》（第 1 卷），王世洲译，法律出版社 2005 年版，第 85 页。

③ ［美］汉密尔顿、杰伊、麦迪逊著：《联邦党人文集》，程逢如等译，商务印书馆 1980 年版，第 111 ~ 112 页。

④ 陈金钊：《法律解释学的转向与实用法学的第三条道路》，载刘士国主编：《法解释的基本问题》，山东人民出版社 2003 年版，第 252 ~ 253 页。

但应避免矫枉过正。具体解释与抽象解释均应得到重视，二者都是践行宽严相济精神的重要方式，前者有利于宽严相济精神在个案裁断中的实现，后者有助于宽严相济政策的法律化、规范化。

第八节　政策底线

政策底线是新理论模型的最后一个要素，它关注的是宽严相济政策本身的正当性与合理性问题。正当性、合理性不仅仅在法学，即便在整个人文社会科学领域都是普遍而重要的范畴。宽严相济政策作为基本刑事政策，本身就是一个大的命题，这决定了文章的研究界域较为广阔。在前文的论证中，间或涉及了正当性、合理性问题，而此处属于对相关问题的集中性研究。本节的正当性与合理性分别是从宏观维度与微观维度切入的，二者均为各类刑事政策主体开展各项宽严相济政策活动所不能突破的底线要求。失去正当性，宽严相济政策就难以被认同和接受，进而引起合法性危机；失去合理性，宽严相济政策的目标亦难以实现。

一、正当性底线

研究宽严相济政策的正当性底线，首先要了解什么是一般意义上的正当。伦理学上一般认为，正当是社会的应该，是“基于社会需要、目标而形成的社会领域的善，而其客体则必须是人的行为”①。作为一种正当的善，必然涉及道德观念和价值观念问题。在政治哲学和法哲学领域，正当性经常与合法性在相同或相似的意义上使用。例如，有学者认为：“‘合法性’这个词在英文中的表述是‘Legitimacy’，其词源来自于拉丁文‘Legitimus’，意指‘合

① 王海明著：《新伦理学》，商务印书馆 2002 年版，第 41 页。

法律性'、'合理'、'正当'。"① 合法性一词有多种含义，就对象而言归纳起来主要有两种："其一是针对个人的行为而言，指的是它合乎法律的规定；其二是针对某种公共权力或政治秩序而言，指的是它的正当性、权威性和实际有效性……显然，前者的合法性之'法'指狭义的法，即实在法，特别是国家制定法；后者的'法'指的是广义的法，即除了狭义的法外，还包括事物的法则、原理。"②

宽严相济政策是一种公共政策，而作为其基石的刑事权是一种公共权力，两者都服务于执政党的政治目的，因而具有政治性。宽严相济政策的正当性体现在多个层面，如通过民主化途径获得广泛的民意认同，通过法治化途径促使宽严相济精神法律化，从而符合罪刑法定与程序法定两大原则的要求，但最集中的体现还是反映在作为其基石的刑事权上，即刑事权的运用、行使要正当、合法。我国正在走向程度更高的宪政与法治治理模式，立法水平不断提高，因此刑事权行使的合法性不宜诉诸抽象的自然法或者道德准则中去寻找，而应在实定法的框架内解决这一问题。细言之，对于刑事权的类型、行使主体、运作程序等应尽可能以法律规范的形式加以明确，对于已有法律规定的，应当恪守法律的规定。刑事权的不当运用极易侵及人权，越权行使、违反程序行使等情形都是应当杜绝的。目前我国涉及刑事权行使的法律规范主要是宪法和立法法，以此为据，当前的刑事法治实践中存在不正当行使刑事权的情形。

根据宪法第 62 条第（三）项规定，全国人民代表大会有权制定和修改刑事、民事、国家机构的和其他的基本法律。根据宪法第 67 条第（三）项规定，全国人民代表大会常务委员会有权在全国

① 汪全胜：《立法的合法性评估》，载《法学论坛》2008 年第 2 期，第 44 页。

② 严存生：《法的合理性问题研究》，载《法律科学》2002 年第 3 期，第 6 页。

人民代表大会闭会期间，对全国人民代表大会制定的法律进行部分补充和修改，但是不得同该法律的基本原则相抵触。根据立法法第8条第(四)项规定，关于犯罪和刑罚的事项只能制定法律。综合上述规定，刑事权的行使只能由全国人大或者全国人大常委会制定、修改的法律加以规定，其他任何国家机关不得擅自作出规定。

2006年广东省为严厉打击“飞车抢夺”行为采取了相应举措，笔者拟以此为例进行正当性分析：

> 据广东省高级人民法院副院长陈华杰透露，广东省“两抢”犯罪案件增长率连续3年保持在两位数以上，年均增长17.37%，“两抢”犯罪分子人数也连续3年超过全省刑事犯罪分子总数的1/3。为遏阻“两抢”犯罪的高发势头，广东省高级人民法院、广东省人民检察院和公安厅三家司法机关联合下发了《关于依法严厉打击抢劫、抢夺犯罪适用法律的指导意见》（以下简称《意见》）。《意见》就“飞车抢夺”作出了专门规定，明确在七种情形之下驾驶车辆强行夺取他人财物的行为，应当以抢劫罪定罪处罚，借以实现对飞车抢夺的“从重打击”。《意见》还明确，对抢夺老年人财物，抢夺未成年人财物，抢夺孕妇或者携带婴儿的妇女财物，抢夺残疾人财物等抢夺行为从重处罚。①

笔者认为，将部分飞车抢夺行为转化为抢劫罪的做法属于改变抢劫罪的犯罪构成，具体而言，是扩张抢劫罪的客观方面要件，增加危害行为的表现形式，从而使原来仅按抢夺罪处罚的行为现在受到更重的处罚，以体现严厉惩治飞车抢夺行为的态度。从形式上

---

① http://news.0937.net/china/cnyw/2006-3/3/063314360933732_3447.htm，2009年3月26日访问。

看，该意见的内容已经涉及犯罪与刑罚，从实质上看，属于运用刑事权中的刑事立法权。根据宪法与立法法规定，即便要出台类似规定，至少应由全国人大常委会作出。如果认可广东省的做法，那么其他省级行政区划也可以以某种理由出台地方性刑事法律规范，这样一来，刑事权就会被不当行使，刑事法治的统一性也将遭到破坏。

二、合理性底线

合理性是整个人文社会科学领域的一个重要范畴，从提出到现在，含义极不统一。黑格尔认为，合理性就是合乎规律，“抽象地说，合理性一般是普遍性和单一性相互渗透的统一。具体地说，合理性按其内容是客观自由与主观自由两者的统一；合理性按其形式是根据被思考的即普遍的规律和原则而规定自己的行动”[①]。合理性引入法学领域之后，就产生了法的合理性问题。韦伯将合理性分为形式合理性与实质合理性，并认为法的合理性只能是形式合理性，即法律具有相当高的可预计性和在内容上的预防能力，而与包含价值判断的实质合理性无涉。[②] 哈贝马斯批判地继承了韦伯的观点，并运用其交往行动理论对合理性作了新的阐释，他认为合理性应指行为的合理性，需通过反复商谈而达成的共识来界定，“主要涉及具有语言能力和行为能力的主体如何获得和运用知识”，而“很少涉及知识的内容”[③]。还有观点认为法的合理性就是合目的性，亦即价值合理性。在现代社会，法的终极目的主要体现为正

① ［德］黑格尔著：《法哲学原理》，范扬等译，商务印书馆1996年版，第254页。

② 参见沈红云：《法律与社会——论韦伯形式合理性法律思想》，载《经济与社会发展》2007年第2期，第96页。

③ ［德］哈贝马斯：《交往行动理论》（第1卷），洪佩郁等译，重庆出版社1994年版，第22页。

义、自由、平等、秩序、利益等。笔者较为赞同的观点是，“法的合理性，就是法满足人民群众的需要和法符合社会发展的客观规律和其自身发展规律的属性”①。

宽严相济政策的合理性在本书第三章“宽严相济刑事政策的理论基础”中已有述及，彼处的合理性是指宽严相济政策作为一个实然刑事政策形态，其在和谐社会语境中存在的理由、根据，具有宏观性。而此处的合理性则指具体运用宽严相济政策指导刑事法律实践时，如何在个案的处理上、在特定犯罪人的处遇上，做到合理、公正，因而具有微观性。合理性不仅应当是形式与实质的统一，也应当是宏观与微观的统一。宽严相济政策在微观层面的合理性，指的是当确定对某一（类）犯罪或者犯罪人采取宽缓抑或严厉的处遇时，问题并未结束，我们还必须寻找一个限度问题，因为宽和、轻缓并不是无边无际的，而严格、严厉也不是极端、恣意的。简言之，即“严有度，宽有节”②。这个限度，同时也是一个判断宽缓、严厉是否适当、适度的基准。笔者认为，可将“常识常理常情”确定为宽严相济政策在微观层面合理性的判断基准。

常识常理常情是陈忠林教授的基本学术观点，他在接受媒体采访时指出：“所谓常识，是指人们关于社会最基本的、最低层次的认识。所谓常理，即那些经过几千年还能得到民众普遍认同的人与人相处、人与自然相处的基本道理（如不害人），这是经过人类社会实践检验的社会或自然规律。在这个意义上，民众认同的常理也就是‘天理’。所谓常情，就是为一个社会民众所普遍共享的感情（如爱英雄，恨坏人），这就是良心。天理良心是统一的，它在个人身上体现为常识、常理、常情。常识常理常情是现代法治法律的

① 周世中著：《法的合理性研究》，山东人民出版社2005年版，第23页。

② 樊崇义、吴光升：《宽严相济与刑事执行》，载《中国司法》2006年第6期，第16页。

基础，因为只要把法律与天理对立起来，就是把法律摆在社会规律与自然规律的对立面；把法律和常情对立起来，就是把法律摆在了人民的对立面。”① 常识常理常情也是现代法治的灵魂，现代法治，归根结底应该是人性之治、良心之治，而绝不应归结为机械的规则之治。② 李希慧教授从刑法解释的微观视角也得出了类似的结论，他指出：“刑法的解释必须符合人之常理，也就是符合我国广大人民群众的是非善恶观念和行为评价标准，符合广大人民群众的同情心和怜悯感。”③

常识常理常情并不是凭空产生的，而是由普通民众在长期的生产生活实践中逐渐形成并经过反复检验的。常识常理常情也不是虚无缥缈的，它存在于每个人的良心之中，因此日本宪法才会规定“所有法官依良心独立行使职权，只受本宪法及法律的拘束”④。在现代社会，法律共同体已经形成，法治逐渐向精英化和技术化方向发展，这使得法治建设有可能脱离人民群众的现实情况和实际需要。法律的专业化、职业化趋势本身并没有错，但它应当与法律的民主化相结合，否则法治建设就不可能得到广大人民群众的认同，进而无法树立对法治的信仰，甚至可能遭到人民群众的抵制、反对。

将常识常理常情作为宽严相济政策在微观层面的合理性的判断基准，就是要在运用宽严相济政策指导刑事法律的具体实施时，注意随时联系人民群众，听取其呼声，了解其诉求。能否做到这一点，在很大程度上决定着宽严相济政策的实践成效。在本章第三节

① http://huanyin.fyfz.cn/blog/huanyin/index.aspx? blogid = 368839，2009 年 3 月 16 日访问。

② 参见陈忠林著：《刑法散得集》，法律出版社 2003 年版，第 38 页。

③ 李希慧：《论刑法解释的原则》，载《法律科学》1994 年第 6 期，第 36 页。

④ 赵宝云著：《西方五国宪法通论》，中国人民公安大学出版社 1994 年版，第 446 页。

中，笔者指出民主化应当成为宽严相济政策的实现途径之一，即各类刑事政策主体在开展各项宽严相济政策活动时，应当借助行之有效的民主机制，充分听取社会各阶层、各群体的意见和建议，使得刑事政策活动体现民主色彩。实际上，确立民主化途径的主要目的正是为了洞悉、获取存在于广大人民群众内心中的常识常理常情。在当代社会，科学技术广泛而深刻地改变着人们的生活方式与行为模式，我们有必要特别关注互联网等现代传媒的作用，将其作为了解常识常理常情，实现精英意识与大众诉求有效对接的重要平台。①

确立基准应当考虑技术层面的可操作性问题，常识常理常情亦不能例外。笔者从互联网上关注到这样一则新闻：

> 2008 年 10 月中旬，河南省监狱管理局与《今报》联合邀请了 10 名读者参观位于河南省中牟县的郑州女子监狱，以展现新时期刑罚执行工作的成就，其间的所见所闻向参观者撩开了监禁机构的神秘面纱。各种职业技能培训班为女犯刑满释放后的再社会化铺就了希望之路，设施先进的监狱医院为女犯的生命健康提供了有力保障，阅览室、情绪宣泄室、心理健康指导中心等设施有利于女犯形成健康、丰富的精神生活，而舒适的住宿条件与可口的饮食也让参观者颇感意外。②

随着经济社会的发展，适当改善监禁机构的硬件设施，提高受刑者的生活水平是将人道主义与人文关怀引入刑事执行工作的具体

① 万毅、林喜芬：《精英意识与大众诉求：中国司法改革的精神危机及其消解》，载《政治与法律》2004 年第 2 期，第 111 ~ 117 页。

② http://news.sohu.com/20081016/n260052993.shtml，2009 年 3 月 20 日访问。

体现，彰显了宽严相济政策之宽和的态度。但是，我们不能忽视刑罚报应功能的发挥，更不能使犯罪人以及普通民众产生监禁机构是一个不错的去处、刑罚制裁没有苦痛等错误印象，这将妨碍刑罚目的的实现。适宜的做法是确保监禁机构的生活水平居于当地最低生活保障线与普通民众平均生活水平之间，否则刑事法治的正当性和刑罚的权威性就将受到人民群众的质疑。这一做法无疑考虑了普通民众所认可的基本道理与朴素的正义情感。英国近年来的监狱改革活动导致某些监狱成为一些生活无着落者趋之若鹜之处，从而使公众对社会的公平正义与刑罚的严厉性产生疑问，这是一个值得警醒的反证。[①] 郑州女子监狱的改革措施有不少值得肯定之处，但某些偏向舒适、安逸之处则应当及时加以扭转。

① http://bbs.godeyes.cn/showtopic-314489.aspx，2009 年 3 月 20 日访问。

第五章　宽严相济刑事政策的实践机制

本章着力于制度层面的构建，即立足于第四章的新研究路径所得出的系统化理论模型，研究如何在现实的刑事法治中具体贯彻、实施宽严相济政策，从而将宽严相济精神落实到实处，实现刑事政策由理论到实践、从纸面向行动的飞跃。在本章中，笔者拟提出五个具体的子论题，分别是犯罪圈、刑罚制度、审判前程序、复合审判程序、定罪与量刑，它们不仅是重要的刑事法学理论范畴，也是宽严相济政策在刑事法治实践中所倚赖的重要制度平台。对于每个子论题，本章将设专节分别阐述。需要指出的是，能够贯彻宽严相济政策、践行宽严相济精神的刑事法律机制远不限于前述五种，囿于篇幅所限，难以面面俱到，以免文章结构尾大不掉。上述五个子论题的选择具有一定的代表性和典型性：从宏观上讲，刑事立法机关创制了罪名体系和刑罚制度，并搭建了审判前程序和审判程序架构，而各类刑事司法人员则依据实体与程序法律规定，在各类诉讼程序中对刑事案件与犯罪人实现审判前的分流转处或者审判中的定罪、量刑，上述环节构织了刑事法治的基本样态；从实体与程序的二元划分看，涉及实体层面的是犯罪圈和刑罚制度，涉及程序维度的是审判前程序和复合审判程序，兼及实体与程序的是定罪与量刑；从刑事法治的动态流程看，涉及了刑事立法、刑事司法、刑事法律解释等刑事法治的基本环节；从涉及的法律关系主体看，包括犯罪人、被害人、刑事立法机关与刑事司法机关（侦查机关、检察机关及审判机关）；从宽严相济政策的基本态度看，有的彰显了宽和、轻缓的主导精神，有的体现了严格、严厉的侧重诉求，有的兼而有之。综观之，上述五个子论题所代表的五种刑事法律机制有助于以点缀线，以线带面，构筑一个相对体系化的实施宽严相济政策的基本制度框架。

第一节　犯罪圈的设定与调整——追问刑罚与自由的边界

犯罪圈是刑罚与自由的边界，出罪与入罪的综合作用决定了犯罪圈的基本样态。犯罪的本质是对全体公民基本人权的侵犯，而犯罪化、刑罚化意味着对犯罪人基本人权的限制与剥夺。犯罪圈书写在实体刑事法律规范之中，尤以刑法典为重。“刑法是一种不得已的恶。用之得当，个人与社会两受其益；用之不当，个人与社会两受其害。因此，对于刑法之可能的扩张和滥用，必须保持足够的警惕。不得已的恶只能不得已而用之，此乃用刑之道也。”[①] 步入现当代社会，人道主义与人文关怀的旗帜日益高扬，反映到刑事法治领域，就是刑法谦抑理念的勃兴。平野龙一教授认为，刑法的谦抑性具有三层含义：“第一是刑法的补充性。即使是有关市民安全的事项，只有在其他手段如习惯的、道德的制裁即地域社会的非正式的控制或民事的规制不充分时，才能发动刑法。……第二是刑法的不完整性。……第三是刑法的宽容性，或者可以说是自由尊重性。即使市民的安全受到侵犯，其他控制手段没有充分发挥效果，刑法也没有必要无遗漏地处罚。”[②] 可见，刑法谦抑理念强调刑法的紧缩性和补充性。此外，刑罚的使用成本高昂，法的经济性原理与法

① 陈兴良著：《刑法的价值构造》，中国人民公安大学出版社 1998 年版，第 10 页。

② 张明楷：《论刑法的谦抑性》，载《法商研究》1995 年第 4 期，第 55 页。

律资源的稀缺性要求注意刑法的节俭，不能轻易动用刑罚权，即便有必要将某种行为犯罪化，也要注意限度问题，正如贝卡里亚所指出的，“一种正确的刑罚，它的强度只要足以阻止人们犯罪就够了”①。

因此，就总体而言，立法机关启动刑罚权、设立新罪的犯罪化活动应当彰显宽严相济政策之严格的态度，即严格遵循犯罪化的实质与形式之双重标准，审慎行使刑罚权。对立法机关的严格要求，站在潜在犯罪人的一面，则意味着宽缓。对于已然之罪不再符合双重标准的，应当及时作非罪化、去刑化处理，站在潜在犯罪人的一面，这同样意味着宽缓。对于确实符合犯罪化之双重标准的危害行为，立法机关方能作入罪处理，站在潜在犯罪人的一面，这意味着严厉。从比例上讲，非罪化、去刑化应当居于主导地位，而犯罪化、刑罚化处于从属地位。

一、问题之导出

近年来，全国“两会”频现增设新罪的建言献策。例如，针对拖欠农民工工资的问题，方潮贵代表建议尽快修订刑法，增加欠薪罪②；针对非法传销活动，刘丽涛代表建议在刑法中增设传销罪③；周红玲代表建议修改刑法，对“包二奶”进行更明确的界定并加以严惩④；2008 年 8 月，全国人大常委会在审议刑法修正案草案时，预算工作委员会主任朱志刚提出“网上通缉”、“人肉搜索”

---

① ［意］贝卡里亚著：《论犯罪与刑罚》，黄风译，中国大百科全书出版社 1993 年版，第 47 页。

② http://news.sohu.com/20070314/n248715784.shtml，2009 年 3 月 20 日访问。

③ http://news.sohu.com/20070313/n248681364.shtml，2009 年 3 月 20 日访问。

④ http://opinion.people.com.cn/GB/6981551.html，2009 年 3 月 20 日访问。

严重侵害了公民基本权益，其危害比出售公民个人信息更为严重，有必要追究刑责①；2009 年 3 月，全国人大代表马克宁在议案中建议刑法规定浪费罪②……代表委员们的入罪建言只是民间犯罪化声音的一个缩影，理论界也不乏类似论调。

站在刑法角度，任何新罪的创设都意味着一个犯罪化过程的开启和刑罚权的启动。所谓犯罪化，是指将不是犯罪的行为在法律上作为犯罪，使其成为刑事制裁的对象，包括立法上的犯罪化和刑罚法规适用上的犯罪化……而非犯罪化，是指将迄今为止作为犯罪加以处罚的行为不作为犯罪，停止对其处罚，包括变更从来都是作为犯罪科处刑罚的现状，而代之以罚款等行政措施加以处罚的情况。③ 犯罪化与非犯罪化综合作用的结果是构筑了犯罪圈的基本样态。犯罪圈是刑罚与自由的边界，刑罚权理当慎启，不可任由解决问题的功利心态演绎为“刑罚冲动”，从而导致公权力对自由的侵夺。那么，这个边界居于何处？

大塚仁教授认为，刑法具有秩序维持机能，“其首先表现为法益保护，虽然在其他法领域也用种种形式进行着法益保护，但是刑法以刑罚为手段，以期保护得更彻底。只有在通过其他法律不能充分保护时，才应认可刑法中的法益保护。这称为刑法的第二次性质或者补充性质”④。德国学者指出：“虽然民法和公法同样也规定了使用强制，但对刑法而言，刑罚威慑和使用强制处于中心地位。如果其他措施无效，刑法可在最后阶段对法秩序中要求和禁止的可强

---

① http://news.china.com/zh_cn/domestic/945/20080903/15066682.html，2009 年 3 月 22 日访问。

② http://www.jcrb.com/zhuanti/szzt/2009lh/taya/200903/t20090310_190637.html，2009 年 3 月 28 日访问。

③ 参见［日］大谷实：《犯罪化和非犯罪化》，载陈兴良主编：《刑事法评论》（第 6 卷），中国政法大学出版社 2000 年版，第 418 ~ 421 页。

④ ［日］大塚仁著：《刑法概说》（总论），冯军译，中国人民大学出版社 2003 年版，第 23 页。

制性提供保障。"① 刑法具有补充性质，乃其他一切法律部门的保障法，这一点已得到域内外学者公认。但是，这一结论偏重于理论层面，对于在实践中如何具体把握犯罪化的尺度助益不大，因而有必要探究更具可操作性的标准。笔者认为，可从实质标准与形式标准两个维度展开。②

二、实质标准——"基本人权说"之确立

实际上，对于犯罪化问题的研判，应当回归到一个更为本源的问题，即犯罪的本质。在犯罪本质的问题上，主要存在权利侵害说、法益侵害说、规范违反说、社会相当性说、综合说等观点的分野，下文拟略作评述。

费尔巴哈首倡权利侵害说，他认为犯罪的本质是对他人权利的侵害，国家也具有人格、享有权利，因而犯罪分为对国家的犯罪与对个人的犯罪。刑法的任务就是保护权利，国家以刑罚禁止的必须是侵害他人权利以及侵害社会契约为了保护个人权利而设置的国家权力的行为。国家权力的行使不应超出市民所让渡的自由范围和保护市民权利的正当需要，因此在宗教、风俗等与权利无关的市民私生活领域，刑罚权应当退出，只有侵害权利的行为才是具有社会危害性的行为。③ 法益侵害说的出现源自对权利侵害说的批判。宾丁将法益归结为有形的人、物以及无形的状态。李斯特将法益定位于

---

① ［德］汉斯·海因里希·耶塞克、托马斯·魏根特著：《德国刑法教科书》，徐久生译，中国法制出版社 2001 年版，第 2 页。

② 张绍谦教授认为，入罪标准包括是否有动用刑罚的必要、是否有动用刑罚的可能以及动用刑罚是否有效益三个方面。参见张绍谦：《从刑罚特性看犯罪圈的界限》，载《河南省政法管理干部学院学报》2007 年第 5 期，第 19～26 页。

③ 参见张明楷著：《法益初论》，中国政法大学出版社 2003 年版，第 6～17页。

"人的生活利益"。[①] 泷川幸辰认为，违法性的实质是对被害人利益的侵害。[②] 前田雅英认为，违法行为是导致法益的侵害或者危险的行为，法益是应当由刑法保护的利益。[③] 张明楷教授将法益界定为："根据宪法的基本原则，由法所保护的、客观上可能受到侵害或者威胁的人的生活利益。"[④] 规范违反说的内部存在分化，实证派认为犯罪就是违反法秩序或者法规范的行为。宾丁主张对刑法条文作刑罚法规和行为规范的区分，并认为犯罪符合刑罚法规，而违反了内在的行为规范。麦耶尔认为，法规范的根底是文化规范、伦理规范，犯罪从根本上违反的是社会伦理规范。社会相当性说认为犯罪行为严重脱逸了社会相当性，即严重超出历史所形成的社会伦理生活秩序，而为社会通念所不许可。所谓社会相当性，是指符合当前社会大多数成员的价值观；所谓严重脱逸，是指违法性程度危及了共同体的存续，达到了值得科处刑罚的质与量。[⑤] 综合说认为前述学说都存在某种缺陷，因而需要融合两种以上的学说互补短长，基于此，大塚仁教授认为，"违法性的实质是违反国家、社会

---

① 参见［日］庄子邦雄：《李斯特》，载木村龟二编：《刑法学入门》，日本有斐阁 1957 年版，第 100 页。转引自张明楷著：《法益初论》，中国政法大学出版社 2003 年版，第 35 页。

② 参见［日］泷川幸辰著：《犯罪论序说》，日本有斐阁 1947 年版，第 80 页。转引自张明楷著：《法益初论》，中国政法大学出版社 2003 年版，第 271 页。

③ 参见［日］前田雅英：《刑法总论讲义》，东京大学出版会 1998 年版，第 53 页以下。转引自张明楷著：《法益初论》，中国政法大学出版社 2003 年版，第 271 页。

④ 张明楷著：《法益初论》，中国政法大学出版社 2003 年版，第 167 页。

⑤ 参见于改之：《我国当前刑事立法中的犯罪化与非犯罪化——严重脱逸社会相当性理论之提倡》，载《法学家》2007 年第 4 期，第 54～63 页。

的伦理规范，给法益造成侵害或者威胁”[①]，而大谷实教授则将综合说更加向前推进。[②]

上述学说有助于我们深化对犯罪的本质、出入罪的标准等重大问题的认知，但也存在不足之处：以权利侵害说为例，费尔巴哈主张将风俗犯罪、宗教犯罪逐出刑法典，但对于近亲相奸行为，费氏为了不自相矛盾，认为其犯罪化的根据在于滥用个人权利侵害人格，这样一来就存在权利解释上的随意性。就法益侵害说而言，判明利益的外延是其逻辑前提。毕伦巴姆用“财”来解释利益，不限于具体、有形的对象，还包括民族对宗教、道德的确信的总体等“公共财”。[③] 宾丁则认为，只要立法者主观认为有保护的必要，任何共同健全生活的事实和条件就可以成为法益。[④] 这样一来，法益概念就存在界限不清、范围不明的硬伤。而规范违反说、社会相当性说、综合说的相似之处在于，均认为犯罪背离了国民普遍认可的社会伦理规范。以我国刑事立法为例，在历次刑法修正案出台之前，立法机关基本未提供让公众广泛参与讨论的渠道，而民间出现的关于将欠款不还、见危不救等反伦理行为犯罪化的声音，立法机关又未公开回应，如此就很难证明社会伦理规范对刑事立法的影响。[⑤]

在犯罪本质的问题上，笔者赞同陈忠林教授提出的“基本人权说”，即犯罪行为直接指向整个法律秩序，其本质是对全体公民

---

① ［日］大塚仁：《刑法概说》（总论），冯军译，中国人民大学出版社2003年版，第303页。

② 参见［日］大谷实著：《刑法总论》，黎宏译，法律出版社2003年版，第177～178页。

③ 参见张明楷著：《法益初论》，中国政法大学出版社2003年版，第19页。

④ 参见陈志龙：《法益与刑事立法》，台湾大学丛书编辑委员会1992年版，第12页。

⑤ 这一现象在《刑法修正案（七）》出台的过程中有一定程度的改变。

基本人权的侵犯。刑罚乃刑事责任的主要承载方式，通过对犯罪人基本人权的限制与剥夺来修复被犯罪所破坏的法秩序。基本人权是一切合法权利的根据，是一切权利中最为重要的那部分权利，包括生命权、健康权、较长期限的人身自由、重要的财产权等。在“国家尊重和保障人权”已写入我国宪法的今天，国家应当怎样制定、适用刑法，才符合目的正当性的要求呢？显然，只有保护全体公民的基本人权这一目的，才是国家开启刑罚权的唯一正当理由。由于人权是每个人都应当享有的人之为人的基本权利，“国家尊重和保障人权”当然也包括尊重和保障犯罪人的基本人权。这意味着，国家将特定危害行为纳入犯罪圈，对犯罪人追究刑事责任、适用刑罚，只能是一种在本来都应该保护的两种基本人权之间所做的迫不得已的选择。于立法的角度，只有当某危害行为确实侵犯了全体公民的基本人权时，方可启动犯罪化的相关论证工作。反之，当某种现行犯罪丧失这一属性时，则应当立即将其除罪化、去刑化。于实定法的角度，所有现行犯罪都应当具备侵犯全体公民的基本人权这一本质属性。①

笔者拟结合我国刑法对“基本人权说”作进一步阐释。在刑法分则规定的十大类犯罪中，第四章侵犯公民人身权利、民主权利罪与第五章侵犯财产罪所涉及的罪名乃是以有限数目的自然人或者较大数额的公私财产为直接侵害对象的。以第四章犯罪的保护客体为例，无论是生命权、重要的健康权、性自决权，还是人身自由、重要的名誉权等，都构成自然人个体在社会关系中存在与发展的基本前提，当然属于基本人权范畴。那么，直接侵犯自然人个人基本人权的犯罪如何最终侵犯到全体公民的基本人权呢？笔者拟以抢劫罪为例进行解析：在抢劫行为中，被害人的人身权与财产权同时被侵犯，因而个体基本人权被侵犯成为既成事实。在此情况下，如果

① 参见陈忠林：《“德主刑辅”构建和谐社会》，载《法学杂志》2007年第1期，第14~16页。

仅通过民事制裁来规制抢劫行为，将导致一系列可预见的严重后果。民事制裁虽然也具有一定的惩罚性，但其剥夺的显然不是行为人的基本人权，以侵犯被害人的基本人权换取非基本人权之权利被剥夺，意味着抢劫行为的违法所得明显大于受罚所失，违法成本明显降低。这样一来，法秩序遏制潜在犯罪人抢劫冲动的心理强制效果将会显著减低，从而导致抢劫行为数量骤然增加，势必有更多公民的基本人权被侵犯。站在被害人一面，由于民事制裁无法有效发挥对被害人的救济、抚慰功能，从而易滋生私力救济，导致新的侵害发生。同时，当抢劫行为仅受到民事制裁时，普通公民会认为法秩序不能提供充分的安全保障，进而陷入人人自危的境地，社会生活严重失序，经济生产全面倒退，国家机关的公信力丧失殆尽等消极后果也就随之产生了。这样一来，抢劫行为就危及了全体公民的基本人权。刑法分则其他八个章节犯罪的同类客体涵盖了国家安全、公共安全、社会主义市场经济秩序、社会管理秩序、国防利益、廉政制度、公权力的正当行使及军事利益八个方面，其构成了主权国家存在与维系的必要前提，缺少任何一个方面，都将导致社会关系重要领域的失序、失范，甚至危及政权的稳定与国家的存亡。因此，实施属于上述八个章节的任何具体犯罪，都直接侵犯了全体公民的基本人权。综上，犯罪的本质是侵犯全体公民的基本人权。

三、形式标准

在追问犯罪圈界限的问题上，厘清犯罪的本质仅仅是第一步。站在实践层面，一个具有侵犯全体公民基本人权实质的危害行为并不能立刻犯罪化，还必须符合相应的形式标准，如果仓促入罪，可能导致立法浪费、妄动刑罚权、不具有可操作性等消极后果。因此，有必要从技术层面探究判定出入罪的具体的形式标准。笔者拟尝试性地提出四个逐层递进的形式标准，任一危害行为在侵犯全体公民基本人权的基础上，还应当经过以下四项具体标准的评判方可犯罪化。反之，不具备侵犯全体公民基本人权之属性，或者不符合任一形式标准的行为，都不应入罪。如果是已然之罪，则应当尽快启动修法程序将其出罪。这四项形式标准分别是：（1）该危害行为是否经由刑法以外的其他法律部门调整；（2）其他法律部门调整该危害行为的方法是否正确；（3）在社会政策方面是否存在替代性选择；（4）该危害行为入罪的可操作性。笔者拟以各界热议的非医学需要鉴定胎儿性别和选择性别的人工终止妊娠行为样本，对犯罪化的四项形式标准逐一解析，以示范其逻辑关系与运用法则。

在我国，新生儿性别比例严重失调的问题长期存在，某些地区还十分严重，这一局面若不能从根本上得到扭转，将造成婚姻挤压、卖淫嫖娼及性犯罪增多、同性恋及性传播疾病泛滥、女性生命健康权益严重受损等严重后果，长此以往，势必危及国家人口平衡与社会和谐发展。鉴于非医学需要鉴定胎儿性别与选择性别的人工终止妊娠行为是导致新生儿性别比例失调的主要原因，在实践中已表现出侵犯全体公民基本人权的属性，社会各界均有人士主张将上述行为犯罪化，借助刑罚的威慑遏制人口性别比例严重失衡的态势。① 那么，上述行为是否符合犯罪化的全部形式标准呢？

（一）标准一：是否经由其他法律部门调整

“刑法属于对人的行为进行第二次调整的法律”②，就制裁措施的严厉程度而言，刑法在所有部门法中居于最高位阶，因而有必要在刑法与其他法律部门之间建立一种过滤机制，一种危害行为未经其他法律部门调整之前，不能进行犯罪化考量。法律是最低限度的

---

① 参见赵秉志、左坚卫：《试论非法行医罪的立法完善——以非法鉴定胎儿性别和人工终止妊娠行为为视角》，载《人民检察》2005 年第 5 期，第 12～17 页。

② 庄华忠：《论我国经济犯罪的刑事政策》，载《政治与法律》2007 年第 4 期，第 49 页。

道德，如果某种危害行为冲破了道德的底线，进而有必要用法律来加以规制的话，那么应当明确法律化绝不等于犯罪化、刑罚化，在对某种失范行为法律化的论证中，应恪守由民事不法或者行政违法到刑事犯罪这样一个思维进路。

关于非医学需要鉴定胎儿性别与选择性别的人工终止妊娠行为，其他部门法已有规定。就行政法律部门而言，一般法与特别法、国家法与地方法编织了一个严密的行政法治网络以应对上述行为。在国家法层面，除了较新的人口与计划生育法、《关于禁止非医学需要的胎儿性别鉴定和选择性别的人工终止妊娠的规定》外，较早的还有母婴保健法以及国务院配套出台的《母婴保健法实施办法》；在地方法层面，有1998年的《山东省禁止非医学需要鉴定胎儿性别和选择性别终止妊娠规定》，2004年的《湖南省禁止非医学需要鉴定胎儿性别和选择性别终止妊娠规定》等。可见，上述危害行为已经由刑法之外的其他法律部门调整，但无明显成效，得以进入标准二的判断阶段。

（二）标准二：其他法律部门的调整方法是否正确

如果其他部门法调整某危害行为的方法不当，可进行相应的技术调整，以使治理方法更趋合理，仅因其他法律部门规制无效就匆忙入罪，可能造成“刑罚浪费”。笔者认为，行政法律部门在规制非医学需要的胎儿性别鉴定和选择性别的人工终止妊娠行为的问题上确实存在不足：首先，在现实生活中，除了医疗保健机构的工作人员、个体行医者等主动怂恿孕妇进行胎儿性别鉴定或者实施终止妊娠的情况虽不少见，但孕妇方主动要求相关人员基于人情或以支付报酬为对价而实施上述行为的情形占据多数。在此情况下，孕妇方由于扮演了教唆者的角色，其行为具有不低于具体实施者的社会危害性。但是，现行行政法律规范中涉及孕妇方法律责任的规定阙如。在防治上述行为时，如果无视教唆者的法律责任，将无益于从源头上进行治理。其次，相关行政法律规范的执行力度值得考问。实践中相当比重的上述行为是由个体行医者实施的，那么其借以实施危害行为的专业器械从何而来呢？问题出在销售环节。很多时候，具备胎儿性别鉴定功能之医疗器械的生产商及销售商对于购买人的身份、资质、证明文件等并没有根据法律要求进行严格的审查、登记与备案，而正规医疗机构所淘汰的相关器械也没有按规定处理，导致很多专业器械流入不法分子之手，进而作为实施上述行为的工具。此外，通过药流方式实施选择性别的人工终止妊娠行为在实践中也比较常见，而用于药流的药物（如米非司酮等）属于处方药，在生产、销售等诸环节均有严格的法律规定。但是，法律执行和监管力度的薄弱导致上述药物在路边的普通药店就可轻易购得，进而被滥用。

可见，其他部门法对某种危害行为调整不力可能只是一种表象，还应当进一步分析在调整方法上是否存在可改进的空间，在执行力度上是否存在不足。如果该环节缺失而径行将该行为入罪，实乃轻启刑罚权。就非医学需要的胎儿性别鉴定和选择性别的人工终止妊娠行为而论，虽经其他部门法调整，但规制方式不当，执行力度不够，因而不符合第二项形式标准。

（三）标准三：是否存在可替代的社会政策

李斯特曾言，最好的社会政策就是最好的刑事政策。① 犯罪并非孤立现象，其决定于特定的社会结构与社会条件，消除引发犯罪的社会条件，才是治本之道。② 质言之，就是要针对滋生、诱发犯罪的社会条件、社会土壤出台相应的社会政策，对其加以改良。在我国，造成非医学需要鉴定胎儿性别和选择性别的人工终止妊娠行为屡禁不绝的社会原因是多方面的：首先，养儿防老观念根深蒂固，加之社会保障水平仍然偏低，因此很多民众仍倾向于选择生育

① 参见［德］弗兰茨·冯·李斯特著：《德国刑法教科书》，徐久生译，法律出版社2000年版，第13页。

② 参见陈兴良：《刑事政策视野中的刑罚结构调整》，载《法学研究》1998年第6期，第42页。

男性作为养老保障；其次，男女平等虽已入宪，但男尊女卑、重男轻女观念在现实生活中仍有惯性影响，女性在就业、升迁等方面处于相对弱势……

任何一个社会问题的产生都与传统文化、思想观念等因素密切相关。栖身于我国传统文化中的养儿防老、男尊女卑观念源远流长。传统的弥散性与延续力不可小觑，对与传统思想观念联系密切的危害行为进行规制的最佳路径是颁行合理的社会政策，限制、消除其赖以存在的社会土壤。例如，逐步建立健全覆盖城乡、惠及全民、保障水平高的社会保障制度；在各项社会政策实践中做有利于女性的适当倾斜，真正解除生女家庭的后顾之忧；完善女性就业保障制度，对劳动关系中违反男女平等的现象严格监管、绝不姑息……就上述危害行为而言，合理的社会政策确实可能比犯罪化更加行之有效。由此，将其犯罪化亦不符合第三项形式标准。

（四）标准四：犯罪化的可操作性

如果将非医学需要鉴定胎儿性别和选择性别的人工终止妊娠行为纳入犯罪圈，当孕妇方主动怂恿相关人员实施危害行为时，则成立教唆犯，应与实行犯一道以共同犯罪论处。但是，对刚刚堕胎的妇女或者有孕在身的妇女进行刑事追诉，甚至加诸刑罚，实乃不人道之举。同时，上述行为的实施需要孕妇方与相关人员基于合意，相互配合，实施过程一般在隐蔽处所，很少涉及第三方，若将其入罪，在获取线索、调查取证等方面将面临诸多困难，从而严重影响追诉效率。此外，不少主张入罪的人士也认为仅应将情节严重的上述行为犯罪化，如实施非医学需要的胎儿性别鉴定而导致妇女堕胎既遂的情形，即危害行为导致了现实的危害结果。但是，孕妇在实施胎儿性别鉴定后，还可能存在其他导致堕胎的原因，如健康原因、经济原因、误饮误食等。因此，要证明非法性别鉴定行为与堕胎结果之间存在必然因果关系，并达到排除合理怀疑的证明标准，难度很大。可见，将上述行为犯罪化缺乏实践可操作性，从而不符合第四项形式标准。

综上，非医学需要鉴定胎儿性别和选择性别的人工终止妊娠行为虽然侵犯了全体公民的基本人权，从而符合犯罪化的实质标准，却并不符合犯罪化四项形式标准中的三项，即其他部门法的调整方式不当，存在可替代的社会政策以及不具有犯罪化的实践可操作性，因此上述行为不应当入罪。《刑法修正案（六）》草案在2005年12月首次提请全国人大常委会审议时曾规定情节严重的上述行为构成犯罪，但在征求意见的过程中，各方争论激烈。为慎重起见，全国人大常委会于2006年4月进行第二次审议时决定暂不将该行为犯罪化。笔者认为，这一决定是正确的，犯罪化的标准是确立犯罪圈的根据，实质与形式的双重标准需严格把握，刑罚权关涉重大，不可轻启。

为犯罪化设立严密的实质与形式之双重标准，有助于将宽严相济政策在犯罪圈问题上对立法机关的严格要求与对潜在犯罪人及全体公民的宽缓态度落实到实处。自1997年刑法颁行以来，全国人大常委会先后出台了八个单行刑法，包括一个决定和七个修正案。其中涉及犯罪圈的规定主要体现为增设新罪以及对已然之罪加重法定刑，降低法定刑配置的情形非常少见（如《刑法修正案（七）》为绑架罪增设了情节减轻犯），而非犯罪化的情形尚未出现。这说明在犯罪圈的问题上，宽严相济政策对立法机关严格、对潜在犯罪人及全体公民宽缓的基本取向并未体现出来，因而有违刑法谦抑理念，今后在这方面应当有所转变。

第二节　我国刑罚制度的审视与完善

刑罚制度主要包括刑种结构和执行制度两个方面。刑法谦抑精神在刑罚制度层面的体现主要是刑罚轻缓化趋向，这决定了宽严相济政策在刑罚制度层面的基本态度宜定位于以宽为先、辅之以严。如何在宽严相济视阈下对我国刑罚制度进行改革，学界著述颇多，涉及刑罚制度的每一个具体问题。[①] 鉴于在某些问题上（如死刑限制、无期徒刑的执行年限、有期徒刑的上限等）学界已有比较成熟的研究成果[②]以及文章结构的平衡，笔者放弃了对整个刑罚制度进行全面研究的宏大思路，而是选取了社区矫正和单位犯罪刑罚制度两个视角进行阐述。社区矫正的引入旨在针对当前短期自由刑、管制、罚金、缓刑、假释的设计缺陷和运行低效，其有利于提升刑种结构的合理性与刑罚执行活动的成效。作为一种开放式处遇，社区矫正能够在一定程度上改变现行刑罚制度的重刑倾向，因而彰显了宽严相济政策之宽缓的态度。同时，针对当前单位犯罪刑罚制度结构单一、罚不当罪，因而无法适应单位犯罪发展形势的弊端，建议增设刑事破产、限制经营范围与限制经营地域等单位犯罪新刑种，从而提高了单位犯罪刑罚制度的合理性，也体现了宽严相济政策之严厉的态度。有宽有严，宽严相济政策在刑罚制度层面就得到了全面贯彻。并且，由于自然人犯罪在全部犯罪中占据绝大多数，因此宽严并用的同时又体现出宽优于严。

一、我国刑罚制度的缺陷分析

（一）自然人犯罪刑罚制度之不足

在刑种层面，罚金与短期自由刑广受质疑，其中对罚金的质疑主要有以下几点：犯罪低龄化趋势导致被科处罚金的未成年犯罪人

---

① 较全面阐述我国刑罚制度改革的文献请参见马克昌：《“宽严相济”刑事政策与刑罚立法的完善》，载《法商研究》2007 年第 1 期，第 3 ~ 8 页；赵秉志主编：《和谐社会的刑事法治》，中国人民公安大学出版社 2006 年版。

② 相关论文参见谢望原：《构建和谐社会与死刑政策调整》，载赵秉志主编：《和谐社会的刑事法治》，中国人民公安大学出版社 2006 年版，第 729 ~ 737 页；张远煌：《宽严相济的刑事政策与死刑的适用》，同前，第 720 ~ 728 页；莫洪宪：《论我国非暴力犯罪死刑的废止与刑罚调整的两个问题》，同前，第 713 ~ 719 页；翟中东：《自由刑变革的推进原则与逻辑》，同前，第 802 ~ 810 页。

数量激增，未成年犯一般没有经济来源，对其适用罚金的结果或者是监护人代为缴纳或者根本无法执行，由此难以做到惩罚与教育相结合[①]；罚金可能导致刑罚商业化、刑事责任商品化等错误观念，使人们误以为金钱万能、钱能买法，进而损害刑法的严肃性[②]；罚金刑执行难和执行不能的问题十分突出，据不完全统计，罚金案件的执结率低于1%，中止执行率达到90%左右，有的法院甚至对罚金刑不移送执行机关执行。例如，福州市某区人民法院在2001年4月至2003年4月间共判处罚金刑128件177人，占同期一审刑事案件总数的45%，占同期被判刑总人数的49%，罚金总额176.95万元；其中单处罚金2人，对未成年人判处罚金35人；收缴罚金入库8.35万元，占判决罚金总数额的4.7%。[③] 对此，有些学者建议通过设立日额罚金制[④]、罚金刑易科自由刑[⑤]以及借鉴民事法的财产保全制度来加以完善。而对短期自由刑[⑥]的诟病主要包括：过短的刑期使行刑机关没有足够时间了解各个罪犯的特点并制定个别

---

① 参见徐章尧等：《不宜对未成年犯罪人适用罚金刑》，载《人民检察》2003年第3期，第54页。

② 参见孙景仙：《罚金刑价值论》，载《黑龙江省政法管理干部学院学报》2003年第1期，第22页。

③ 参见周光富：《罚金刑执行难之克服》，载《政治与法律》2003年第6期，第54页。

④ 齐文远、周详著：《刑法、刑事责任、刑事政策研究——哲学、社会学、法律文化的视角》，北京大学出版社2004年版，第253页。

⑤ 李希慧：《罚金刑执行难的原因与对策》，载《湖北警官学院学报》2007年第6期，第8页。

⑥ 短期自由刑作为一个常见术语，需要明确其界限。于比较法视野，将6个月作为上限比较符合国际社会通念。例如，德、法、俄等国的刑法典均将6个月以下的自由刑视为短期自由刑，日本多数学者也赞同此说。根据我国刑罚制度的实际情况，宜将1年作为短期自由刑的上限。

处遇方案，因此惩罚与矫正功能难有成效[①]；实践中普遍存在的审前高羁押率导致刑期折抵后的余刑所剩无几，加之监狱亚文化的影响，使得犯罪人在犯罪技能与犯罪心理方面有所强化，势必折损监禁处遇的实际效能；短期自由刑的适用对象主要是初犯、偶犯、过失犯及社会危害性与人身危险性均较小的犯罪人，他们容易改过自新，监禁刑的“标签”效果致其与正常的社会环境隔断，从而影响其再社会化进程。对此，有学者建议“以宽严相济的刑事政策为指导，对于轻微犯罪，在立法上可以规定短期自由刑易科非监禁刑制度，具体可包括易科罚金、易科社区服务、易科资格刑等”[②]。

在执行层面，来自实务部门的情况显示，管制、缓刑和假释作为开放式处遇，行刑效果低下。究其原因，一方面是部分执行机关主观怠惰，没有严格行使法定职权，以致很多受刑人游离于监管体系之外。另一方面，公安机关作为管制、缓刑和假释的考察监督机关，普遍面临警力不足的客观现实，导致其在履行开放式处遇的考察监督职责方面有心无力。此外，上述开放式处遇在内容设计上也存在欠缺。综观三者的实体内容，在执行期间，犯罪人承受的主要是消极遵循义务，如遵守法律和行政法规，遵守行刑机关关于会客的规定，离开所居住的市、县或者迁居应当报经批准等。而国外很多国家通过设置“缓刑负担”制度来确保行刑成效，所谓缓刑负担，是指给缓刑人规定类似于刑事制裁的义务，其目的是对已经实施的违法行为实现补偿，这些义务的规定能够有效避免违法行为没有给行为人任何可感知的痛苦结果。[③] 多种因素共同作用导致在司

---

① 参见赵秉志等：《短期自由刑改革方式比较研究》，载《政法论坛》2003 年第 5 期，第 87 页。

② 赵秉志：《当代中国刑罚制度改革论纲》，载《中国法学》2008 年第 3 期，第 180 页。

③ 参见［德］汉斯·海因里希·耶塞克、托马斯·魏根特著：《德国刑法教科书》，徐久生译，中国法制出版社 2001 年版，第 1007 页。

法实践中有相当数量的管制、缓刑、假释犯脱离监控体系，执行机关却浑然不觉抑或司空见惯。实践的尴尬引发了观念的误区，在普通民众乃至部分司法人员中，普遍存在管制、缓刑不是实刑，处于开放处遇状态下的犯罪人相当于自由人等错误观念，这种情形令人担忧。

(二) 单位犯罪刑罚制度之硬伤

单位犯罪在域外通常被称为法人犯罪。英国是最早承认法人犯罪的国家，受其影响，美国、加拿大、澳大利亚等英美法系国家相继确立了法人犯罪制度。在大陆法系，法国在1992年修订刑法典时明确肯定了法人犯罪，德国、日本以及我国台湾地区都在附属刑法中规定了法人犯罪。[①] 我国1987年海关法规定单位可以成为走私罪的犯罪主体，由此开启了我国单位犯罪刑事立法之先河。此后，立法机关相继在单行刑法和附属刑法中规定了近50个单位犯罪罪名。1997年修订刑法时，单位犯罪被明确纳入刑法。据统计，截至《刑法修正案（六)》出台，我国刑事法律共规定了143种单位犯罪。[②]

然而，近年来我国刑法关于单位犯罪的规定在实践中暴露出了越来越多的不足：现行刑罚制度是以自然人为基础构建的，九个刑种中仅有罚金可适用于单位本身，且属于附加刑，这与成熟市场体制下单位在社会关系中的地位和重要性不符，已不能适应单位犯罪愈演愈烈的态势；罚金属于财产刑，以从经济上削弱单位的再犯能力为内容，而对单位的主体资格与活动范围没有影响，罚不当罪成为不争的事实，无法全面贯彻罪责刑相适应原则的要求；在行政法律规范中，规定有责令停产停业、暂扣或者吊销许可证、暂扣或者

---

① 参见王志祥、姚兵：《论我国单位犯罪刑罚制度的建构》，载《河北大学学报》2007年第6期，第13页。

② 参见陈鹏展著：《单位犯罪司法实务问题释疑》，中国法制出版社2007年版，第38页。

吊销执照、责令停业或者关闭、停业整顿、扣缴、吊销营业执照等行政处罚措施，其作为行政法律责任的承担方式，严厉程度甚至超过罚金，这造成了刑事法与行政法两大法律部门在制裁力度上的不协调。针对现行立法在预防和惩治单位犯罪上的不力，有的学者建议“对犯罪单位除适用罚金刑外，应将禁止、限制单位权利或者剥夺、取消单位资格作为刑罚予以规定”①；有的学者主张增设解散单位组织、禁止从事特定职业和社会活动、对犯罪单位通告训诫、停业整顿等针对犯罪单位本身的处罚方法②；还有的学者认为，“我国刑法明确规定了自然人犯罪和单位犯罪，刑罚体系也应当由与之相对应的适用于自然人犯罪的刑罚和适用于单位犯罪的刑罚两大部分组成，并且对适用于单位犯罪的刑罚，应在刑法总则中有专章规定”③。

综上，自然人犯罪与单位犯罪刑罚制度在刑种设置和执行机制上都有一定的欠缺，如果视而不见，长此以往势必折损刑罚的整体功能，为此必须寻求破题思路。

二、引介社区矫正改良自然人犯罪刑罚制度

（一）概念与属性澄清

当下，自西方引介并展开试点的社区矫正受到各界广泛关注，并被视为改良我国刑罚制度的可行思路。何谓社区矫正？美国《国家咨询委员会刑事司法准则与目标》将其定义为社区中的所有犯罪矫正措施；美国学者福克斯认为，“社区矫正是指发生在社区、运用社区资源并具有补充、协助和支持传统犯罪矫正功能的各

---

① 陈泽宪主编：《新刑法单位犯罪的认定与处罚》，中国检察出版社1997版，第99页。

② 参见马松建：《论单位犯罪的立法完善》，载《郑州大学学报》（哲学社会科学版）2001年第2期，第49页。

③ 娄云生：《法人犯罪》，中国政法大学出版社1996年版，第158页。

种措施"[①]。在国内学界，也形成了多种观点之分野：第一种观点认为，"社区矫正是各种非监禁性刑罚或刑罚替代措施"[②]；第二种观点认为，"社区矫正是对犯罪人进行矫正的刑罚执行活动"[③]；第三种观点认为，"社区矫正是在社区中对犯罪人进行的矫正和控制活动，其中矫正主要体现为帮助性活动，控制主要体现为监督性活动"[④]；第四种观点认为，"社区矫正是一种不使罪犯与社会隔离并利用社区资源改造罪犯的方法，是所有在社区中管理教育方式的总称"[⑤]；第五种观点认为，"我国目前的社区矫正既不是典型的刑种，也不是典型的刑罚执行制度，因为其在我国目前的法律中还找不到依据，严格来说，仅仅是一项刑事政策"[⑥]；第六种观点认为，"社区矫正不仅是与监禁刑相对的行刑方式，还应当是刑种、量刑与行刑制度的结合，是一种综合性的，主要偏重于执行的措施或制度"[⑦]。在官方层面，最高人民法院、最高人民检察院、公安部与司法部联合出台的《关于开展社区矫正试点工作的通知》（下文简称《通知》）采取了司法部社区矫正制度研究课题组在《关于改革和完善我国社区矫正制度的研究报告》中的定义，即社区矫正是

---

① 赵旭明等：《人民法院参与社区矫正的思考》，载《人民法院报》2003 年 7 月 21 日，第 3 版。

② 莫晓宇等：《论我国未成年犯社区矫正体系的完善》，载《青少年犯罪问题》2006 年第 2 期，第 22 页。

③ 张传伟著：《我国社区矫正制度的趋向》，中国检察出版社 2006 年版，第 20 页。

④ 冯卫国著：《行刑社会化研究——开放社会中的刑罚趋向》，北京大学出版社 2003 年版，第 181 页。

⑤ 康树华：《社区矫正的历史、现状与重大理论价值》，载《法学杂志》2003 年第 24 期，第 28 页。

⑥ 杨家庆等：《中国推行社区矫正制度改革面临的若干困惑——从北京、上海的实践比较观察》，载《中国监狱学刊》2006 年第 3 期，第 35 页。

⑦ 郭建安等编：《社区矫正通论》，法律出版社 2004 年版，第 3 页。

与监禁矫正相对的行刑方式，是指将符合社区矫正条件的罪犯置于社区内，由专门的国家机关，在相关社会团体和民间组织以及社会志愿者的协助下，在判决、裁定或决定确定的期限内，矫正其犯罪心理和行为恶习，并促其回归社会的非监禁刑罚执行活动。可见，官方定义将社区矫正界定为非监禁行刑方式。

上述观点大致可概括为行刑说、刑种说、处遇说、扶助监督说、教育管理说、刑事政策说与综合说七种。其中，行刑说与刑种说立论比较鲜明，处遇说、扶助监督说与教育管理说偏重于从内容上描述社区矫正的某些特征，刑事政策说存在忽视社区矫正的制度属性之嫌，综合说则力图面面俱到。笔者认为，社区矫正兼具刑种与行刑方式之双重属性，因为：首先，根据《通知》，管制、缓刑、假释、监外执行与剥夺政治权利五类情形可适用社区矫正，其中既有刑种，又有刑罚执行方法，这说明社区矫正兼具刑种和行刑方法的双重属性；其次，管制乃主刑刑种，缓刑、假释属于刑罚执行方法，但刑法为其规定的实体内容大体一致，这从一个侧面折射出当今某些刑罚种类与刑罚执行方式的界限已渐趋模糊。因此，认为社区矫正兼具刑种与行刑方式之双重属性的结论并不矛盾。

（二）社区矫正的价值合理性

针对自然人犯罪刑罚制度的不足，学术界存在诸多改良构想，笔者选取社区矫正为突破口，一是囿于法律资源的稀缺，简捷高效的思路更为可取，二是基于社区矫正本身的价值合理性，这主要体现在行刑社会化和刑罚个别化两个方面：

1. 行刑社会化

新社会防卫论的代表人物马克·安塞尔教授认为合理的组织对罪犯的反应之关键在于以人道主义刑事政策为基础，承认犯罪人有复归社会的权利，社会有使犯罪人复归社会的义务，这是真正的最高的人道主义。在其推动之下，以社区矫正为主要内容的重新回归模式应运而生。该模式认为监狱不是矫正犯罪的理想环境，把社区当做治疗中心，将罪犯置于社区环境中，通过强化罪犯与社区之间的联系，更容易使其适应社会生活。[①] 重新回归模式体现了对人之社会属性的重视，任何个体都是社会整体的一部分，通过多种方式与外界发生联系，进行信息、资源及能量交换。犯罪人仍为社会整体的一部分，但由于监禁机构属亚社会场域，其与外界的联系也相应呈现特殊性：在广度上，“机构可能将犯罪人从身体和心理上与社会隔离开来，会割断犯罪人与学校、工作、家庭和其他支持性影响的联系”[②]，具有断裂性；在程度上，监禁状态下存续的社会关系具有薄弱性，如亲友只能定期探监；在性质上，监禁环境中犯罪人数量居多，其整体的道德水准、行为习惯与正常人群差距较大，因而具有腐蚀性。美国学者 Murton 曾针对机构性处遇的弊端指出：“将一个人置于监狱加以训练，以期其被释放后能够顺利适应民主社会之生活，此举犹如将人送上月球，以学习适应地球生活方式般之荒谬。”[③] 因此，对社会危害性与人身危险性均较小的犯罪人适用监禁刑，不仅增加其道德负罪感，产生“标签”效应，并且隔断其与外部社会的正常联系，势必从心理与行为的双重层面增加其重返社会的难度。引入社区矫正，将犯罪人置于社区改造，不仅无碍于报应目的的实现，而且能够给犯罪人提供近乎正常社会的行刑环境。在条件具备的前提下，矫正机构还能为其提供有针对性的心理治疗和职业训练，这将有助于提升犯罪人重返社会的能力和再社会化的成功率。

2. 刑罚个别化

刑罚目的的最初形态是报应刑。康德认为，道德和法都是人为

---

① 参见韩玉胜、贾学胜：《社区矫正制度若干问题研究》，载《中国监狱学刊》2004 年第 5 期，第 26 页。

② 吴宗宪著：《西方犯罪学》，法律出版社 1999 年版，第 541 页。

③ 杨士隆、林健阳：《犯罪矫治——问题与对策》，台北五南图书出版公司 1994 年版，第 231 页。

之事务，二者具有价值内容上的一致性，法律肩负必然的道德使命，道德乃国家立法前已经存在的自然法。[①] 人乃有限理性的动物，具有一定的意志自由，如果弃善从恶，违背刑法的义务要求，就将承受道义的谴责。康德坚决反对刑罚预防论，认为“惩罚在任何情况下，必须只是由于一个人已经犯了一种罪行才加刑于他。法院的惩罚绝对不能仅仅作为促进另一种善的手段，不论是对犯罪者本人或者对公民社会”[②]。贝卡里亚率先将功利观引入刑罚目的论，他指出，“刑罚的目的既不是要摧残折磨一个感知者，也不是要消除业已犯下的罪行……刑罚的目的仅仅在于：阻止罪犯再重新侵害公民，并规诫其他人不要重蹈覆辙”[③]。贝氏言说同时涵摄了一般预防和特殊预防，被誉为“双面预防理论”。在特殊预防内部，李斯特首倡以犯罪行为及其思想为侧重点的特殊预防主义，区分不同的犯罪人类型，以此形成刑罚体系，即“矫正可以矫正的罪犯，不能矫正的罪犯不使为害”[④]。由于犯罪人犯罪性之大小及形成过程均有不同，故在矫治犯罪性上需因人而异，欲期所为之处遇真正发生改善之作用，须依各个犯罪人之个性及需要而个别化。[⑤] 可见，刑罚个别化乃特殊预防的题中应有之义。在报应和预防的关系上，尚未形成统一见解，卡斯东·斯特法尼就支持以报应

① 参见陈兴良著：《刑法的启蒙》，法律出版社2003年版，第113～131页。

② ［德］康德著：《法的形而上学原理》，商务印书馆1991年版，第164～165页。

③ ［意］贝卡里亚著：《论犯罪与刑罚》，黄风译，中国大百科全书出版社1993年版，第49页。

④ ［德］弗兰茨·冯·李斯特著：《德国刑法教科书》，徐久生译，法律出版社2000年版，第25～26页。

⑤ 参见张甘妹著：《刑事政策》，台湾三民书局1997年版，第12页。

为主、预防为辅的刑罚目的体系[①]，国内学界的主流观点是一般预防和特殊预防相结合的预防说，即一元论[②]。笔者认为，刑罚兼具报应和预防双重目的，其中预防包括一般预防和特殊预防。现代刑罚理念的发展体现了这样一种趋势，即报应色彩渐趋淡化，预防尤其是特殊预防的地位日益凸显。其中，积极的特殊预防对犯罪人个体的特殊情状给予更多关切，通过教育、规训、感化等针对性举措，矫正其人格，重塑其行为模式。社区矫正以刑罚个别化理念为指导，在细分犯罪人类型的基础上，辅以综合性措施，矫治其人格、心理、行为，以期达到最佳的特殊预防效果。

（三）社区矫正的内容设计与现行刑罚制度之调适

1. 内容设计

兼具刑种与行刑方式双重属性的社区矫正，在实体内容上是一致的，结合具体国情，宜包括强制性义务和选择性义务两个部分。前者指不论犯罪人个体的具体情状、所犯罪行性质与程度，只要被确定为社区矫正的适用对象，就应当无一例外地承受法定义务，具体包括：（1）服从矫正机构监管，遵守国家法律、行政法规以及与社区矫正相关的法律法规；（2）在每周的工作日内，根据矫正机构指令，到社区范围内的相关机构（街道办事处、社区居委会、敬老院、儿童福利院等）从事不少于20小时的义务劳动，如勤杂劳动、植树造林、义务宣传、维持交通秩序等；（3）除因矫正工作需要外，不得离开所居住的市、区、县；（4）每月提交一次关于思想、行动及矫正体会的书面报告，由矫正机构存档备案。而选择性义务旨在针对犯罪人的人格、心理、行为习惯等特殊情状，由

---

① 参见［法］卡斯东·斯特法尼：《法国刑法总论讲义》，罗结珍译，中国政法大学出版社1998年版，第415页~424页。

② 参见高铭暄主编：《新编中国刑法学》，中国人民大学出版社1998年版，第310~314页；陈忠林主编：《刑法学》（上），法律出版社2006年版，第241~243页。

矫正机构在强制性义务之外对其施予一定的法律作为义务。选择性义务与强制性义务相互配合、相得益彰，在一定条件下选择性义务还可以充抵强制性义务。在现阶段，选择性义务可包括：（1）犯罪人具有特殊的专业知识或职业技能的，经矫正机构同意，可以专业性公益服务折抵强制性义务；（2）经被害人和矫正机构同意，犯罪人可以合理的方式为被害人提供某些劳务，如护理、家政等，并可折抵强制性义务；（3）指令犯罪人实施能够缩小或者恢复犯罪所造成的损害的特定行为；（4）经犯罪人申请或者矫正机构认为有必要，可为其提供一定的心理治疗和职业辅导，但不能折抵强制性义务。①

社区矫正的内容设计充分体现了行刑社会化与刑罚个别化思想，通过保障犯罪人与正常的社会环境进行充分、广泛的接触，增强其社会角色感与服务意识，进而重塑正常社会人的心态。同时，通过心理治疗、行为纠偏和职业辅导，可提升其复归社会的能力。当然，在实施社区矫正的过程中，应避免将犯罪人视为“免费劳役”，而忽视行刑活动的教育、矫治机能。

2. 与刑罚制度之调适

如何完成社区矫正与现行刑罚制度的调适、融合关涉改良后的刑罚制度之成效，对此笔者建议如下：

首先，整合社区矫正与主刑体系的方案如下：其一，维持死刑、无期徒刑的主刑地位不变；其二，将有期徒刑的下限提升至1年以上，上限维持不变；其三，废除拘役和管制这两个践行效果不佳的轻刑刑种；其四，用社区矫正以取代拘役、管制及6个月以上1年以下有期徒刑，从而成为改革后最轻微的主刑刑种。社区矫正

① 部分选择性义务的设定考虑到了犯罪人在知识背景、专业技能以及所犯罪行方面的特殊性，通过强化其社会正当角色意识以及对犯罪后果的真切感受，有利于实现刑罚的个别化和犯罪人的再社会化。参见翟中东著：《刑罚个别化研究》，中国人民公安大学出版社2001年版。

之刑期宜规定为2个月以上6个月以下，数罪并罚时不超过1年。由此，主刑体系将出现死刑、无期徒刑、有期徒刑和社区矫正四位一体的新格局，不仅在原有基础上明显简约，并且由于社区矫正属非监禁刑，其对作为监禁刑的拘役和6个月以上1年以下有期徒刑的取代使得刑种制度总体趋轻、趋缓，彰显了宽严相济政策之宽和的态度，符合刑罚轻缓化趋向。

其次，社区矫正与附加刑体系的调适主要体现在与罚金和剥夺政治权利的关系上。鉴于对自然人单处罚金的实践效果不甚理想，可考虑使罚金必须附加于包括社区矫正在内的四种主刑适用。《通知》将剥夺政治权利作为社区矫正的适用对象，但剥夺政治权利的情形比较复杂，限于单处剥夺政治权利的情形比较妥当。根据刑法规定，单处剥夺政治权利的期限为1年以上5年以下，而社区矫正的期限为2个月以上6个月以下，故应结合剥夺政治权利的期限长短，在2个月以上6个月以下的幅度内选择适用社区矫正的具体期限。对于剥夺政治权利期限超出社区矫正的部分，仍需执行剥夺政治权利，而剥夺政治权利的效力也当然及于适用社区矫正期间。

最后，《通知》将缓刑犯与假释犯列为社区矫正的适用对象，社区矫正与二者衔接时将体现其作为开放式行刑方式的属性。笔者认为，此时犯罪人仍具有缓刑犯或者假释犯的法定身份，而社区矫正乃发挥辅助功能的补充行刑方式，旨在对犯罪人施予更多的积极作为义务，将其纳入考察监督机关的有效监管之中，从根本上提升缓刑和假释的行刑效果。刑种体系的调整导致缓刑的适用对象相应变为“被判处三年以下有期徒刑（一年以上）的犯罪分子”，而假释的适用对象仍然维持“被判处无期徒刑或者有期徒刑的犯罪分子”不变。至于对缓刑犯、假释犯适用社区矫正的期限，笔者认为，仍应在法定期限2个月以上6个月以下的幅度内酌情决定。

三、单位犯罪刑罚制度之完善

（一）制度缺失分析

1957年于雅典召开的第七届国际刑法学会的决议指出："法人必须是其本国的法律有规定的，才负刑事责任，一般的制裁方式是罚金，但也可以分别处以解散、停止业务、任命财产管理人等。"①1994年生效的法国新刑法典规定了多达10种对犯罪单位的处罚方法，包括高于自然人5倍的罚金、解散法人组织、禁止从事职业性或社会性活动、接受司法监督、关闭法人的某些部门、禁止进入公共市场、禁止公开募集资金、禁止签发支票、没收关联财产、张贴或通过传媒公布判决。1997年刑法颁行10余年来，我国的改革开放事业继续向纵深挺进，社会结构急遽转型，完全市场经济地位得到越来越多的国家承认。在经济日趋繁荣的背景下，商事法律关系在全部社会关系中的普遍性与重要性更加凸显，各类公司、企业等商事主体在经济发展、社会进步等方面发挥着愈加重要的作用，成为不可或缺的一类社会关系主体。同时，就各类公司、企业而言（尤其是规模以上的商事主体），其成员众多，资本雄厚，生产经营能力强大，一旦实施单位犯罪，社会危害不可小觑，不仅波及面广，且负面影响深远。例如，近年来爆出的河北"红心鸭蛋"事件（2006年）、黑龙江"齐二药"事件（2006年）、河北"三鹿奶粉"事件（2008年）等，均造成了极端严重的社会危害，激起了社会各界的强烈反响。笔者认为，在上述食品、药品领域的重大安全事故中，均有单位涉嫌犯罪的情形。对于类似事件，即便现实追究犯罪单位的刑事责任，也仅有罚金一种刑事制裁可供选择，显然很难满足罪责刑相适应原则和公众对公平正义的吁求。于是，在处理上述事故的过程中，就出现了追究主管人员或者直接责任人员

---

① 何秉松主编：《法人犯罪与刑事责任》，中国法制出版社2000年版，第57页。

作为自然人的刑事责任以及追究单位行政责任相结合的情形，这折射出刑法在单位犯罪刑事责任问题上的制度窘境。

（二）重构单位犯罪刑罚制度

最严重的危害行为理当由最严厉的法律部门加以规制。我国刑法关于单位犯罪刑事责任的规定已经明显滞后于市场经济的发展，在应对日趋严重的单位犯罪形势时渐显薄弱、无力，同时在与单位行政法律责任的衔接上存在问题，未能体现出不同法律部门在位阶上的高低和严厉性上的强弱。鉴于此，有必要对愈演愈烈的单位犯罪采取宽严相济政策之严厉的态度，重构单位犯罪的刑罚制度，同时使刑法与行政法关于单位法律责任的规定能够层次分明、衔接有序。至于具体方案的选择，有的学者主张，“分别构建以自然人和单位为适用对象的刑罚体系，既能保证我国刑法中以自然人为适用对象的刑罚体系的稳定性，又能保证以单位为适用对象的刑罚体系完整性和科学性”①；另有学者建议，“单位犯罪的刑罚体系由主刑和附加刑两部分构成。其中，主刑只能独立适用，不能附加适用，而附加刑既可以附加适用，也可以独立适用”②。笔者认为，为了与单位在不断发展的市场经济环境中的重要性以及单位犯罪的发展态势相适应，有必要对现行以自然人为基础的刑罚制度加以改造，建立自然人和单位并重的双轨制刑罚制度。在重构单位犯罪刑罚制度之前，首先应当厘清一些基本认知，这对于如何确立总的改造思路，如何选择具体的改造方案至关重要：认知一，改造单位犯罪刑罚制度的主要动因源自现行规定对于发生在经济活动领域的商业性、经营性单位主体的犯罪行为应对不力，而非针对国家机关、事业单位等公共主体；认知二，经营性单位主体从事犯罪活动的主要

① 郝新华：《构建我国单位犯罪刑罚体系的思路》，载《贵州警官职业学院学报》2004 年第 5 期，第 50～51 页。

② 胡隽：《论单位犯罪刑罚体系之完善》，载《江西公安专科学校学报》2002 年第 4 期，第 18 页。

目的是追逐经济利益，而能否实现经济利益在很大程度上取决于单位的资格能力和行为能力，因此以此为着力点进行改造方能收治本之效；认知三，实施犯罪行为的单位是无良企业，社会公德心和社会责任感沦丧，因此改造方案应敦促其履行应尽的社会责任。

笔者建议构建专门针对单位的主刑和附加刑体系，其中主刑可设置刑事破产、限制经营范围、限制经营地域三类；附加刑在保留罚金的基础上增设限期停业整顿、责令消除影响、责令从事公益活动。由此，重构后的单位犯罪刑种体系就形成了“三主四从”的新格局，对新设置的各刑种简要评介如下：

刑事破产：乃针对犯罪单位的生命刑，旨在永久性消灭犯罪单位的权利能力和行为能力，使其彻底退出市场，不再危害社会。作为最严厉的单位犯罪刑种，刑事破产的适用应当具备较为严格的条件，如单位所犯罪行社会危害巨大，损害后果特别严重，单位有前科（包括曾受过严厉的行政处罚），很可能再次危害社会等。当然，对于国家机关、事业单位等公共主体不能适用该刑种，因为其属于国家必备的组织机构，履行相应的公共职能，消灭其主体资格不具有可操作性。被判处刑事破产的犯罪单位将进入清算程序，具体的执行方法应遵照破产法的相关规定，以保持法律体系的协调统一。

限制经营范围与限制经营地域：乃针对犯罪单位的自由刑。公司、企业的经营活动总是发生在特定的行业和特定的地域，此乃关涉经营活动的关键要素。以此为切入点，对单位的经营活动进行实质性限制，较之于罚金更有利于削弱单位的再犯能力。同时，经营活动不仅是单位实现利润的最重要方式，也是单位积累财富的最主要手段，因此限制经营范围与限制经营地域相对于罚金而言，是本与末、源与流的关系，更有利于实现刑罚的惩罚与预防机能。

限期停业整顿：旨在使犯罪单位进入一个调整期，暂时冻结经营活动，对犯罪行为进行反思、总结，同时采取积极措施对单位内部的机构、人事、制度等环节进行调整，从而为回归合法经营的正常轨道做好各项准备。

责令消除影响：如召回产品、赔偿损失、通过媒体公开向公众赔礼道歉等。单位犯罪发生在经营领域，影响面较广，涉及不特定多数公民之人身及财产安全，甚至危及公共利益，因此设立该附加刑刑种有助于在一定程度上修复受损的社会关系，体现了恢复性司法理念。

责令从事公益活动：犯罪单位是无良企业，丧失了必要的社会责任感，除对其施加惩罚性和补救性制裁外，还有必要责令其从事某些公益性活动，如捐赠善款、植树造林、派员参加公益活动等。通过让犯罪单位承担必要的社会责任，得以重塑其公德意识，强化其社会角色感。至于具体内容，可由刑事法官根据犯罪性质和单位自身情况酌情考量。

除了对单位犯罪的刑种结构进行重构外，关于单位犯罪的自首、立功、累犯、数罪并罚等问题值得进一步深入研究，囿于篇幅不再展开。[①]

第三节 审判前程序的合理化构建

根据刑事诉讼法的一般原理，诉讼程序主要包括审判前程序、审判程序、执行程序和特殊程序四种类型。[②] 其中，审判前程序是其他诉讼程序的先导，每一刑事案件都必须经由审判前程序的处置，或者在审判前被分流转处，或者进入审判程序流程。可见，审判前程序在整个刑事诉讼程序架构中的地位是举足轻重的。审判前程序主要包括侦查程序和公诉程序两个流程，其中进一步涵摄立

① 陈明华等：《论单位犯罪的处罚及其完善》，载《宁夏社会科学》1999 年第 2 期，第 56 ~ 57 页。

② 参见樊崇义著：《迈向理性刑事诉讼法学》，中国人民公安大学出版社 2006 年版，第 40 ~ 41 页。

案、刑事强制措施、酌定不起诉、量刑建议、刑事和解[①]等具体的刑事法机制，它们都能够成为有效贯彻宽严相济政策的制度平台，在下文中，笔者将逐一展开研究。

一、在侦查阶段贯彻宽严相济刑事政策

侦查机关运用刑事侦查权（刑事司法权之一）在各项侦查工作中践行宽严相济精神的路径主要有以下几种：

首先，立案标志着整个刑事诉讼程序的启动，在立案环节，宽严相济政策对侦查机关的要求是趋向严格的，即从严把握立案标准。这个标准既包括刑法与相关司法解释确立的全国性立案标准，也包括各地区适应本区域具体情况制定的地方性立案标准。细言之，不该立案的不能立案，所立案件存疑时不应立案，可立可不立的一般不予立案，达到立案标准时应予立案。当宽严相济政策在立案问题上对侦查机关从严要求时，对可能因立案不当而成为犯罪嫌疑人的那部分公民而言，则体现了宽和的态度。宽严相济政策在立案环节的定位符合刑事权发动的谦抑性要求。当前，在立案问题上背离宽严相济精神的现象主要有：一是随意性倾向，在案件尚未明确达到立案标准时认为先将案件立起来再说，如果在侦查过程中发现确实达不到立案标准，那么大不了再撤销案件[②]；二是有罪推定倾向，对于某项违法行为，公安局和检察院总习惯于先立案抓人后

---

① 刑事和解作为恢复性司法理念的制度化体现，乃当下刑事法学界的一个热点问题。从理论上讲，在任何诉讼阶段皆有实施刑事和解的法律空间。考虑到刑事和解的前提是犯罪人被指控的涉案事实初步构成犯罪，且和解方案的达成从一个侧面反映出犯罪人的人身危险性高低，进而影响其刑事责任大小，并由此成为司法人员决定是否对犯罪人审前分流抑或仍对其提起公诉而由刑事法官酌情从轻量刑的重要依据，因此在本书中笔者将刑事和解放在审判前程序中加以研究。

② 参见刘良、张衡：《宽严相济刑事司法政策在侦查程序中的实现》，载《中国刑事警察》2007 年第 4 期，第 7 页。

研究罪名，即使结果上构不成罪，也会碍于面子或者害怕国家赔偿而勉强定罪，之后运用取保候审等措施使这些无法追诉成功的案件得到一种“缓冲性处置”[①]；三是当社会形势产生某种需要或者发生重大变化时，侦查机关容易降低立案标准，如汶川大地震、北京奥运会以及全球性金融危机。导致第一种情形出现的原因在于侦查机关未严格把握立案标准，致使刑事权随意发动。第二种情形表明罪刑法定原则和无罪推定原则有时候未能融入司法人员的法律意识，进而更谈不上准确把握立案标准。至于第三种情形，笔者认为，当社会情势发生变化时，对于介于可立可不立之间的案件，如果这一类型案件与形势恶化相关或者其社会危害性较通常有较为明显的增长，那么可以立案。例如，对于汶川大地震后发生在灾区且针对灾民的侵财型案件，只要接近当地的立案数额就可以立案。在社会形势的特殊时期，如果对案件类型不加区分，一律降低立案标准，不仅无益于形势的改善，也会导致打击面过大。

其次，刑事诉讼法赋予侦查机关、检察机关和审判机关采取相应的刑事强制措施的权力，实践中大多数强制措施是在侦查阶段采取的。目前在人身性强制措施方面违背宽严相济精神的主要问题是羁押型强制措施（如拘留、逮捕）的适用率偏高，而开放型强制措施（如监视居住、取保候审）的适用率偏低。据笔者对某直辖市C市S区和Y区公安机关的调研结果，对于已立案件，在公安机关可以实现对犯罪嫌疑人控制的情况下，2008年的平均刑拘率达91.2%左右，对于已经刑拘的犯罪嫌疑人，公安机关提请检察机关批准逮捕的比率达80.4%左右。而在提请批捕的情况下，检察机关一次性批捕以及经过“退侦”后批捕的比率达90.2%左右。上述现象有悖《公民权利与政治权利国际公约》第9条第3项关于“等候审判的人受监禁不应作为一般规则”的国际条约精神。

---

① 参见陈瑞华著：《问题与主义之间——刑事诉讼基本问题研究》，中国人民公安大学出版社2003年版，第226页。

导致审前高羁押率的原因是多方面的：一是保持高压态势和打击力度的司法传统使然；二是各地区的侦查机关频繁开展各种专项整治行动，对属于整治范围的犯罪人，倾向于尽可能拘留、逮捕；三是各地区侦查机关普遍存在制定“打击数”等指标并作为执法质量考评标准的现象，这种行政性举措违背了司法活动的内在规律，对审前高羁押率起到了推波助澜的作用。

与审前高羁押率相关的一个问题是延长羁押期限比率过高，具体包括两种情形：一是侦查机关对犯罪嫌疑人延长拘留期限的比率畸高，有些地区近乎“每拘必延”，一些并不重大、复杂的案件也多被延长 30 日。据统计，2007 年第一季度广州市人民检察院受理的审查批捕案件中，采取了刑拘的有 446 人，其中未延长拘留期限的仅有 10 人，占全部被拘留人数的 2.24%；延长至 7 日的为 37 人，占全部被拘留人数的 8.3%；延长至 37 日的为 399 人，占全部被拘留人数的 89.46%。可见，延长拘留期限几乎成了必经程序，不办理延长反而成了例外。[①] 二是侦查机关对于已经批捕的犯罪嫌疑人，提请延长羁押期限的比率也比较高，而检察机关往往只作形式审查，很少不予批准。综上，延长羁押期限已成为侦查机关争取办案时间、缓解办案压力的“有效”措施，这导致犯罪嫌疑人在羁押期限长短上失去了区分度，从而背离了宽严相济精神。

笔者认为，刑事诉讼法规定的各种强制措施具有轻重有别、衔接有序的特点。尽管强制措施只是一种程序性保障，但有的强制措施，如拘留、逮捕，对犯罪人的权利限制较多，苦痛较大，因而具有严厉倾向，有的强制措施，如监视居住、取保候审，对犯罪人的权利限制较少，苦痛较小，因而具有宽和倾向。因此，在强制措施问题上存在实施宽严相济政策的法律空间。为此，侦查机关需严格把握各类强制措施的适用条件，综合考虑犯罪的社会危害性和犯罪

---

① 参见廖荣辉：《刑事案件“延长羁押期限”问题研究》，载《河北法学》2008 年第 1 期，第 181 页。

人的人身危险性，依法采取宽缓抑或严厉的程序处遇。一般而言，就是将严厉的强制措施适用于社会危害性与人身危险性均较大的犯罪人，将轻缓的强制措施适用于社会危害性与人身危险性均较小的犯罪人。对于某些特殊案件，如特殊主体犯罪（未成年人、老弱病残、在校学生等）、因人民内部矛盾引发的轻微刑事案件以及轻微犯罪中的初犯、偶犯等慎用拘留、逮捕，减少犯罪人与社会的隔离，避免产生抵触和自暴自弃情绪。① 此外，应当扭转以捕代侦等错误观念，避免将拘留、逮捕作为案件的必经程序或者首选程序。②

在侦查阶段全面贯彻宽严相济政策，还可从以下几方面入手：其一，将目前存在的某些法外侦查手段，譬如监听、诱惑侦查、心理测试等尽快纳入刑事诉讼法，实现侦查权与侦查活动的全面法治化，防止侦查手段被任意使用而侵犯人权。③ 这体现了宽严相济政策对侦查机关行使侦查权的严格要求。其二，根据现行刑事诉讼法，公安机关在侦查终结时自由裁量权过小导致宽严相济政策的运用空间逼仄，这不利于迅速解决一些由于轻微犯罪造成的纠纷。有些地区的实务部门通过对刑事诉讼法第15条规定的第一种情形作扩大解释而扩张侦查机关在侦查终结时的处理权限，从而对一些当事人已经和解的轻微刑事案件作撤案处理，这体现了宽严相济政策

---

① 参见黄海龙、张庆彬：《审查逮捕工作与宽严相济刑事司法政策之适用》，载《人民检察》2007年第4期，第18页。

② 有学者认为，羁押型强制措施的适用不仅要具备法定的条件和理由，而且应符合合目的性、必要性和成比例性三原则。具体而言，羁押的适用应以达到法定目的为限度；应将羁押的适用限制在绝对必要的范围内，尽量适用那些效果同样显著的替代措施；羁押的期限应与涉嫌犯罪的严重程度、可能科处的刑罚相适应。参见张桂霞：《刑事侦查中如何贯彻宽严相济的刑事政策》，载《中州学刊》2008年第4期，第92页。

③ 参见宋家宁、郭光辐：《宽严相济语境下侦查程序的完善》，载《中国刑事警察》2008年第4期，第34页。

对犯罪人和被害人均趋宽和的态度。①

二、在公诉环节实施宽严相济刑事政策

2006 年 12 月，最高人民检察院通过了《关于在检察工作中贯彻宽严相济刑事司法政策的若干意见》（以下简称《意见》），作为首部直接以宽严相济政策为主题的规范性法律文件，《意见》对检察机关如何运用刑事检察权（刑事司法权之一）在各项检察活动中贯彻宽严相济政策作了较为全面的规定。鉴于公诉权乃检察权的核心内容，公诉活动是检察机关最基本的职能活动，故下文将论域限定为公诉环节，主要研究两个问题，一是酌定不起诉，二是量刑建议。

（一）酌定不起诉

酌定不起诉，又谓裁量不起诉等，乃 1996 年刑事诉讼法确立的不起诉类型，其与法定不起诉、证据不足不起诉一道构织成完整的不起诉制度。不起诉以起诉便宜主义为理念基石，于 19 世纪末伴随着对起诉法定主义的修正而逐步发展起来。通常认为，不起诉契合目的刑、教育刑理念，符合诉讼经济学原理，并彰显了刑罚个别化原则。② 1996 年刑事诉讼法实施 10 余年来，酌定不起诉在运行中凸显出来的主要问题是适用率偏低，这与其扩大检察机关自由裁量权、实现轻微案件审前分流的立法初衷相背离。据统计，近几年普通刑事案件的不起诉率徘徊在 2% 左右，其中酌定不起诉仅有 1. 4% 左右。③ 这不仅大大低于刑事诉讼法修订前的数据，也显著

---

① 参见樊崇义、吴光升：《宽严相济刑事司法政策与刑事侦查程序》，载《中国人民公安大学学报》（社会科学版）2007 年第 3 期，第 46 页。

② 参见宋英辉：《国外裁量不起诉制度评介》，载《人民检察》2007 年第 24 期，第 10 页。

③ 参见《中国法律年鉴》，中国法律年鉴社 2003—2005 年卷。

低于德国在20世纪90年代的平均水平。[①] 即使在近邻日本，2000年的不起诉率是44.9%，2002年是47.4%，2005年达到53.4%，且这一组数据仅限于裁量不起诉。[②] 在实践中，一方面是酌定不起诉率低下，另一方面是人民法院的轻刑、免除处罚判决率偏高。据统计，2003~2005年3年中，全国法院适用缓刑的人数占总判决数的比率分别为19%、21%和22%，若加上3年以下有期徒刑与拘役（实刑）、单处附加刑以及免除处罚的数字，比率超过50%。[③] 这无疑增加了检察机关与审判机关的讼累，无法集中稀缺法律资源处理少数重大、疑难案件。

导致酌定不起诉率低下的原因是多方面的：其一，在法律层面，酌定不起诉的适用空间过于狭窄，仅限于非常轻微之案件，即“犯罪情节轻微，依照刑法规定不需要判处刑罚或者免除刑罚”的案件，且就此类案件，检察机关也只是“可以”不起诉。其二，在程序层面，据笔者在某直辖市C市检察系统的调研，基层检察机关欲对一个案件作酌定不起诉处理，须经承办人员、公诉部门负责人、分管副检察长以及检察长逐级认可后提交检委会讨论，对于讨论通过的，还要报请上级检察机关（即直辖市分院）的检委会讨论。烦琐的程序导致部分办案人员对酌定不起诉采取规避态度，从而限制了它的分流效能。其三，在观念层面，作为追诉冲动的体

① 据统计，在刑事诉讼法修订前的10年间（1987~1988年），我国的不起诉率最低为9.69%（1995年），最高为14.45%（1989年）；而德国在1991~1997年7年间，以包括不起诉在内的各种方式分流转处的案件比率最低为85.6%（1991年），最高为88.0%（1997年）。参见黎莎：《我国刑事诉讼中不起诉率研究》，载《四川警察学院学报》2008年第2期，第92~93页。

② 参见宋英辉：《国外裁量不起诉制度评介》，载《人民检察》2007年版第24期，第10页。

③ 参见宋英辉：《国外裁量不起诉制度评介》，载《人民检察》2007年版第24期，第10页。

现，检察机关在内部的工作考评中普遍规定了“不起诉率”，人为限制其适用上限，而“办案人员为了自身利益或者照顾与公安机关的关系，在适用不起诉时‘瞻前顾后’，形成‘可诉可不诉的就诉’的偏好和心理”①。

笔者认为，酌定不起诉是检察机关贯彻宽严相济政策的重要制度平台，其赋予检察机关一定的自由裁量权，对符合条件的轻微案件作审前分流，提高余案的资源配置，符合诉讼经济学原理。同时，通过对轻微犯罪人采取不起诉转处，得以解脱其讼累，避免贴上“标签”，尽早复归社会，因此体现了对犯罪人的宽和、宽宥。反之，检察机关对于其他犯罪人依法提起公诉，则属于相对严厉的处遇。可见，酌定不起诉蕴涵着与宽严相济政策相契合的价值取向，因此不仅应当肯定其价值合理性，还有必要对现行制度设计进行改良，以转处更多的轻微案件及犯罪人，从而更好地释放宽和、轻缓的精神。

具体的改进方案如下：首先，根据当前的审判实践，将刑事诉讼法第 142 条规定的酌定不起诉案件范围予以扩张，除了保留“犯罪情节轻微，依照刑法规定不需要判处刑罚或者免除刑罚的”案件以外，还应扩及“所犯罪行可能判处缓刑或者单处附加刑的”与“所犯罪行可能判处三年以下有期徒刑的”两类案件。其次，在符合上述情形时，犯罪人还应具备积极悔罪，积极采取补救措施，主动赔偿犯罪损失及与被害人达成和解协议等情形。当符合前两个要件时，检察机关一般应当作出不起诉决定。同时，针对犯罪人在不起诉问题上几近失语的现状，有必要规定当犯罪人认为应适用酌定不起诉而检察机关未予适用时，可向上级检察机关申请复

---

① 宋英辉：《酌定不起诉适用中面临的问题与对策》，载《现代法学》2007 年第 1 期，第 164 页。

议，上级检察机关在复议决定中应说明理由。[①]

（二）量刑建议

较之酌定不起诉，检察机关依法提起公诉的活动体现了宽严相济政策之严厉的态度，但这只具有相对的意义，并不是说宽严相济政策在提起公诉的案件中就没有适用空间。其中，量刑建议不失为一种可行路径。最高人民检察院于2005年7月出台的《人民检察院量刑建议试点工作实施意见》正式将其列为检察改革项目，并指定11个单位开展试点，截至目前已取得明显成效。

笔者认为，量刑建议对于宽严相济精神之贯彻具有重要意义，主要体现在两个方面：首先，赋予检察官量刑建议权，被告人得以就量刑建议发表针对性辩护意见，控辩双方的对抗活动从定性延伸到定量，形成一个完整的锁链，不仅增强了对抗性，也能确保辩护权得到充分行使。反之，如果检察官在量刑问题上晦暗不明，“犹抱琵琶半遮面”，被告人也就无法就量刑问题发表明确的辩护意见，辩护权的行使就会受到掣肘。在量刑建议缺失与量刑辩护弱化的情况下，量刑容易沦为法官的单方活动，专断性与盲目性皆会增加。因此，量刑建议有利于犯罪人更有效地行使作为基本程序权利的辩护权，因而体现了宽和的精神。其次，依法提起公诉的虽然是比较严重或者非常严重的犯罪，但在这些案件内部，仍可能存在主、从犯与胁从犯，故意犯罪的未完成形态，初犯、偶犯、累犯、未成年犯以及自首、立功等各种情形。在不同的情形下，犯罪的社会危害性与犯罪人的人身危险性均有殊别，检察官可以针对不同情形分别提出从宽抑或从严的量刑建议，以贯彻宽严相济精神。同

---

① 有学者建议在公诉环节设立作为刑罚犹豫制度体现的暂缓起诉，以更好地贯彻宽严相济政策。笔者认为，在完善不起诉制度的前提下，可以进行有益的尝试。参见储槐植、赵合理：《国际视野下的宽严相济刑事政策》，载《法学论坛》2007年第3期，第57页；陈光中：《关于附条件不起诉问题的思考》，载《人民检察》2007年第24期，第7~8页。

时，量刑建议的权力基础是量刑请求权，它与定罪请求权一样都是公诉权的题中应有之义。因此，确立量刑建议制度有利于检察机关全面行使公诉权。[①] 此外，随着司法改革的推进，被称为“中国刑事诉讼中最大的黑箱操作”的量刑问题正引发越来越多的关注，而实施量刑建议有利于约束法官的刑罚裁量权，促进量刑公正。

量刑建议能否成为贯彻宽严相济政策的有力载体，不仅取决于其自身的价值合理性，还倚赖科学的制度设计，具体可从两个方面进行构建：

（1）形式要件：有的学者主张“在检察机关审查起诉阶段结束、向审判机关提起公诉时行使”[②]，有的学者建议借鉴英美法系模式，“先由法庭经过庭审就被告人的行为是否构成犯罪进行认定，如果认定构成犯罪则通知检察机关提出量刑建议，检察机关应当在随后恢复的庭审中提出量刑建议，辩护方可针对该建议进行反驳”[③]。笔者认为，现阶段检察官行使量刑建议的方式不可一概而论：对于无须出庭支持公诉的案件，宜在向法院提起公诉时在起诉书中载明量刑建议；反之，宜在法庭辩论开始之初发表公诉意见时提出量刑建议。在前一种情况下，量刑建议以书面形式呈递，在后一种情况下，量刑建议由检察官口头陈述，但事前应经过审慎思考并经由法庭调查阶段修正。

（2）实体内容：根据各地的调研材料，当前主要存在三种类型的量刑建议：一是概括型量刑建议，即指明所指控罪行对应的法定刑幅度；二是相对型量刑建议，即提出一个更加具体的量刑建议

---

① 参见冀祥德：《构建中国的量刑建议权制度》，载《法商研究》2005年第4期，第118页。

② 参见冀祥德：《构建中国的量刑建议权制度》，载《法商研究》2005年第4期，第120页。

③ 曾康：《国外量刑建议制度考评与借鉴》，载《求索》2004年第7期，第103页。

幅度，如“四年以上六年以下有期徒刑”；三是绝对型量刑建议，即明确建议具体的刑种或刑罚量，如死刑或者5年有期徒刑。笔者认为，量刑建议实质上是一种量刑预断，由于主体对客体的认知是随着时间的推移和素材的累积而不断深化的，因此精确到“点”的量刑判断宜在全部庭审活动结束之后作出。鉴于此，原则上应避免绝对型量刑建议，只有当被告人的罪行极其严重或者符合判处缓刑的条件时，才可以作出死刑或者缓刑的量刑建议。考虑到我国刑法法定刑幅度偏大的现实，笔者建议一般采取相对型建议模式。例如，A罪行对应的法定刑幅度为“三年以下有期徒刑或者拘役”，可建议判处“一年以下有期徒刑或者拘役”。又如，B罪行对应的法定刑幅度为“三年以上七年以下有期徒刑”，可建议判处“四年以上六年以下有期徒刑”。就总体而言，法定刑的幅度越大，量刑建议的幅度也相应加大。

三、宽严相济刑事政策与刑事和解

刑事和解乃刑事法界域的热门话题，也被认为是贯彻宽严相济政策的重要机制。多数学者认为，刑事和解源于西方的恢复性司法理念①，而该理念又以20世纪70年代加拿大安大略省的一起被害人与加害人和解的案例为发端②；也有学者认为早在解放前的延安边区就出现了和解结案的案例③；还有学者认为刑事和解在我国有着深厚的传统文化土壤，如“天人合一”、“和为贵”等思想④。

---

① 参见周长军、吕欣：《司法的恢复性与社会的和谐化——恢复性司法理念国际研讨会综述》，载《法学论坛》2007年第5期，第118页。

② 参见杨兴培：《论刑事和解制度在中国的命运选择》，载《法学杂志》2006年第6期，第2页。

③ 西北政法大学贾宇教授等学者持该观点，详见贾宇教授在2006年7月中国人民大学举办的“和谐社会语境下的刑事和解”学术研讨会上的发言。

④ 参见陈光中、葛琳：《刑事和解初探》，载《中国法学》2006年第5期，第6~7页。

何谓刑事和解，刘守芬教授认为，“刑事和解是指犯罪行为发生后，经由司法机关的职权作用，被害人与犯罪人面对面地直接商谈，促进双方的沟通与交流，确定解决方案，目的是恢复所破坏的社会关系，弥补被害人所受到的伤害，使犯罪人改过自新、复归社会”①；杨兴培教授认为，“是指犯罪发生后，经由调停人使被害人与加害人面对面交谈，共同协商解决刑事纠纷。经过全面、畅通的交谈，他们可以选择彼此认同的方案来弥补犯罪所造成的损害。这样，被害人在精神和物质上可以获得双重补偿，而加害人则可以赢得被害人谅解和改过自新的双重机会”②；陈瑞华教授则将其视为一种“私力合作模式”，以区别于传统的对抗性司法模式和公诉机关与被告方通过协商达成合作的“公力合作模式”③。

笔者认为，刑事和解乃西方国家践行恢复性司法理念的重要而非唯一机制，当下我国司法机关推行的刑事和解试点，作为一项新型司法制度，确实导源于西方。然而，我国古代的“和合”文化以及人民调解制度则为刑事和解的制度化引介提供了适宜的观念基础与实践土壤。刑事和解受到青睐并非偶然，其原因是多方面的：首先，刑事和解体现了对犯罪本质的新认知。“传统的刑法观认为，犯罪是侵犯统治阶级统治秩序的行为，表现形式就是违反刑法规范，其认定与被害人基本无关。刑事和解论则认为，犯罪是通过对个人具体生活的侵害，破坏和平的人际关系的行为，属于人际交往中所发生的纠纷、冲突，因此在犯罪的认定上，被害人个人的意

---

① 刘守芬、李瑞生：《刑事和解机制建构根据简论》，载《人民检察》2006 年第 7 期，第 7 页。

② 杨兴培：《刑事和解制度在中国的构建》，载《法学》2006 年第 8 期，第 129 ~ 130 页。

③ 参见陈瑞华：《刑事诉讼的私力合作模式》，载《中国法学》2006 年第 5 期，第 16 页。

思起着至关重要的作用，违反国家规范只是其伴随效果而已。”[①]其次，有学者将刑事和解定位于刑事纠纷解决的“第三领域”，其“处于刑事纠纷解决的民间领域与国家领域之间的中间地带，充分体现了公力与私力之间的互动关系，有利于弥补民间私了案件与国家垄断司法二者之不足”[②]。周光权教授也认为刑事和解试图在刑罚制度之外探讨有回旋余地的纠纷解决机制，在一定程度上消解了刑法的命令性和工具性，有助于软化刑法的强制性。[③]最后，刑事和解体现了刑法谦抑理念，而谦抑性是人道性的鲜明标签。和解方案的达成所可能导致的法律后果是非犯罪化、轻刑化或者替代性的非刑罚处罚等，体现了刑罚权发动的审慎。[④]

刑事和解与宽严相济政策的关系体现如下：其一，被害人在传统司法观念与法律结构中属于“被遗忘的人”，在纠纷解决机制逐步由“国家司法”步入“被害人司法”的背景下，有必要确立刑事被害人在刑事诉讼程序中的应有地位。[⑤]刑事和解凸显了被害人在刑事司法中的主体地位，将其置于解决犯罪所造成后果的刑事法律机制的中心位置，与犯罪人和司法机关居于同一层次上。可见，刑事和解所透视出的犯罪观体现了对被害人利益和意志的重视，较之传统刑法观念具有超越意义，正如黄京平教授所指出的，“对被

① ［日］首山正、西村春夫：《犯罪学的招待》，日本评论社 1999 年版，第 180 页。转引自黎宏：《刑事和解：一种新的刑罚改革理念》，载《法学论坛》2006 年第 4 期，第 14 页。

② 史立梅：《刑事和解：刑事纠纷解决的“第三领域”》，载《政法论坛》2007 年第 6 期，第 80 页。

③ 详见周光权教授在 2006 年 7 月中国人民大学举办的“和谐社会语境下的刑事和解”学术研讨会上的发言。

④ 参见徐岱、王军明：《刑法谦抑理念下的刑事和解法律规制》，载《吉林大学社会科学学报》2007 年第 5 期，第 99 页。

⑤ 参见黎宏：《刑事和解：一种新的刑罚改革理念》，载《法学论坛》2006 年第 4 期，第 16 页。

害人利益保护的重新审视，是刑事和解制度本源性依据”[①]。在实践中，刑事和解保障被害人权益的机能也得到了印证，据统计，“在湖南省检察机关运用刑事和解办理的案件中，一次性履行完毕赔偿义务的案件达到99.5%，有76%的案件在和解过程中，双方当事人就赔偿金额主动作出让步，既有加害人主动增加赔偿数额的，也有被害人主动减少赔偿数额或不要经济赔偿的”[②]。可见，无论是从程序权利还是实体后果看，刑事和解对于被害人都体现了宽严相济政策之宽和、轻缓的态度。其二，在传统司法中，国家垄断刑罚权，犯罪人处于受压制地位，消极等候处理，无法决定自身境遇。而刑事和解同样凸显了犯罪人在刑事诉讼中的主体地位，其通过与被害人商谈，求取谅解，赔偿损失，修复被犯罪所破坏的社会关系，从而折射出人身危险性的降低，使得司法机关得以对其采取非犯罪化、轻刑化或者非刑罚处理方法等处遇。可见，对于犯罪人刑事和解也彰显了从程序到实体的宽缓态度。

承上所述，笔者认为可从以下几个方面入手，以更好地释放刑事和解践行宽严相济精神的机能：

（1）运用阶段：联合国《关于在刑事事项中采用恢复性司法方案的基本原则》第6条规定：“在不违反本国法律的情况下，恢复性司法方案可在刑事司法制度的任何阶段使用。”在侦查阶段，由于案件事实、证据尚不确定，因此笔者基本赞同冯军教授的观点，即在审查起诉或者审判阶段运用刑事和解是较为适当的，并进一步认为，在执行阶段，也有刑事和解的运用空间。[③]鉴于在审查

---

① 黄京平、左袖阳：《刑事和解借鉴之分析》，载《当代法学》2008年第1期，第33页。

② 周世雄：《也论刑事和解制度——以湖南省检察机关的刑事和解探索为分析样本》，载《法学评论》2008年第3期，第20页。

③ 详见冯军教授在2006年7月中国人民大学举办的“和谐社会语境下的刑事和解”学术研讨会上的发言。

起诉阶段达成和解方案对于是否作酌定不起诉转处抑或提起公诉以及检察官作出何种量刑建议至关重要，因此应特别重视审查起诉阶段刑事和解的运用。

(2) 参与主体：犯罪人与被害人乃刑事和解最适格的主体，在被害人身亡的情况下，其地位由法定代理人取代。司法机关的参与不是达成刑事和解的必备要件，但和解方案欲对司法产生影响，必须经过司法机关确认，主要是就和解协议是否在平等、自愿的基础上达成，犯罪人是真诚悔罪还是花钱买罪（刑）等进行审查。原则上双方需面对面交流、商谈，在确有困难时，辩护人、诉讼代理人或者双方的亲友可以从中斡旋，在当事人提出要求时，司法机关应当介入和解过程。

(3) 适用范围：从实务部门的反馈看，各地已经发生的和解案例基本上是法定刑低于3年有期徒刑、告诉才处理、交通肇事及轻伤害等主要侵犯公民个人权益的案件，域外也有国家成功地将刑事和解适用于严重犯罪的案例。[①] 对此，笔者赞同贾宇教授的观点，即在有具体被害人的案件中，无论是轻罪还是重罪，原则上都可以进行和解，即便是罪当判处死刑立即执行的，若能达成和解协议，也可以判处死缓。[②] 将刑事和解限定于轻微案件或者特定类型案件，不啻于人为限缩宽严相济政策的实施界域。

(4) 法律后果：根据案件的具体情况与双方的和解程度，可将刑事和解区分为“纠纷终结型”与“量刑情节型”两类。前者针对轻罪和解，检察机关可以作出酌定不起诉决定，从而产生终结刑事程序的效力；对于和解之后仍需提起公诉的或者在审判阶段达成和解的，法官可以在程序上采取快捷审判程序（详见本章第四

---

① 参见甄贞、陈静：《建设和谐社会与构建刑事和解制度的思考》，载《法学杂志》2006年第4期，第13页。

② 详见贾宇教授在2006年7月中国人民大学举办的“和谐社会语境下的刑事和解”学术研讨会上的发言。

节）分流，在实体上对犯罪人从宽量刑。有学者还建议将加害人和被害人之间的和解升格为法定的从轻量刑情节，该建言颇有启发意义。[①] 但应明确一点，刑事和解对犯罪人刑事责任的从宽影响不是必然的，只是原则上应当考虑。

第四节　复合审判程序模式的改革

刑事政策的贯彻，需要通过一定的程序来实现，路径之一就是增强程序的多样性。[②] 当分配正义时，需要与之相适应的程序与路径，不同的正义分配需要不同的程序与路径。具体到司法领域中的正义分配，就应当有不同的诉讼程序，此即“程序的类型化”。[③] 宽严相济政策的实质是区别对待，在审判程序维度的体现就是构建一套复合审判程序模式，对于轻罪、微罪案件或者犯罪人之人身危险性较小的案件，经由快捷审判程序分流。在快捷审判程序中，由于诉讼周期较短，讼累较轻，故意味着程序处遇上的宽缓。对于重罪案件或者犯罪人之人身危险性较大的案件，则经由普通审判程序处置。在普通审判程序中，由于诉讼周期相对较长，讼累较重，故意味着程序处遇上的严厉。[④] 由此，宽严相济精神在复合审判程序模式中就得到了全面贯彻。

各种快捷审判程序的适用均以被告人自愿认罪且自愿适用为前提，换言之，被告人对于在复合审判程序模式前何去何从具有选择

① 参见黎宏：《刑事和解：一种新的刑罚改革理念》，载《法学论坛》2006 年版第 4 期，第 13 ~ 18 页。

② 参见龙宗智：《实现刑事政策的程序保障》，载《法学杂志》2007 年第 4 期，第 6 页。

③ 参见毛立华：《程序类型化理论：简易程序设置的理论根源》，载《法学家》2008 年第 1 期，第 140 页。

④ 参见樊崇义、吴光升：《宽严相济与刑事审判程序》，载《人民司法》2007 年第 21 期，第 23 页。

权，从而固守了最低限度的正义标准，也符合域外国家的通行做法。[①] 这种选择权在本质上是一种程序选择权，其突出了被告人的诉讼主体地位，扩张了被告人的程序权利范围，本身就是一种宽和的体现。[②] 同时，当被告人选择快捷审判程序时，要么处刑较轻，要么受到量刑优待，因而在实体处遇上也彰显出轻缓趋向。尽管快捷审判程序所提供的程序保障在某些方面不如普通审判程序，但如果将每一刑事案件无一例外地经由普通审判程序处置，虽然个案被告人的程序权利和程序正义得到了最大保障，但是稀缺的司法资源不能承受其重，最终结果势必导致大量案件超审限、案件积压、被告人被超期羁押等消极情形。因此，尽管快捷审判程序在诉讼环节上较普通审判程序作了简化或省略，因而在实现个案的程序公正方面难免有所缺陷，但从国家诉讼制度的整体机能与整个社会对司法的需求看，通过增设快捷审判程序，有利于实现司法资源的合理配置，部分案件的诉讼效率明显提高，审判机关的解纷效能得以倍增，人们获得司法救济的机会也相应增多，从而使诉讼制度实现社会正义的总量趋于最大化，体现了更大意义上的诉讼公正。[③] 并且，如果在程序终结前被告人否定构成犯罪的，快捷审判程序将自动转为普通审判程序，因此无侵犯被告人人权之虞。鉴于经由快捷审判程序分流的刑事案件数量和犯罪人数量在全部案件中均占大多数，故在复合审判程序模式中，宽严相济政策的主导精神是宽为先、严居后的。就论证方法而言，下文的复合审判程序模式取狭义之意，即由多种快捷审判程序组成的程序模型，而不包括无须作特

---

① 参见万毅著：《底限正义论》，中国人民公安大学出版社 2006 年版，第 60 ~ 77 页。

② 姚莉、詹建红：《刑事程序选择权论要——从犯罪嫌疑人、被告人的角度》，载《法学家》2007 年第 1 期，第 137 ~ 143 页。

③ 参见毛立华：《程序类型化理论：简易程序设置的理论根源》，载《法学家》2008 年版第 1 期，第 145 页。

别调整的普通审判程序。

一、复合审判程序模式之域外考察

第二次世界大战以后，资本主义世界进入一个高速成长阶段，社会结构转型及贫富分化加剧等因素导致社会矛盾激化，政府对社会的控制力相对弱化，在刑事法领域直接表现为发案数急剧攀升，犯罪率居高不下及“诉讼爆炸”等现象。20 世纪 60 年代以来，美、法、德等资本主义国家都曾出现过犯罪率猛增的情况。英国自 19 世纪中期到 20 世纪中期曾被认为是世界上最为安全和有秩序的社会之一，到 20 世纪末，其在犯罪记录方面反而超越了美、法、德等国，官方统计数据表明，近 40 年以来英国的犯罪率一直在稳步增长。① 根据美国联邦调查局公布的全美 2005 年度犯罪报告，2005 年度全美暴力犯罪比 2004 年上升了 2.5%，50 万人口以上大城市的暴力犯罪率上升了 8.3%，2006 年上半年暴力犯罪又比 2005 年同期增加 3.7%。②

面对日益增加的讼累，各国的诉讼机制渐趋瘫痪，于是纷纷确立多样化的分流程序，以避免诉讼机制的阻滞，正如田宫裕教授指出的，“一般来说，刑事程序必须是严密的程序。但应当坦率地讲，现行国家制度中的司法制度受人力、物力和时间等方面因素的严重制约，所有案件一律都按照严格的程序处理是不大可能的。所以不如确立这样一种程序，按犯罪的性质、轻重等情况区别对待，与之相应地适用既简略迅速又能保持公正的程序。对于轻微的犯罪

---

① http://www.chinalawedu.com/news/1000/5/2005/1/li8734263934131500268004_148581.htm，http://www.daynews.com.cn/sxwb/aban/20/115402.html，2009 年 3 月 26 日访问。

② http://news.sohu.com/30/09/news201540930.shtml，2009 年 3 月 26 日访问。

没有必要适用与重罪相同的严密程序”[①]。在大陆法系国家，德国规定了两种分流程序，即简易程序与处刑命令程序[②]；法国刑法典依刑罚后果的严重程度将犯罪划分为重罪、轻罪和违警罪，其社会危害不同，诉讼程序也不同，分别由重罪法庭、轻罪法庭和警察法庭的法官审理，程序上遵循由繁至简的原则[③]；意大利设置了简易程序、依当事人要求适用刑罚程序、快速审判程序、立即审判程序与处罚令程序共计五种速决程序[④]；日本的简易程序主要包括简易审判程序和略式程序两种[⑤]。在英美法系国家，经由普通程序开庭审理的案件，一般审判时间都拖得较长，但由于辩诉交易的存在，绝大多数案件已经先期分流。所谓辩诉交易，乃被告与检察官就被告人之罪与刑协商，合议后将协商内容呈报法官，由法官参考并作出判决与科刑。[⑥] 据统计，目前美国联邦和各州法院约 90% 的刑事案件是通过辩诉交易来结案的。[⑦] 此外，英国还有简易审判程序和

---

① ［日］田宫裕：《刑事程序的简易化》，载［日］西原春夫主编：《日本刑事法的形成与特色》，李海东等译，法律出版社 1997 年版。

② 参见［德］克劳斯·罗科辛：《德国刑事诉讼法》（第 24 版），吴丽琪译，法律出版社 2003 年版，第 602～607 页。

③ 参见［法］卡斯东·斯特法尼：《法国刑事诉讼法典》，罗结珍译，中国法制出版社 1998 年版，第 181～189 页。

④ 参见［意］马可·法里布：《意大利刑事司法制度改革：理论与实践的悖反》，龙宗智译，载陈光中、江伟主编：《诉讼法论丛》（第 2 卷），法律出版社 1998 年版，第 287 页。

⑤ 参见［日］松尾浩也：《日本刑事诉讼法》（下卷），张凌译，中国人民大学出版社 2005 年版，第 325 页。

⑥ 参见王兆鹏著：《美国刑事诉讼法》，北京大学出版社 2005 年版，第 536～545 页。

⑦ 参见李学军主编：《美国刑事诉讼规则》，中国检察出版社 2003 年版，第 326 页。

未成年人审理程序。①

两大法系在法治传承与司法体制等方面存在诸多殊别，因而建立了各具特色的复合审判程序模式，法治文明的普世性决定了我们可以从中梳理出某些共同趋向：首先，就程序完备性而言，域外复合审判程序主要包括忽略正式庭审的快捷程序和保留正式庭审的快捷程序两大类。前者省略了开庭环节，从而与控辩对抗、言词审理等刑事诉讼的基本原则相背离，因此各国均将该类程序限制适用于轻微刑事案件，如韩国的简易命令程序仅适用于对被告人处罚金、罚款或没收的主刑情形。② 其次，各国普遍重视保障被告人的程序选择权，在意大利，处罚令程序以外的其他四种快捷程序均以被告人自愿选择为适用前提。在美国的辩诉交易中，被告人亦得放弃协商机会而要求获得陪审团的正式审判。赋予被告人在快捷程序与普通程序间的选择权，是肯定其诉讼主体地位的体现，有利于维护程序正义精神。最后，设立复合审判程序有利于节约稀缺的法律资源，正如波斯纳所言，"公正的第二种含义——也许是最普通的含义——是效率"③。为鼓励被告人选择快捷审判程序，很多国家确立了"量刑折扣"制度，减轻处罚的幅度往往不低于应处刑罚的1/3，且采取必减主义。

---

① 参见齐树洁主编：《英国司法制度》，厦门大学出版社 2005 年版，第 512 ~ 519 页。

② 参见马相哲译：《韩国刑事诉讼法》，中国政法大学出版社 2004 年版，第 118 ~ 123、207 ~ 213 页。

③ ［美］理查德. A. 波斯纳著：《法律的经济分析》，蒋兆康译，中国大百科全书出版社 1997 年版，第 31 页。

二、我国现行复合审判程序的效果评价

1998～2003年全国各级法院受理各类一审案件情况统计表①

	1998	1999	2000	2001	2002	2003
刑事一审案件	482164	540008	560432	628996	631348	632605
各类一审案件总和	5880759	6229512	5918411	5936368	5665966	5676413
百分比	8.20%	8.67%	9.47%	10.60%	11.14%	11.14%

解读：1998～2003年6年间，全国各级法院刑事一审案件的收案数一直呈上升态势，年均增长率为5.20%，其中1999年较1998年增长12.00%，2001年较2000年增长12.23%，增长非常迅速，而同期各类诉讼案件（包括刑事案件）的一审收案总数年均增长负0.58%，波动幅度不大。纵观之，1998～2003年，我国各级法院刑事审判庭承担的讼累一直呈上升态势，由此折射出刑事安全的总体态势仍然十分严峻。而同一时期，超期羁押、超审限审理等现象也十分突出，这表明我国实行的简易程序②与简化审程序③这两种快捷审判程序在司法实践中分流效能不佳，当前的复合审判程序模式存在比较严重的缺陷。

据统计，1997年至1999年的3年中，温州市检察机关提起公诉案件的总数为16813件，其中适用简易程序审结的仅占提起公诉

---

① 参见《中国法律年鉴》，中国法律年鉴社，1999—2004年卷。

② 简易程序为1979年刑事诉讼法所确立。

③ 2003年3月，最高人民法院、最高人民检察院会同司法部联合出台的《关于适用普通程序审理“被告人认罪案件”的若干意见（试行）》正式确立了简化审程序这一快捷审判程序，适用于除法定情形外的被告人对被指控的基本犯罪事实无异议，并自愿认罪的第一审公诉案件。

案件总数的9.8%。[①] 中山市检察院课题组的研究报告称："我院近几年提起公诉案件约3000宗，每年均在递增，适用简易程序的案件仅占刑事案件结案数的五分之一到四分之一，适用的比例还相当低。"[②] 简易程序的分流效果为何不佳？有学者认为："我国的简易程序缺乏充分的理论基础，因而形成了'三不像'，一不像辩诉交易，二不像处刑命令，三不像认罪答辩，基本上是一个怪物，因而缺乏足够的吸引力。"[③] 同时，刑事诉讼法规定简易程序需经人民检察院建议才能适用，人民检察院没有建议的，若人民法院经审查认为适宜简易审判的，应当书面征求人民检察院的意见，后者同意方能适用。这在实践中往往造成检法两家因认识不一致而"扯皮"，经常发生检察院建议但法院退回或法院建议但检察院不同意的现象。这样，为回避检法冲突，在司法实践中，检察院和法院通常尽量避免采用简易程序。此外，与其他国家不同，我国简易程序的决定权完全操控在人民检察院和法院手中，其适用无须征得被告人同意。由于简易程序审理时当庭辩论、质证以及被告人的最后陈述都可以采取灵活变通的方式，这些变通往往会限制乃至剥夺被告人的诉讼权利，从而使被告人产生逆反心理，在庭审中当庭翻供，导致简易程序重新变成普通程序。[④] 可见，多种因素共同导致了简易程序在实践中适用比例偏低的现状。

为弥补简易程序之不足而设立的简化审程序也遭遇了相似窘

① 参见高一飞著：《刑事简易程序研究》，中国方正出版社2002年版，第67页。

② 中山市人民检察院课题组：《关于刑事诉讼法修改若干问题的研究》，http://www.zhongshan.jcy.cn/jcyj/llyt/show.php? id=4691，2009年2月26日访问。

③ 马贵翔著：《刑事简易程序概念的展开》，中国检察出版社2006年版，第253页。

④ 参见陈卫东主编：《刑事诉讼法实施问题调研报告》，中国方正出版社2001年版，第192~193页。

境，原因如下：首先，根据《意见》规定，如果被告人自愿认罪且在庭审阶段没有翻供的，人民法院将在量刑时酌情予以从轻处罚。在司法实践中，大部分被告人自愿认罪的目的正是为了获得较轻的处罚。但是，仔细审视“酌情予以”，究竟是必须酌情，还是可以酌情？该规定语焉不详。笔者认为，“酌情予以”之意旨接近于“可以”，即一般情况下对于认罪者应从轻发落，但特殊情形下也可以不予从轻。既然被告人自愿认罪服法，如果还存在不予从轻的可能，一则难以预期，二则也难以服人。在域外认罪程序中，被告人享有“量刑折扣”是无一例外的，法官并无自由裁量权。其次，我国刑法规定了从轻处罚、减轻处罚和免除处罚三种从宽幅度，从轻处罚的力度最小，用在简化审程序中易给人“小气”之感，而域外认罪程序往往将从宽幅度予以量化，更具可操作性与可预测性。再次，我国没有确立判决书说理制度，被告人很难确信其确已被从轻发落，这导致部分被告人因量刑异议而上诉，从而影响到简化审程序的实效。最后，对于某些特殊案件，简化审程序被排除适用，如被告人系盲、聋、哑人的，可能判处死刑的，外国人犯罪的等。笔者认为，对于具有生理缺陷的被告人自愿认罪的案件，法庭完全可以聘请特殊人员辅助庭审进行。特定的生理缺陷是实体法上减轻刑事责任的事由，却不能使被告人得到相对宽缓、快捷的程序处遇，这不仅自相矛盾，也有违宽严相济精神。可见，简化审程序的适用范围被人为限缩了。综上，制度的缺陷与实践的困境造成宽严相济政策之宽缓的精神在我国快捷审判程序模式中未能得到充分释放，因而有必要进行制度创新。

三、改革构想

改革方案如何确定，是将现有模式推倒重来，另行构建，还是对现行制度进行合理化改进？笔者主张采取第二种路径：首先，现行程序设计尽管存在某些不足，但也确实发挥了一定的分流效能，具有一定的合理性。其次，考虑到法律资源的稀缺性，将现行制度全盘否定并推倒重建的成本太高。关于改革方案的具体思路，下文分述之：

（一）设立非监禁刑判决程序

借鉴大陆法系国家增设非监禁刑判决程序，使其成为我国复合审判程序模式中最简易之分流程序，其最大特色在于省却了开庭环节，由法官根据检察院呈递的起诉材料进行书面审理，并作出裁判。回溯法制史源流，早在1920年北洋政府统治时期颁布的《处刑命令暂行条例》中就规定了类似的快捷程序，且我国台湾地区至今仍采用速决命令程序处理最简易刑事案件。因此，借鉴大陆法系的制度设计在法律文化上不会有太大障碍，既有现实基础，也有历史依据。①

1. 适用范围

（1）案件基本事实清楚，主要证据确实、充分，且被告人自愿认罪的一审刑事案件。提出此要求乃因该程序省却了公开听审环节，因而正当程序理念所吁求的直接言词、控辩对抗等原则均无从体现。为确保对诉讼效率的追求不侵犯被告人的基本人权，维护刑事诉讼的底线正义，理当要求控辩双方对案件的基本事实、主要证据及罪与非罪等基本问题达成基本共识，无原则性分歧。

（2）可适用非监禁刑判决程序的案件之最终处刑只能是主刑

① 参见左卫民等著：《简易刑事程序研究》，法律出版社2006年版，第278页。

为有期徒刑以下的刑罚（包括缓刑），即微罪案件。[①] 在本章第二节中，笔者对现行刑罚制度进行了合理化改造，形成了死刑、无期徒刑、有期徒刑（1 年以上 15 年以下）和社区矫正（2 个月以上 6 个月以下）四位一体的主刑格局。将有期徒刑以上刑罚（不包括缓刑）阻却在该程序的适用范围之外，其原因在于：首先，改革后的有期徒刑起刑点已提升至 1 年，突破了短期自由刑的上限，鉴于有期徒刑、无期徒刑对属于犯罪人基本人权的人身自由剥夺期限较长，进行不开庭的书面审理有违程序正义精神；其次，德国的处罚令程序与日本的略式程序均不适用于有期徒刑以上刑罚，这种考量有利于与国际潮流接轨。这些微罪案件具体包括有期徒刑缓刑、社区矫正、单处剥夺政治权利等。

2. 启动方式

非监禁刑判决程序的启动方式并非单一，一般由检察院在向被告人及其辩护人充分说明本程序的法律性质与法律后果的基础上，并征得其自愿同意后，在向法院提起公诉时附上书面动议。法官在初步阅卷后决定是否适用该程序，该决定具有终极性，检察院不得抗诉，被告人及其辩护人亦不得上诉或申诉，以免简约的程序设计愈加冗繁。并且，适用何种程序进行审判，本质上是审判权能，应当由人民法院行使，人民检察院可以建议，但不能决定。[②] 当然，

① 这类案件在司法实践中占有一定的比重。有学者对我国西南某省省会 C 市 W 区与 P 县基层法院 1997 年至 2004 年期间的量刑情况进行了实证调查：在经济相对发达的 C 市 W 区，被判处缓刑、管制、拘役、单处罚金及免予刑事处分的被告人人数近年来已达法院作出判决的总人数的 20% 左右，而在经济相对落后的 P 县，这一比重近年来已连续达到 40% 以上。这表明，处刑判决程序并非无的放矢，在司法实践中其潜在的案件分流对象是可观的。参见左卫民等著：《简易刑事程序研究》，法律出版社 2006 年版，第 274 ~ 275 页。

② 参见万毅：《刑事程序简易化改革之我见》，载《四川师范大学学报》2007 年第 4 期，第 14 页。

法官否决适用该程序的理由受到严格限定，宜限于以下几种：（1）法官经初步阅卷认为被告人应当被判处有期徒刑以上刑罚（实刑）；（2）被告人并非自愿同意适用本程序；（3）案件的基本事实不清，主要证据未达确实、充分程度；（4）法官认为被告人可能不构成犯罪的。为充分保障被告人的程序选择权，当检察院未建议适用该程序而被告人主张时，应将被告人的意见记录在案，起诉后由法官审查决定。如果检察院未建议，被告人也无异议，而法官认为可适用该程序时，可在征得检察院和被告人的同意后适用该程序，仅有检察院单方反对仍得适用该程序。可见，被告人的反对乃阻却适用该程序的理由。

3．审理方式及救济途径

非监禁刑判决程序乃最简易之快捷审判程序，书面审理结果是对被告人处以非监禁刑，故公诉人、被告人及其辩护人均无须出庭，由独任法官根据书面指控材料与书面辩护意见径行作出判决。如果被告人仅对一审的处刑结果本身持有异议，可提起上诉，二审程序仍采取独任制书面审理，所作裁判为终审裁判。如果被告人在一审过程中、上诉期间或者二审裁判作出前否认构成犯罪，或者对案件的基本事实与主要证据提出异议的，本程序径行终止并转为普通程序审理。对于自诉案件，法院认为符合前述条件的，在征得自诉人和被告人同意后，或者仅有被告人同意时，可适用本程序。对于适用该程序的，法院应当在受理案件后15个工作日内作出判决。鉴于经由该程序作出的是非监禁刑裁判，实体后果本身就比较轻微，故被告人认罪本身并不必然导致量刑上的从宽，由法官酌情决定之。

（二）改进简易程序与简化审程序——两档“被告人认罪程序”之构建

最高人民法院于1998年出台的《关于执行〈中华人民共和国刑事诉讼法〉若干问题的解释》中明确了不应适用简易程序的几类案件，其中包括“公诉案件的被告人对于起诉指控的犯罪事实予以否认的”和“辩护人作无罪辩护的”，这意味着“被告人认罪”成为简易程序的适用前提之一，由此简易程序本质上也是一种被告人认罪程序，且与简化审程序在适用的案件范围上部分重合了。[①] 鉴于被告人认罪案件的情形比较复杂，可能判处的刑种与刑度差别较大，因此笔者主张设立两档被告人认罪程序，将简易程序和简化审程序消弭其中，减少程序间的抵牾，扩张其分流效能，具体构想如下[②]：

1. 适用范围

（1）两档被告人认罪程序的适用范围均为案件基本事实清楚，主要证据确实、充分，控辩双方对涉案基本事实与主要证据争议不大，且被告人自愿认罪的一审刑事案件，其中包括被告人系盲、聋、哑人或者外国人的案件，它们被现行简易程序和简化审程序排除在适用范围之外，此举不利于全面贯彻宽严相济精神。实际上，对于具有上述情状的被告人，可通过配备翻译人员辅助庭审进程，这仅仅是一个技术性问题，不应剥夺其本应享有的宽缓程序处遇。

（2）两档被告人认罪程序均保留了开庭审理环节，殊别之处在于对庭审环节的精简程度上，因此二者适用范围需作明确区分：第一档认罪程序适用于可能判处 1 年以上 5 年以下有期徒刑（实刑）的案件；第二档认罪程序适用于可能判处 5 年以上有期徒刑直至无期徒刑的案件，其上限与现行简化审程序接轨，以保持制度

---

① 简化审程序限于一审公诉案件，而简易程序还可适用于告诉才处理的案件和公诉转自诉的案件，因此二者重合的部分是可能判处 3 年以下有期徒刑的公诉案件，这类案件在实践中占有相当比重。

② 实际上，非监禁刑判决程序也是一种被告人认罪程序，只不过由于其刑罚后果体现为非监禁刑，因而与此处的被告人认罪程序区别开来。

的延续性。①

2. 启动方式

两档被告人认罪程序一般由检察院在向被告人及其辩护人充分说明认罪程序的法律性质与法律后果的基础上，并征得其自愿同意后，在向法院提起公诉时附上书面动议。法官在初步阅卷后决定是否适用认罪程序，该决定具有终极性，检察院不得抗诉，被告人及其辩护人亦不得上诉或申诉。鉴于被告人认罪程序包括两个档级，检察院在把握不准时可不具体指明建议适用的档级，由法官最终决定。如果检察院建议适用某档被告人认罪程序，而法官认为可适用非监禁刑判决程序时，须通知检察院和被告方后径行适用。如果法官认为可能判处被告人死刑（包括死缓），则应通过普通程序审理，因为对生命权的剥夺必须审慎，这也是国际法的基本要求。为充分保障被告人的程序选择权，当检察院未建议适用认罪程序而被告方持有异议时，应将被告方的意见记录在案，起诉后由法官审查决定。如果检察院未建议，被告方也未提异议，而法官在初步阅卷后认为可适用某档认罪程序时，可在征得检察院和被告人同意后适用，仅有检察院单方反对仍得适用认罪程序。可见，与非监禁刑判决程序一样，被告人的反对须成为阻却适用认罪程序的理由。

3. 审理方式及救济途径

两档被告人认罪程序是较为正式的快捷程序，对被告人的处刑后果逾越了短期自由刑的上限，故庭审环节不得省却，以维护刑事诉讼的底线正义。但是，两档认罪程序在庭审环节的具体安排上有所殊别。第一档认罪程序基本沿袭现行简易程序之架构，实行独任

① 第一档被告人认罪程序较为接近现行简易程序，但其适用案件的处刑上限提升了2年，因为根据2009年《最高人民法院工作报告》，2008年全国各级法院共判处罪犯1007304人，其中判处5年以上有期徒刑至死刑的罪犯159020人，仅占全部判处罪犯的15.79%。可见，提升2年将明显提高该档被告人认罪程序的分流潜能。

制审理，公诉人和辩护人可以不亲自出庭，而采取书面指控与书面辩护方式。但是，鉴于被告人将被处以有期徒刑实刑，已关涉基本人权之剥夺，故应亲自出庭应诉。第二档认罪程序基本沿袭现行简化审程序之构造，各诉讼参与人均应出庭。鉴于被告人将被处以5年以上有期徒刑直至无期徒刑，故应采取合议庭审理。第一档认罪程序应在法院受理案件以后20个工作日内作出判决，第二档认罪程序应在1个月内作出判决。如果被告人仅因处刑异议提出上诉，若属于第一档认罪程序审理的案件，则二审法院一般采取合议庭书面审理，若属于第二档认罪程序审理的案件，则二审法院一般采取合议庭开庭审理。如果被告人在一审过程中、上诉期间或者二审裁判作出前否认构成犯罪，或者对案件的基本事实与主要证据提出异议的，认罪程序径行终止并转为普通程序审理。

4. “量刑折扣”

适用任何一档被告人认罪程序审理的案件，被告人均应当得到三分之一左右的法定减刑，原来应判无期徒刑的一律减为有期徒刑。这种“量刑折扣”是必减，而非酌减。为确保“量刑折扣”真正兑现，法官应当在综合考虑了其他全部法定量刑情节和酌定量刑情节之后，再进行“量刑折扣”的操作。同时，在判决书中应进行量刑说理，以增强判决的说服力，此举可有效降低被告人因不服量刑而上诉的概率，也能使“量刑折扣”成为真正看得见、摸得着的法律“实惠”，从而吸引更多怀有侥幸心理的被告人自愿选择认罪程序，从而提升认罪程序的分流效能。需要指出，在本章第二节中，有期徒刑的起刑点已调整为1年，因此在适用第一档认罪程序且考虑了“量刑折扣”后，可能出现实际处刑低于1年的情况，此时仍需实实在在地执行监禁刑，不能转而适用社区矫正。

第五节　定罪与量刑

2007年3月29日，最高人民法院原院长肖扬表示："各级人民法院要将宽严相济刑事政策的贯彻落实作为2007年刑事审判工作的重点。"① 2008年3月26日，最高人民法院院长王胜俊在向全国人大常委会报告加强刑事审判工作、维护司法公正的情况时表示："今后要更加注重维护社会公平正义，推进刑事审判工作机制改革，确保刑法、刑事诉讼法正确实施，最大限度地赢得社会公众对国家法治的信任和尊重，为全面建设小康社会提供公正高效权威的司法保障。"② 在报告中，他逐一列举了加强刑事审判工作将要采取的六项措施，其中第一项就是"正确执行法律和宽严相济刑事政策，确保法律效果和社会效果的有机统一"。2009年3月10日，最高人民法院院长王胜俊在向第十一届全国人大第二次会议作最高人民法院工作报告时，针对上一年度的刑事审判工作指出："正确适用法律和宽严相济刑事政策，认真做好刑事案件审判工作，更加审慎地做好死刑复核工作。依法严惩危害国家安全犯罪、严重危害社会治安的暴力犯罪、黑恶势力犯罪、毒品犯罪和多发性侵财犯罪，不断增强人民群众的社会安全感。"③ 人民法院刑事审判工作的主要任务就是对检察机关依法提起公诉与公民个人依法提起自诉的案件进行审判，并就被告人是否具有刑事责任以及通过何种方式实现刑事责任作出法律上的终极判定，其最基本的表现形式

---

① http://news.xinhuanet.com/politics/2007－03/29/content_5913936.htm，2009年3月25日访问。

② http://www.chinacourt.org/html/article/200810/27/327372.shtml，2009年3月25日访问。

③ http://news.sina.com.cn/c/2009－03－10/151417377274.shtml，2009年3月25日访问。

就是定罪量刑。[①] 因此，研究如何在刑事审判工作中贯彻宽严相济政策，有必要从定罪与量刑两个具体环节切入。[②]

一、定罪环节

定罪有广义和狭义之分，广义上的定罪包含实体法和程序法两个方面的意义，即定罪不仅是指根据刑法对行为的性质作出判断，而且包括一系列调查、核实、认定事实以及定罪过程中运用刑事诉讼程序的各种活动；狭义上的定罪只具有实体法上的意义，即定罪就是那种在案件事实已经清楚的基础上，依法对某一行为是否构成犯罪作出确定的活动。狭义上的定罪抛开了复杂的事实认定过程，专指与刑法适用密切相关的行为性质的认定问题。[③] 下文论述的是狭义上的定罪，包括定有罪与定无罪两种情形。

通常认为，定罪是对案件定性的活动，是刚性的，法官没有自由裁量权，因而不存在宽严相济政策的适用空间。笔者认为，这种认识误读了我国刑法在犯罪构成问题上所采取的立法技术。在大陆法系，根据德、法、日等国的刑法典，成立财产犯罪与贿赂犯罪均不要求犯罪数额。例如，德国刑法典第 243 条（盗窃罪加重犯）第 2 款规定：“所盗窃的物品价值甚微的，不属于第 1 款第 1 项至

---

① 之所以说是最基本的表现形式，是因为人民法院虽然也可以作出无罪判决，但从实证角度看，无罪判决的比例远远低于有罪判决。根据 2008 年《最高人民法院工作报告》，在 2003 ~ 2005 年的 5 年里，全国各级法院共审结刑事案件约 339 万件，判处罪犯约 418 万人，而宣告无罪的只有约 1.4 万人，仅占审判总人数的 0.33%。http://news.xinhuanet.com/misc/2008-03/10/content_7754950.htm，2009 年 3 月 25 日访问。

② 需要指出，定罪量刑乃人民法院贯彻宽严相济政策的主要方式，但并非唯一途径。根据前一节论述，人民法院还可以通过选择具体的审判程序模式以及在裁定是否予以减刑、假释等活动中践行宽严相济精神。

③ 参见王勇著：《定罪导论》，中国人民大学出版社 1990 年版，第 7 页。

第6项所述情节特别严重”，但是结合第242条（盗窃罪本条）的规定，仍然成立盗窃罪。[①] 再来看英美法系，“美国刑法中的犯罪概念，也同世界上许多国家一样，只含定性因素而没有定量因素。例如，偷窃一个苹果，逃税一美元，都是犯罪”[②]。可见，在域外主流国家，“立法定性、司法定量”的法律观念根深蒂固，这导致其犯罪圈比较宽泛，在我国很多违反治安管理的行为都被纳入了犯罪圈。而司法官员却拥有广泛的自由裁量权，在特定场合下成为调和情理与法律冲突的灵便途径。

在我国，实体刑事立法对于犯罪成立采取了“立法既定性，又定量”的法律思维，一方面是为了防范司法人员滥用自由裁量权，同时也有方便司法操作的考量。根据1997年刑法及相关司法解释，“量”在我国刑法中主要有如下几种具体表现形式：(1) 死亡的人数（交通肇事罪等）；(2) 伤害的程度（故意伤害罪等）；(3) 数额多寡（贪污罪等）；(4) 次数（盗窃罪等）；(5) 其他数量（如最高人民检察院与公安部联合制定的《关于经济犯罪案件追诉标准的规定》第60条规定：“非法出售普通发票五十份以上的，应予追诉。”）。除了上述关于“量”的明确性规定外，在刑法分则中还大量存在“情节严重”、“情节恶劣”等规定，在特定场合下它们可以被理解为关于“量”的模糊性规定。刑事立法在犯罪构成要件上的模糊性规定在实践中很难精确到点，往往存在一个可伸缩的幅度，这就赋予了司法人员一定的自由裁量权，从而成为在定罪环节贯彻宽严相济政策的重要途径。此外，在排除犯罪性事由以及疑罪的问题上，同样可以贯彻宽严相济精神。

笔者认为，在定罪环节，基于人权保障的要求，宽严相济政策对于审判机关的总体要求是趋向严厉的，即严格根据犯罪构成要

---

① 参见徐久生、庄敬华译：《德国刑法典》，中国法制出版社2000年版，第174～175页。

② 储槐植著：《美国刑法》，北京大学出版社2005年版，第35页。

件，严格遵循诉讼证明标准，审慎运用自由裁量权；反之，对审判机关的严格要求，对于被告人则意味着宽和、轻缓。下文将就犯罪构成的模糊性规定、排除犯罪性事由以及疑罪这三个问题一一展开论述。

（一）犯罪构成的模糊性规定

1997 年刑法第 13 条规定了犯罪概念，即："一切危害国家主权、领土完整和安全，分裂国家、颠覆人民民主专政的政权和推翻社会主义制度，破坏社会秩序和经济秩序，侵犯国有财产或者劳动群众集体所有的财产，侵犯公民私人所有的财产，侵犯公民的人身权利、民主权利和其他权利，以及其他危害社会的行为，依照法律应当受刑罚处罚的，都是犯罪，但是情节显著轻微危害不大的，不认为是犯罪。"该条对于犯罪的界定采用了"定性 + 定量"的立法技术，其中"但书"条款就是关于量的模糊性规定。以此为契机，刑法分则及相关司法解释在关于个罪犯罪构成的设置中，对于具体犯罪行为所要达到的危害程度作了尽可能精确的描述，但这并不意味着立法者所划定的犯罪圈之边界就达到了绝对清晰、明确的程度，能够将犯罪行为与非罪行为泾渭分明地区分开来。以刑法分则为例，在犯罪成立的问题上，主要存在以下几种类型的模糊性规定："足以发生……危险，尚未造成严重后果的"（破坏交通工具罪等），"有其他情节严重的"（虚报注册资本罪等），"情节严重的"（内幕交易、泄露内幕信息罪等）、"情节恶劣的"（虐待罪等），"后果严重的"（破坏计算机信息系统罪等），"造成严重后果的"（危险物品肇事罪等），"造成严重损失的"（聚众扰乱社会秩序罪等），"有……严重危险的"（妨害传染病防治罪等），"致使……遭受重大损失的"（滥用职权罪等）……①上述规定都是关于入罪的，逆向思维，那些尚未达到情节严重、情节恶劣程度，尚

① 此处的研究对象限于个罪之基本犯罪构成，情节加重犯与结果加重犯的情况未纳入考察范围。

未造成严重危险、重大损失的危害行为，自然都是非罪行为。由此，关于入罪的模糊性规定同时也是关于出罪的模糊性规定，二者在刑事立法中的存在是非常普遍的。这种情形的出现并非偶然，因为："其一，作为公正判决标准的完美法律文本是不存在的。法律规制对象的复杂性、变化性、理性思维的有限性等原因导致法律文本不可能完美无缺；其二，'法有限而情无穷'，由于立法者认识能力的有限性、预见困难以及语言的限制，导致制定出一部不需要解释的刑法典之理想已被彻底放弃，制定法需要解释已成为世界性通例；其三，由于上述两点已成共识，现代刑事立法者在确定犯罪成立条件时刻意通过弹性犯罪成立条件的使用，保持刑法的确定性和模糊性之间的张力，以实现刑法社会保护机能和人权保障机能的平衡也已经成为共识。"①

论者所说的"弹性犯罪成立条件"实质上正是关于入罪与出罪的模糊性规定，出现这种情形既有立法机关的无奈，但同时也为司法人员保留了必要的自由裁量权。这种包含自由裁量权的犯罪构成模糊性规定为宽严相济政策的实施提供了可能的法律空间，使司法人员得以根据犯罪行为及其行为人的具体情形，决定判处有罪还是无罪开释。具体而言，这些情形主要包括：犯罪的时间与地点，手段与方法，犯罪动机，结果与后果，犯罪对象的具体情况，行为人的一贯表现与生活境遇，在共同犯罪中所处的地位和所起的作用以及犯罪后的态度等。可见，法官需要对所指控行为的社会危害性与被告人的人身危险性作出全面、综合的分析，对于社会危害性刚刚达到"严重"的临界点或者超过不多而人身危险性较低或者基本没有的被告人，可以判处无罪，以彰显宽缓的精神，对于社会危害性略低于"严重"的临界点而人身危险性较大或者很大的被告人，可以判处有罪，以体现严厉的精神。这样一来，宽严相济政策

① 李洁、王志远：《公正定罪实现论纲》，载《吉林大学社会科学学报》2006 年第 3 期，第 75 ~ 76 页。

在犯罪构成的模糊性规定上就有了用武之地。

(二) 排除犯罪性事由

正当防卫与紧急避险是我国刑法规定的两大排除犯罪性事由，在暴力性犯罪的司法实践中，有相当一部分犯罪人是以正当防卫或者防卫过当来抗辩的，因此以正当防卫为范本进行论证具有一定的代表性。关于其本质，资产阶级刑法理论存在自然法说、紧急状态说、效用说、权利侵害说、法益侵害说、目的说、优越利益说等不同观点。[①] 我国有学者指出："正当防卫不仅是一种法律上的权利，而且具有其他法律权利的共性特征……除此之外，防卫权还具有不同于其他法律权利的特别属性，这种特殊性主要体现在：1. 公民权利的救济性；2. 国家权力的补充性；3. 表现形式的侵害性。"[②] 笔者认为，将正当防卫定位于一种特殊的法律权利较为适当，当公权力对合法权益救济不力时，其赋予公民以私力救济权。因此，刑法第 20 条本质上是一条赋权性规范。

和谐社会尤其关注市民社会的培育和公民权利的发展，在符合国家根本利益与社会总体福祉的前提下，应赋予公民尽可能多的权利，并确保其实现。在民主法治社会，最重要、最普遍的利益维护机制就是通过法律确认权利。对于法律所规定的公民权利，在不背离法律价值与整体利益的情况下，对于权利的外延一般应作扩大解释。正当防卫作为一项国家对守法公民的赋权性规范，也应符合这一原则。由于正当防卫或者防卫过当的认定关涉罪与非罪，根据宽严相济政策在定罪问题上对犯罪人宽缓、对审判机关严格的基本立场，故应对正当防卫或者防卫过当的成立条件作扩大解释。但是，司法实践中却不同程度地存在严格解释、缩小解释正当防卫或者防

---

① 参见王政勋：《论正当防卫的本质》，载《法律科学》2000 年第 6 期，第 92 ~98 页。

② 田宏杰著：《刑法中的正当化行为》，中国检察出版社 2004 年版，第 202 ~205 页。

卫过当成立条件的情形，从而限缩了公民法律权利的行使空间，背离了宽严相济精神的要求，笔者拟对其加以解析并予以纠偏。[①]

1. 正当防卫是否迫不得已的选择

在实务中，司法机关否定被告人防卫抗辩的一个常见理由是事发当场没有首先向公安机关报警。笔者认为，这是混淆了紧急避险与正当防卫的适用条件所致。虽然二者皆为法定的正当化事由，且构成要件具有一定的叠合性，但通过对法律条文作细致的规范分析，紧急避险的适用条件之一是“不得已”。质言之，行使避险权乃“最后一根稻草”，行为人只有在通过其他一切手段都不足以排除危及较大合法权益的危险时，方得诉诸避险权，因为紧急避险是通过损害另一合法权益来保护危境中的合法权益，尽管在法益权衡上所牺牲的合法权益价值居小，但仍不失为法秩序所肯定的利益，不到万不得已是不允许“两害相权取其轻”的。反观正当防卫，条文中并未出现“不得已”的字眼，这并非立法者的疏漏，而是基于不同的价值考量。因为正当防卫是正对不正的关系，既然是出于抗制不法侵害的目的，那么合法公民自然拥有在选择何种救济手段方面的自主权。至于是报警、规避还是径行采取防卫举措，属于公民的自决权范围，各种备选方案间并无顺序性限制。并且，不法侵害往往具有紧迫性，如果要求被害人首先报警，其期待可能性也是很低的。综上，将先行报警解释为正当防卫的适用条件之一，无异于恶化被害人本已艰险的处境，不符合宽严相济政策对合法公民宽和、对不法侵害人严厉的基本立场。

① 对相关司法现象的了解除了通过公开出版的文献，如《最高人民法院公报》、《刑事审判参考》等所刊载的案例外，笔者还到某直辖市C市人民检察院第一分院的政策研究室进行了调研，并与该院公诉一处的部分检察官进行了座谈，在此一并致谢。

2. 对事先携带防卫性工具行为的定性

在某些司法人员中存在一个思维定式，即被告人事先携带工具将被推定为具有不法意图，其后续行为将不能被认定为具有防卫性质。笔者认为，解决公民之间纷争的路径主要有两种，即公力救济和私力救济。在当代社会，社会结构的动态变迁与社会关系的复杂化导致各类纠纷不仅数量庞大且种类繁多，如果全部诉诸公力救济渠道，不仅成本大，周期长，还可能导致公力救济机制的拥堵、失效。私力救济则具有灵活、及时且成本低廉的优势，效用不可低估。但是，私力救济具有随意性特征，当事人往往约定时间、地点，面对面解决问题。在此过程中，完全可能因为言语、行为不当引发情绪激化、矛盾升级等事与愿违的情形。因此，为避免事态恶化导致对方当事人走极端，实践中经常出现被告人为防范万一，事先携带工具前往商谈地点，而后来又派上用场的案例，但一般都会被司法机关否定具有防卫性质。笔者认为，如果被告人事先携带工具，但动机是预防不法侵害，并且是在出现不法侵害时才使用的，那么这种工具就是防卫性工具，如果其他条件也具备，被告人的行为就应当被认定为正当防卫或者防卫过当。

（三）疑罪

“存疑时有利于被告”，也叫“疑罪从无”、“罪疑唯轻”。这里的“疑”指的是疑罪，即“在刑事诉讼活动中，因证据不足而对犯罪嫌疑人、被告人是否构成犯罪以及罪行轻重、此罪彼罪与一罪数罪等方面难以作出正确判断的情况。疑罪的基本特征是证据不足。疑罪可分为罪与非罪之疑罪、情节轻重之疑罪、此罪彼罪之疑罪和一罪数罪之疑罪”①。关于疑罪的处理原则，我国古代就有从无和从有两种处理原则，“一种是从无原则，即疑难案件按无罪处理；另一种是从有原则，即疑难案件按有罪处理，其中又分从实

① 胡云腾、段启俊：《疑罪问题研究》，载《中国法学》2006 年第 3 期，第 152 页。

（罪疑按有罪处理）、从轻（罪疑时认定为有罪，同时减轻处罚）、从赎（罪疑按有罪处理，可以金钱赎罪）等多种情况”[①]。存疑时有利于被告原则汲取了无罪推定原则的基本精神，而无罪推定原则是近代资产阶级为反对封建纠问式诉讼倡导的有罪推定而提出的一项刑事诉讼原则，现已提升到法治理念的高度。1996 年刑事诉讼法第 162 条第（三）项规定：“证据不足，不能认定被告人有罪的，应当作出证据不足、指控的犯罪不能成立的无罪判决。”由此，存疑时有利于被告原则与无罪推定原则实现了在我国的立法化。

存疑时有利于被告原则是一条有利于犯罪人的原则，契合人权保障的宪法精神。宽严相济政策的价值基石是人本主义，属于人本型刑事政策，宽严相济视阈中的“人”主要是犯罪嫌疑人和被告人。尽管宽严相济政策并非对所有的犯罪人都宽和，而是有宽有严，但宽是主导，严是补充。因此，宽严相济政策与存疑时有利于被告原则在指涉的对象与价值选择的方向上基本一致。刑事政策的实现倚赖一系列法律原则与制度的支撑，存疑时有利于被告作为一项对犯罪人宽容、人道的刑事法原则，具备贯彻宽严相济政策的机能。这就要求，各级审判机关在审判活动中应坚决遵循存疑时有利于被告人原则，做到有罪与无罪相疑时判无罪、重罪与轻罪相疑时定轻罪、一罪与数罪相疑时处一罪。

应当看到，存疑时有利于被告人原则距离全面实现还有一定的难度：这是因为，一是在我国古代，虽然有罪推定与无罪推定两种做法都存在过，但前者的影响远大于后者，历史传统对今天的司法人员仍然存在惯性影响。二是新中国成立后受“左”倾思潮的影响，法律泛政治化倾向比较明显，刑事法律一度被当做对敌专政和镇压犯罪分子的“工具”，体现在对疑罪的处理上，就是虽然犯罪

① 宋英辉：《刑事案件事实认定中的几个问题》，载《政法论坛》1991 年第 1 期，第 37 页。

的证据不足，也可以“存疑判决”①。三是改革开放以后，社会主义民主法治事业虽然取得了长足发展，但在刑事法治领域，由于“严打”政策的实施，延缓了有罪推定观念向无罪推定观念的转变进程。重打击犯罪、轻人权保障的现象在司法实践中仍普遍存在，对疑罪的处理往往采取从轻、从拖、从挂等方法，造成有的案件错判（如河北的聂树斌案件、湖北的佘祥林案件等），有的案件久拖不决，对被告人长期羁押，甚至成为事实上的无期徒刑或不定期刑。笔者认为，坚持存疑时有利于被告原则关键在于对司法机关与司法人员要严格要求，使他们彻底完成观念转变，让无罪推定、疑罪从无从形式的口号沉淀为法治的信仰。此外，应全面改革背离该原则的各种工作方法和考评机制，如无罪判决率、不起诉率等。只有这样，疑罪从无原则以及宽严相济政策对疑罪被告人的宽和态度才能落到实处。

二、量刑环节

在宽严相济政策的语境中，量刑环节所受到的关注度明显高于定罪环节，主要原因在于我国刑法采取了相对确定的法定刑这一立法技术，很多罪名条文具备两个甚至多个法定刑幅度。即便在同一个法定刑幅度中，不仅同种刑罚具有一定的伸缩范围，而且还可能出现多个并存的刑种。量刑的前提是有罪认定，量刑的结果除了导致刑罚，还包括免除刑罚与处以非刑罚处理方法。上述情形为刑事法官根据犯罪及犯罪人的具体情况决定具体的刑罚适用以体现或宽缓或严厉的精神提供了较为广阔的法律空间。在量刑环节，法定量刑情节是法官必须考量的情状，对量刑的影响是刚性的。酌定量刑情节存在于所有的犯罪中，一般情况下法官应当予以考量。在全部刑种中，死刑乃生命刑，其适用关涉重大，应给予特别关注。因

① 参见王瑞华：《从“疑罪从有”到“疑罪从无”看我国刑事诉讼法的人权保障进程》，载《内蒙古社会科学》2003 年第 4 期，第 46 页。

此，笔者在量刑环节拟拣选死刑、法定量刑情节和酌定量刑情节三个论题，分别阐述如何具体贯彻宽严相济精神。

（一）死刑

不少学者主张废除死刑，但是立论基点存在一定的殊别。例如，贾宇教授认为支撑死刑正当性的两大思想根基值得质疑，一是“死刑具有最大的威慑力”，二是死刑可以“平民愤”①；邱兴隆教授认为死刑缺乏道德根据，因而应该废除死刑②；刘仁文教授认为有三种值得考量的废除死刑之路径，即“宪法路径”、“刑法路径”与“司法路径”③；曲新久教授指出刑法学者在推动废除死刑的运动中应当承担“引导民意”、“启蒙政治”及“改造文化”三项责任④。与废除论的观点相对，也有学者认为，“我国应该坚持继续保留死刑，至于如何改善，则应另当别论”⑤。在死刑存与废的相反立场之间，更多的学者立足于短期内难以彻底废除死刑的现实，提出了合理限制死刑的种种措施。例如，高铭暄教授主张取消经济犯罪的死刑配置⑥；马克昌教授主张通过“尽可能地减少死刑罪名”和“法官自觉限制死刑的适用”，从而贯彻“慎杀、少杀”的

① 参见贾宇：《中国死刑必然走向废止》，载《法学》2003 年第 4 期，第 45 ~ 53 页。

② 参见邱兴隆：《死刑的德性》，载《政治与法律》2002 年第 2 期，第 51 ~ 54 页。

③ 参见刘仁文：《死刑政策：全球视野及中国视角》，载《比较法研究》2004 年第 4 期，第 77 ~ 89 页。

④ 参见曲新久：《推动废除死刑：刑法学者的责任》，载《法学》2003 年第 4 期，第 43 ~ 44 页。

⑤ 康树华：《死刑存废问题之我见》，载《人民检察》2006 年第 6 期（下），第 40 ~ 42 页。

⑥ 参见高铭暄：《我国的死刑立法及其发展趋势》，载《法学杂志》2004 年第 1 期，第 5 ~ 8 页。

刑事政策[①]；刘明祥教授认为，“废止死刑还需经过很长的时期，现阶段应把严格限制死刑的适用作为我们的基本刑事政策”[②]；卢建平教授认为，“将从政策上控制死刑作为一项目标，并以此为指导重新界定限制死刑的科学内涵，逐渐影响刑事司法是现实可行的选择”[③]；赵秉志教授主张，“先行逐步废止非暴力犯罪的死刑……在条件成熟时废止非致命犯罪的死刑”[④]；王世洲教授主张，“严格规定死刑的适用条件和保障被判处死刑的行为人的诉讼权利”[⑤]；陈泽宪教授认为限制死刑适用的合理路径“表现在对最严重犯罪的范围界定、死缓制度的利用、死刑核准权的收回等诸方面的重新阐释以及最终落实上”[⑥]；陈兴良教授从死刑的立法设置与司法限制两个维度提出了较为系统的方案[⑦]。此外，梁根林教授还从一般性角度指出，“死刑的存废、去留，在根本上是一个受集体意识的公众认同以及政治领袖的政治意志左右的政策选择问题……政治领袖要尊重与反映民意，更应当善解与引导民意，运用政治智慧，作出科学的死刑决策，使死刑政策、死刑制度与死刑的适用成为一种

---

① 参见马克昌：《有效限制死刑的适用刍议》，载《法学家》2003 年第 1 期，第 123 ~ 127 页。

② 刘明祥：《日本死刑制度的现状与我国死刑制度的展望》，载《江海学刊》2004 年第 5 期，第 104 ~ 111 页。

③ 卢建平：《从政策上控制死刑》，载《人民检察》2006 年第 9 期（上），第 37 ~ 39 页。

④ 赵秉志：《论中国非暴力犯罪死刑的逐步废止》，载《政法论坛》2005 年第 1 期，第 92 ~ 99 页。

⑤ 王世洲：《关于中国死刑制度的反思》，载《北京大学学报》（哲学社会科学版）2004 年第 5 期，第 89 ~ 97 页。

⑥ 陈泽宪：《论严格限制死刑适用》，载《法学》2003 年第 4 期，第 53 页。

⑦ 参见陈兴良：《中国死刑的当代命运》，载《中外法学》2005 年第 5 期，第 513 ~ 533 页。

理性的实践和实践的理性”①。

实践部门普遍认为死刑与宽严相济政策关系密切，据了解，2007 年前 5 个月，北京市第一中级人民法院一审判处死刑立即执行的案件同比减少了一成多。北京市第二中级人民法院反馈的情况是“一审判处死刑立即执行的案件大幅减少”。北京市第一中级人民法院负责刑事审判的有关负责人分析称，排除每年的刑事案件情况可能会有所不同的因素，宽严相济政策是判处死刑立即执行案件明显减少的主要原因。② 笔者拟对正确运用死刑贯彻宽严相济政策作进一步阐述：

首先，有些学者主张彻底废除死刑或者削减某些死刑罪名，这是一种从立法的角度彰显宽容、人道精神的刚性路径。笔者认为，短期内我国尚不具备全面废除死刑的现实条件，就削减某些死刑罪名而言，在我国分裂主义势力活动依然猖獗，腐败形势继续恶化，涉及基本民生的大案要案频发的情势下，径行废除某些死刑罪名可能引起公众对刑事法律乃至执政党合法性的信任危机。实际上，在采取削减某些死刑罪名的刚性路径之前，经由一个较少适用到基本不用的柔性阶段是必要的。笔者倾向于首先从司法层面限制死刑在非暴力犯罪案件中的适用，这同样能够体现宽严相济政策之宽缓、人道的精神。

其次，死刑具有最严厉性与不可逆转性，其法定适用条件是“罪行极其严重”。尽管罪行极其严重较罪大恶极更为合理，但内涵仍不够明确，用以指导生命刑的适用易失之草率。因此，在司法操作层面对罪行极其严重应作具体展开，即犯罪行为的社会危害性极大且很难修复，犯罪人的人身危险性极大且很难矫正，两个方面

① 梁根林：《公众认同、政治抉择与死刑控制》，载《法学研究》2004 年第 4 期，第 15 ~ 27 页。

② http://bjyouth.ynet.com/article.jsp? oid = 21023872，2009 年 3 月 27 日访问。

缺一不可。在适用死刑的问题上，宽严相济政策要求审判机关、复核机关及核准机关严格把握上述标准，不能因为形势需要就随意松动、降低死刑适用的“门槛”。反之，对司法机关的严格要求，也就是对犯罪人的宽缓、人道。

最后，死刑立即执行与缓期二年执行作为不同的执行方法，统一于死刑内部。但是，根据死缓的制度设计，二者之间很可能是生与死的差别。因此，较死刑立即执行而言，死缓无疑从相对的角度体现了宽容、人道。审判机关应特别注意把握二者在适用上的同一性（罪行极其严重）与个殊性（是否必须立即执行）。对于严重危害国家安全、公共安全及社会治安的犯罪，主观恶性、客观实害及人身危险性均极大的犯罪，严重犯罪的惯犯、累犯等，依法应当判处死刑立即执行的，坚决判处死刑立即执行，以体现从严。对于其他案件，当被告人具有可宽赦情由、真诚悔罪、积极与被害方达成刑事和解等情形时，可以判处死缓，以体现从宽。此外，对于经济犯罪案件，宜采取慎用死刑立即执行的原则，以体现从宽。

（二）法定量刑情节

法定量刑情节在我国刑法总则与分则中皆有规定，从对刑罚裁量的效果看，分为应当型情节与可以型情节，从对被告人的实体影响看，分为从严型情节（如从重处罚）与从宽型情节（如从轻处罚、减轻处罚等）。尽管从时序性上看，宽严相济政策的出现明显晚于法定量刑情节，但并不影响法定量刑情节成为践行宽严相济精神的有效机制。具体而言，从严型情节基于较大的社会危害性与较高的人身危险性，要求对被告人从重处罚，从而体现严厉的态度；从宽型情节基于较小的社会危害性与较低的人身危险性，要求对被告人从宽处理，从而彰显宽和的精神。

在法定量刑情节内部，从宽型情节的类型比较多，从严型情节仅有一种（即应当从重），但从涉及的条文数量上看，后者却占据优势。犯罪人面对强大的国家追诉机关处于明显的弱势地位，如果出现从严型情节，其境地无异于雪上加霜；如果出现从宽型情节，则意味着法律处遇的改善。因此，从人本主义角度出发，在严格把握各类法定量刑情节的适用条件这一总的原则下，法官对于从严型情节尤其应当审慎运用，一般应免作扩大解释，绝对禁止作类推解释；反之，对于从宽型情节，则应相对宽松地把握其适用条件，可作扩大解释。就总则所规定的法定量刑情节而言，自首、立功在司法实践中出现的概率比较高，因而具有代表性，笔者拟结合司法实践阐释如何适用以贯彻宽严相济政策。

刑法第67条和第68条分别规定了自首与立功，但条文比较简洁，为提高可操作性，最高人民法院随后出台了《关于处理自首和立功具体应用法律若干问题的解释》，但这并未解决全部问题，实践中控、辩、审三方经常就自首或者立功的成立与否聚讼不休。通过对实践素材的搜集，关于自首认定的疑难情形主要有：(1)当事人双方均涉嫌犯罪，一方电话报案时仅声称对方犯罪，但并未逃离现场，后来在接受警方询问时如实供述己方行为的；（2）犯罪人在接受纪检监察机关询问、调查或者“双规”期间交代了罪行，在案件移送司法机关后也未翻供的；（3）因他人举报犯罪人被公安机关口头传唤接受调查，自动前往公安机关如实供述罪行的。关于立功认定的争议主要有：(1)“揭发他人犯罪行为，查证属实”是否应以破案或者捕获犯罪人为标准；(2)“提供重要线索，从而得以侦破其他案件”是否应以其他案件之全部犯罪嫌疑人归案为标准。①

笔者认为，上述疑难情形能否得到认定的关键在于准确把握自首与立功制度的立法动因，其主要体现在两个方面：其一，有助于司法机关节约法律资源，提高诉讼效率或者对国家、社会利益有重大贡献；其二，能够表征出犯罪人人身危险性的降低，从而刑事责任相应减小。第一个方面体现了功利原则，第二个方面体现了正义

① 上述实践素材的搜集得到某直辖市C市人民检察院第一、第五分院政策研究室及公诉部门检察官们的大力协助，在此一并致谢。

要求，它们同时也是判断自首与立功的实质标准。从这个角度看，上述关于自首的疑难情形均应得到认定，关于立功的争议均应作有利于犯罪人的解释。在审判实践中，刑事法官不应拘囿于立法明确规定的情形机械判定，而应本着立法的价值与精神对自首和立功进行判断，可以作扩大解释，从而最大限度地彰显宽容、轻缓的精神。

（三）酌定量刑情节

在实践中，具备法定量刑情节的案件毕竟是少数，而酌定量刑情节却存在于所有案件中，在罪前、罪中、罪后均有体现，具体类型多种多样。酌定量刑情节存在的普遍性决定了其对于宽严相济政策之贯彻意义重大。例如，被害人有过错的，出于贫困、疾患而实施侵财行为的，犯罪后真诚悔悟的，在处刑上宜相对轻缓；而动机卑劣的，加害弱势群体的，在特殊时期或者特殊地域犯罪的（如地震灾区），犯罪后冥顽不化的，在处刑上则应相对严厉。但是，酌定量刑情节欠缺法定量刑情节的刚性，在司法实践中容易为承办人员所忽视。同时，法官、检察官基于讼累压力也很少依职权主动了解涉案的酌定量刑情节。虽然被告人经常主张酌定量刑情节，但由于得不到印证，其对量刑结果的影响微乎其微。如此一来，酌定量刑情节作为反映社会危害性与人身危险性的重要标尺，法律机能被弱化，宽严相济政策也失去了一个重要的制度平台。

学界普遍认为，定罪情节与量刑情节、法定量刑情节与酌定量刑情节，是刑法中关于情节的最重要的两种分类，其他分类都是从中派生出来的。[①] 同时，非法定性也是学界关于酌定量刑情节基本特征的一个共识。例如，王作富老师认为“它虽不是法律明文规定的，却是根据立法精神和有关刑事政策，从审判实践经验中抽象

① 参见高铭暄主编：《刑法问题研究》，法律出版社 1994 年版，第 279 页。

概括出来的"①。再如樊凤林教授认为，其"是指刑法没有规定，而司法实践中普遍存在的，能反映犯罪的社会危害性以及罪犯改造难易程度的，对量刑有影响力的……客观情况"②。笔者认为，"非法定性"之提法乃是对酌定量刑情节特征的一种误解，下文试以刑法相关条文为例略作解析：

> **第六十一条** 对于犯罪分子决定刑罚的时候，应当根据犯罪的事实、犯罪的性质、情节和对于社会的危害程度，依照本法的有关规定判处。
>
> ……
>
> **第六十三条** 犯罪分子具有本法规定的减轻处罚情节的，应当在法定刑以下判处刑罚。
>
> 犯罪分子虽然不具有本法规定的减轻处罚情节，但是根据案件的特殊情况，经最高人民法院核准，也可以在法定刑以下判处刑罚。

根据刑法第 61 条，"情节"与"犯罪的事实"和"犯罪的性质"由顿号隔离，居于并列位置，故不应理解为仅限于犯罪情节，应当是包括犯罪情节和量刑情节在内的全部情节，自然也涵括了酌定量刑情节。再来看第 63 条，案件的特殊情况涉及情形很多，其中也可以包括酌定量刑情节，"许霆案"就是一个典型例证。可见，刑法条文中虽然出现酌定量刑情节的字眼，但依据解释学原理推导，其意蕴已涵摄其中。根据第 63 条，酌定量刑情节在特殊情况下还可能导致减轻处罚，法律效果甚于某些法定量刑情节。综

① 王作富主编：《中国刑法适用》，中国人民公安大学出版社 1987 年版，第 249 页。

② 樊凤林主编：《刑罚通论》，中国政法大学出版社 1994 年版，第 402 页。

上，酌定量刑情节也是法定的，具有法定性。[①] 因此，在司法实践中应将其提升至与法定量刑情节同等重要的位置，不能再视为可有可无之物。笔者的具体建议是：首先，追诉机关应当依职权主动调查酌定量刑情节，并载入法律文书；其次，在审判阶段，对酌定量刑情节的考察应作为量刑过程的硬性环节，法官对于控辩双方有分歧的重点情节要依职权主动查清；最后，在判决书中，酌定量刑情节对于量刑结果的影响应明确表述出来，只有通过制度的固定，才能更好地发挥其践行宽严相济精神的功能。

① 酌定量刑情节的法定性是指其具有适用的法律依据，但这不能改变其在内容上的非法定性。为此，有学者建议对于实践中经常使用的、在影响犯罪人的罪责上具有共性的、能够法定化的酌定量刑情节，应当通过立法程序确定为法定量刑情节。参见林亚刚、袁雪：《酌定量刑情节若干问题研究》，载《法学评论》2008 年第 6 期，第 21 页。

主要参考文献

1. 蔡道通:《刑事法治：理论诠释与实践求证》，法律出版社2004年版。

2. 储槐植:《刑事一体化与关系刑法论》，北京大学出版社1997年版。

3. 储槐植:《美国刑法》，北京大学出版社2005年版。

4. 陈兴良:《宽严相济刑事政策研究》，中国人民大学出版社2007年版。

5. 陈兴良:《刑法哲学》，中国政法大学出版社2000年版。

6. 陈兴良:《刑法的价值构造》，中国人民大学出版社1998年版。

7. 陈泽宪:《新刑法单位犯罪的认定与处罚》，中国检察出版社1997年版。

8. 陈光中、徐静村主编:《刑事诉讼法学》，中国政法大学出版社2002年版。

9. 陈瑞华:《问题与主义之间》，中国人民大学出版社2003年版。

10. 陈卫东:《刑事诉讼法实施问题调研报告》，中国方正出版社2001年版。

11. 陈忠林:《刑法散得集》，法律出版社2003年版。

12. 董皞:《司法解释论》，中国政法大学出版社1999年版。

13. 樊崇义:《迈向理性刑事诉讼法学》，中国人民公安大学出版社2006年版。

14. 樊凤林主编：《刑罚通论》，中国政法大学出版社 1994 年版。

15. 冯卫国：《行刑社会化研究——开放社会中的刑罚趋向》，北京大学出版社 2003 年版。

16. 高铭暄、马克昌主编：《中国刑法解释》（上、下卷），中国社会科学出版社 2005 年版。

17. 高绍先：《中国刑法史精要》，法律出版社 2001 年版。

18. 甘雨沛、何鹏：《外国刑法学》（上、下册），北京大学出版社 1984 年版。

19. 郭建安等：《社区矫正通论》，法律出版社 2004 年版。

20. 顾丽梅等：《和谐在党——上海浦东新区潍坊街道创建和谐社区的实证研究》，上海人民出版社 2006 年版。

21. 高一飞：《刑事简易程序研究》，中国方正出版社 2002 年版。

22. 何秉松主编：《刑事政策学》，群众出版社 2002 年版。

23. 何勤华：《西方法学史》，中国政法大学出版社 1996 年版。

24. 侯宏林：《刑事政策的价值分析》，中国政法大学出版社 2005 年版。

25. 黄道秀译：《俄罗斯联邦刑事诉讼法典》，中国政法大学出版社 2006 年版。

26. 贾宇主编：《刑法原理与实务》，中国政法大学出版社 2002 年版。

27. 康树华：《全面建设小康社会进程中犯罪研究》，北京大学出版社 2005 年版。

28. 马贵翔：《刑事简易程序概念的展开》，中国检察出版社 2006 年版。

29. 马克昌主编：《中国刑事政策学》，武汉大学出版社 1992 年版。

30. 林纪东：《刑事政策学》，台湾正中书局1969年版。

31. 林维：《刑法解释的权力分析》，中国人民公安大学出版社2006年版。

32. 梁根林：《刑事政策：立场与范畴》，法律出版社2005年版。

33. 卢建平：《刑事政策与刑法》，中国人民公安大学出版社2004年版。

34. 刘仁文：《刑事政策初步》，中国人民公安大学出版社2004年版。

35. 刘远：《刑事政策哲学解读》，中国人民公安大学出版社2005年版。

36. 罗结珍译：《法国新刑法典》，中国法制出版社2005年版。

37. 李龙主编：《人本法律观研究》，中国社会科学出版社2006年版。

38. 李永升：《刑法学的基本范畴研究》，重庆大学出版社2000年版。

39. 李学军主编：《美国刑事诉讼规则》，中国检察出版社2003年版。

40. 梅传强：《犯罪心理学》，中国法制出版社2007年版。

41. 彭勃：《日本刑事诉讼法通论》，中国政法大学出版社2002年版。

42. 齐树洁主编：《英国司法制度》，厦门大学出版社2005年版。

43. 曲新久：《刑事政策的权力分析》，中国政法大学出版社2003年版。

44. 苏惠渔、孙万怀：《论国家刑权力》，北京大学出版社2006年版。

45. 孙长永：《侦查程序与人权》，中国方正出版社2000

年版。

46. 沈宗灵主编：《法理学》，高等教育出版社 1994 年版。

47. 田宏杰：《刑法中的正当化行为》，中国检察出版社 2004 年版。

48. 田思源：《犯罪被害人的权利与救济》，法律出版社 2008 年版。

49. 童之伟：《法权与宪政》，山东人民出版社 2001 年版。

50. 王作富主编：《中国刑法适用》，中国人民公安大学出版社 1987 年版。

51. 王万民、韦克难主编：《马克思主义理论基础》，四川人民出版社 2004 年版。

52. 王勇：《定罪导论》，中国人民大学出版社 1990 年版。

53. 王兆鹏：《美国刑事诉讼法》，北京大学出版社 2005 年版。

54. 汪明亮：《"严打"的理性评价》，北京大学出版社 2004 年版。

55. 万毅：《底限正义论》，中国人民公安大学出版社 2006 年版。

56. 许福生：《刑事政策学》，中国民主法制出版社 2006 年版。

57. 谢瑞智：《刑事政策原论》，台北文笙书局 1978 年版。

58. 肖扬主编：《中国刑事政策和策略》，法律出版社 1996 年版。

59. 杨春洗主编：《刑事政策论》，北京大学出版社 1994 年版。

60. 赵秉志主编：《和谐社会的刑事法治》，中国人民公安大学出版社 2006 年版。

61. 周光权：《刑法学的向度》，中国政法大学出版社 2004 年版。

62. 张传伟：《我国社区矫正制度的趋向》，中国检察出版社 2006 年版。

63. 张甘妹：《刑事政策》，台湾三民书局 1997 年版。

64. 张明楷：《法益初论》，中国政法大学出版社 2003 年版。

65. 张穹主编：《“严打”政策的理论与实务》，中国检察出版社 2002 年版。

66. 张志铭：《法律解释操作分析》，中国政法大学出版社 1998 年版。

67. 曾峻：《公共秩序的制度安排——国家与社会关系的框架及其运用》，学林出版社 2005 年版。

68. 周世中：《法的合理性研究》，山东人民出版社 2005 年版。

69. 左卫民等：《简易刑事程序研究》，法律出版社 2006 年版。

70. 卓泽渊：《法政治学》，法律出版社 2005 年版。

71. ［德］弗兰茨·冯·李斯特：《德国刑法教科书》，徐久生译，法律出版社 2000 年版。

72. ［德］哈贝马斯：《交往行动理论》（第 1 卷），洪佩郁等译，重庆出版社 1994 年版。

73. ［德］黑格尔：《法哲学原理》，范扬等译，商务印书馆 1996 年版。

74. ［德］汉斯·海因里希·耶塞克、托马斯·魏根特：《德国刑法教科书》，徐久生译，中国法制出版社 2001 年版。

75. ［德］康德：《判断力批判》，邓晓芒译，人民出版社 2002 年版。

76. ［德］克劳斯·罗科信：《德国刑法学总论》（第一卷），王世洲译，法律出版社 2005 年版。

77. ［德］克劳斯·罗科信：《德国刑事诉讼法》（第 24 版），吴丽琪译，法律出版社 2003 年版。

78. [德] 拉德布鲁赫:《法学导论》, 米健等译, 中国大百科全书出版社 1997 年版。

79. [俄] 谢尔盖·谢苗诺维奇·博斯霍洛夫:《刑事政策的基础》, 刘向文译, 郑州大学出版社 2002 年版。

80. [法] 迪尔凯姆:《社会学方法的准则》, 狄玉明译, 商务印书馆 1995 年版。

81. [法] 卡斯东·斯特法尼:《法国刑事诉讼法典》, 罗结珍译, 中国法制出版社 1998 年版。

82. [法] 卡斯东·斯特法尼:《法国刑法总论精义》, 罗结珍译, 中国政法大学出版社 1998 年版。

83. [法] 卢梭:《社会契约论》, 何兆武译, 商务印书馆 2003 年版。

84. [法] 孟德斯鸠:《论法的精神》(上册), 孙立坚等译, 陕西人民出版社 2001 年版。

85. [法] 米海依尔·戴尔玛斯 – 马蒂:《刑事政策的主要体系》, 卢建平译, 法律出版社 2000 年版。

86. 马相哲译:《韩国刑事诉讼法》, 中国政法大学出版社 2004 年版。

87. [古希腊] 亚里士多德:《政治学》, 姚仁权编译, 北京出版社 2007 年版。

88. [美] 爱伦·豪切斯泰勒·斯黛丽、南希·弗兰克:《美国刑事法院诉讼程序》, 陈卫东等译, 中国人民大学出版社 2002 年版。

89. [美] 德沃金:《法律帝国》, 李常青译, 中国大百科全书出版社 1996 年版。

90. [美] E. 博登海默:《法理学: 法律哲学与法律方法》, 邓正来译, 中国政法大学出版社 2004 年版。

91. [美] 理查德 . A. 波斯纳:《法律的经济分析》, 蒋兆康译, 中国大百科全书出版社 1997 年版。

92. ［日］大谷实：《刑事政策学》，黎宏译，法律出版社2000年版。

93. ［美］罗斯科·庞德：《通过法律的社会控制》，沈宗灵等译，商务印书馆1984年版。

94. ［前南斯拉夫］米拉·马尔科维奇：《社会学》，徐坤明等译，社会科学文献出版社1997年版。

95. ［日］大谷实：《刑法总论》，黎宏译，法律出版社2003年版。

96. ［日］大塚仁：《刑法概说》，冯军译，中国人民大学出版社2003年版。

97. ［日］森本益之等：《刑事政策学》，戴波等译，中国人民公安大学出版社2004年版。

98. ［日］松尾浩也：《日本刑事诉讼法》（下卷），张凌译，中国人民大学出版社2005年版。

99. ［英］边沁：《道德与立法原理导论》，时殷弘译，商务印书馆2000年版。

100. ［英］霍布斯：《利维坦》，黎思复、黎廷弼译，商务印书馆1985年版。

101. ［英］哈特：《法律的概念》，张文显等译，中国大百科全书出版社1996年版。

102. ［英］洛克：《政府论》（二），杨思派译，北京出版社2007年版。

103. ［英］麦高伟、杰弗里·威尔逊：《英国刑事司法程序》，姚永吉等译，法律出版社2003年版。

104. ［意］杜里奥·帕多瓦尼：《意大利刑法学原理》（注评版），陈忠林译，中国人民大学出版社2004年版。

105. ［意］恩里科·菲利：《犯罪社会学》，郭建安译，中国人民公安大学出版社2004年版。

106. ［意］尼科洛·马基雅维利：《君主论》，张志伟等译，陕西人民出版社 2001 年版。

107. [意] 切萨雷·贝卡里亚：《论犯罪与刑罚》，黄风译，中国法制出版社 2002 年版。

后 记

在笔者看来，“后记”即便只是一种形式，也是一个属于必备要件的形式，因为每一本学术著作的付梓，总要附随或多或少、这般那般的情感。

本书是在笔者的博士毕业论文——《宽严相济刑事政策研究》的基础之上完善而来的。在论文写作、改进及出版的过程中，幸运得到了来自各方的鼎力支持，在此仅作不完全陈列：

首先，诚挚感谢导师李永升教授，他对论文的帮助是全方位的，从主题的斟酌择定到行文的字里行间，都浸透了老师的心血。在博士求学期间，导师严谨的治学态度、扎实的学术功底和纯粹的学者风范对我产生了潜移默化的影响，多少驱退了青年学者的浮躁之气。而对陈兴良老师的谢意源自际遇，他不仅是学位论文的外校匿评专家，亦为博士论文答辩委员会主席。此外，还荣幸地邀请到陈老师赐予书序。在书序中，陈老师对本书客观、中肯的点评让学生受益匪浅。在博士求学以及硕士求学的过程中，陈忠林老师的逻辑思辨能力与对某些法治问题的终极思考以及万毅老师的刑事一体化学术思维使学生印象深刻，这不仅影响到本文的顺利完成，也影响到学生的学术道路，因此对二位老师的感谢是特殊的！如果说对前几位老师的感谢主要立足过往，那么对孙渝老师的感谢则主要具有未来意义。孙老师所具有的人文气息、理论与实践相融贯的思维以及对现实问题的关怀，对学术及实践道路上的每一位青年人都具有珍贵的示范意义和借鉴价值！

中国人民公安大学出版社的编辑为本文的顺利出版付出了大量

心血，这种帮助是令人难忘的！此外，很多同事、同窗在我求学、创作、答辩期间给予的真诚帮助和无私推动必须铭记，他们是：罗怡博士、张吉喜博士、陈伟博士、李林博士、张理恒博士、胡江博士、张二军博士、张一薇女士、谷子女士等。

最后，感谢母校及工作单位西南政法大学对本书给予的大力支持，由衷祝福母校的明天越来越好！

是为记。

刘沛谞

2010 年 4 月谨记于重庆渝北在水一方寓所